계몽이란 무엇인가

계몽이란 무엇인가

이마누엘 칸트 외 지음 | 임홍배 옮김

도서출판
길

계몽이란 무엇인가

2020년 10월 20일 제1판 제1쇄 펴냄
2022년 7월 20일 제1판 제2쇄 펴냄

2025년 3월 20일 제1판 제3쇄 찍음
2025년 3월 30일 제1판 제3쇄 펴냄

지은이 | 이마누엘 칸트 외
옮긴이 | 임홍배
펴낸이 | 박우정

기획 | 천정은
편집 | 천정은 · 이남숙
전산 | 최원석

펴낸곳 | 도서출판 길
주소 | 06032 서울시 강남구 도산대로25길 16 우리빌딩 201호
전화 | 02)595-3153   팩스 | 02)595-3165
등록 | 1997년 6월 17일 제113호

이 책의 출판은 2016년 서울대학교 인문대학 인문학 총서 출간 지원사업의 지원을 받았음.

차례

제1부 계몽이란 무엇인가?

제2부 사상과 언론의 자유

제3부 계몽과 혁명

제1부

계몽이란 무엇인가?

시민들의 계몽을 위해 무엇을 할 것인가?

요한 카를 빌헬름 뫼젠

요한 카를 빌헬름 뫼젠Johann Karl Wilhelm Möhsen, 1722~95은 당대 최고의 의사로 신망이 높았고, 프로이센 학술원 의학 분야 최연소 정회원을 거쳐 1788년 프리드리히 빌헬름 2세의 주치의가 되었다. 과학사에도 조예가 깊어서 다수의 저술을 남겼고, 계몽적 지식인 단체인 베를린 수요회Berlinische Mittwochgesellschaft[1]의 창립 멤버로 참여하였다. 1783년 12월 17일 베를린 수요회 모임에서 강연으로 발표한 아래 글은 멘델스존과 칸트 등으로 이어지는 계몽에 관한 토론을 촉발하는 중요한 계기가 되었다.

우리의 의도는 우리 자신과 동료 시민들을 계몽하는 것이다. 베를린

---

1 '베를린 수요회'는 1783년 설립되어 1798년까지 존속한 계몽적 지식인 모임으로, 매월 첫째와 셋째 수요일에 비공개 토론회를 열었고, 이들이 주축이 되어 《베를린 월간 학보》(Berlinische Monatsschrift)를 창간했다.

같은 대도시의 시민들을 계몽한다는 것은 어렵지만, 일단 난관을 극복하고 나면 계몽의 빛이 다른 지방에까지 퍼지고 나아가 온 나라를 비추게 될 것이다. 여기에서 점화된 작은 불꽃이 시의적절하게 우리의 조국 독일 전역에 퍼진다면 얼마나 다행한 일이겠는가.

우리의 목표를 이루기 위해 다음과 같이 제안하고자 한다.

1. 계몽이란 무엇인가를 엄밀히 정의하자.
2. 계몽에 대한 이해와 우리의 사고방식, 우리 국민들의 (또는 적어도 우리 독자층의) 윤리와 편견 등에서 결함과 취약점이 무엇인가를 정의하고, 이들을 어떻게 계몽할 수 있을지 탐구하자.
3. 우선 가장 해로운 편견과 오류를 척결하고, 가장 절실하게 널리 공유되어야 할 진리를 선양하자.

그리고 다음 문제를 탐구해 볼 가치가 있다.

4. 40년 이상이나 사상과 표현의 자유, 출판의 자유가 허용되어[2] 다른 어느 나라보다도 자유로운 분위기가 조성되었고 우리 젊은이들에 대한 교육이 꾸준히 개선되었는데도 어째서 우리 독자 대중의 계몽은 기대만큼 성취되지 못했는가?

---

2 프리드리히 대왕(Friedrich der Große, 1712~86)이 1740년 프로이센 왕위를 계승한 이래 관대한 검열 정책을 폈다는 것을 가리킨다. 프리드리히 대왕의 검열 정책에 관해서는 이 책에 수록된 클라인의 글 참조.

알다시피 우리의 대왕께서는 최근 발표한 독일 문학에 관한 에세이[3]에서 우리 문학에서 부족한 점을 지적하고 그 결함의 원인과 개선책에 관해 언급하였다. 대왕께서는 아울러 초중등학교와 대학에서 부실한 교육에 대한 계몽이 부족하다고 질책하였다.[4] 교육의 부실함에 대해서는 이미 많은 저술이 나왔음에도 불구하고 계몽이 부족하다는 것이다.

그런데 프리드리히 대왕께서는 가장 정확하고 힘차고 뛰어난 생각을 지적으로 표현하는 데는 독일어가 부족하다고 지적한다.

5. 따라서 우리 독일어를 개선하는 일에도 노력을 기울이고, 그런 지적이 얼마나 타당한지 살펴봐야 할 것이다.

우리의 대왕께서 독일 문학의 계몽보다는 우리 국민들의 계몽에 더 신경 쓰고 있다는 것은 부인할 수 없다. 그런데 대왕께서는 아직도 국민 계몽에 대해 매우 유보적인 입장을 취하는 것으로 보인다.

프리드리히 대왕의 독일 문학론 저서가 출간되기 전에 프로이센 학술원은 1778년에 다음 주제에 대한 논문을 현상공모했다. "보통 사람들이 새로운 오류로 잘못 인도되거나 기존의 오류를 답습해서 기만당하는 것이 과연 유익한가?"[5] 이 논제에 대해 그렇다고 답한 논문과 아니라

---

3 프리드리히 대왕이 집필한 『독일 문학에 대하여』(*De la littérature allemande*)는 1780년에 출간되었다. 프리드리히 대왕은 프랑스 문화 애호가여서 프랑스어로 글을 썼다.

4 프리드리히 대왕의 『독일 문학에 대하여』에는 독일 교육의 문제점을 다룬 부분이 실려 있다.

5 이 논제는 프리드리히 대왕 자신이 1777년에 프로이센 학술원에 제안했다.

고 답한 논문에 상을 절반씩 나누어주었다는 사실을 보면 계몽된 왕립 학술원이 어느 한쪽이 옳다고 단정함으로써 공격의 빌미를 주지 않으려 고 절충적인 선택을 했다는 것을 알 수 있다. 학술원의 현상공모가 발 표된 직후에 출간된 프리드리히 대왕의 저서를 보면—대왕이 모든 학 문 분야에서 적절한 논증방식에 대해 지침을 제시하고 있음에도 불구하 고, 그리고 학식 있는 성직자가 교회 설교와 사람들의 마음을 움직이는 영향력에 힘입어 온갖 논문에 비해 훨씬 더 많은 사람들을 계몽하고 더 많은 오류를 근절할 수 있다는 것을 대왕이 모를 리 없음에도 불구하 고—대왕은 그런 문제들을 완전히 무시하고 다음과 같이 해명하고 있 다. "나는 신학에 대해서는 존경심을 갖고 침묵을 지키고자 한다. 신학 은 평신도가 관여해서는 안 되는 신성한 학문이기 때문이다."

이 문제와 관련하여 다음과 같이 제안하고자 한다.

6. 상반되는 입장을 취한 두 편의 수상 논문과 심사평에서 언급되 는 명예를 얻은 다른 논문들을 보다 면밀히 검토해 볼 필요가 있는지 생각해 보자. 그런 검토는 이 논제에 대한 긍정과 부정 입장을 비교하고, 우리의 이런 노력이 독자 대중뿐 아니라 국가 와 정부에도 과연 유익한지 아니면 해로운지 살펴보기 위함이다.

우리는 이 마지막 제안을 우리 자신의 판단에 따라 확실히 결정할 수 있다. 우리는 비밀 준수의 원칙을 엄수하면서[6] 선의를 가진 애국자들의

---

6 이 글의 필자가 소속해 있는 '베를린 수요회'가 비공개 토론 모임이라는 것을 가리 킨다.

의무를 다하기 때문이다. 우리에겐 아우구스투스 대제 같은 보호자도 없고 마에케나스[7] 같은 후원자도 없으니 우리의 말이 그 누구의 심기를 불편하게 하지 않을까 걱정할 필요도 없다. 우리는 프리드리히 대왕이 언급하는[8] 에스테 가문이나 메디치 가문, 프랑수아 1세나 루이 14세의 보상을 바라지도 않고, 우리의 판단이 명예욕에 좌우되지도 않는다. 우리는 이름을 드러내지 않을 것이기 때문이다. 우리가 바라는 최고의 유일한 보상은 다른 어떤 의도도 없이 우리의 능력껏 우리의 동료 시민들과 후손들의 행복을 증진하는 데 기여하려는 신념일 뿐이기 때문이다.

---

7 가이우스 마에케나스(Gaius Maecenas, 기원전 70~기원전 8). 고대 로마의 정치인으로 아우구스투스 대제의 조언자 역할을 했고, 은퇴 후에는 호라티우스(Horatius, 기원전 65~기원전 8)와 푸블리우스 베르길리우스 마로(Publius Vergilius Maro) 등 문인의 후원자 역할을 했다. 오늘날 문화예술 후원자를 가리키는 '메세나'(Mécénat)가 그의 이름에서 유래했다.

8 프리드리히 대왕은 앞서 언급한 책에서 독일에는 이런 훌륭한 문화예술 후원자들이 없다고 한탄한다.

계몽이란 무엇인가 하는 문제에 대하여

모제스 멘델스존

모제스 멘델스존Moses Mendelssohn, 1729~86은 '베를린 수요회'를 중심으로 활동한 계몽철학자로, 이 글은 1784년 5월 모임에서 발표한 강연 원고를 《베를린 월간 학보》[1] 1784년 9월호에 게재한 것이다. 그 전에 《베를린 월간 학보》 1783년 9월호에 익명의 필자가 교회의 승인을 거치지 않은 결혼을 옹호하는 글을 발표하였는데, 베를린의 목사 요한 프리드리히 칠너Johann Friedrich Zöllner, 1753~1804는 같은 해 12월호에 그 글을 비판하는 반박문을 발표하였다. 이 글에서 칠너는 교회의 결혼 승인을 받아야 한다고 적극 주장하는 한편 '계몽의 이름으로 야기되는 혼란'을 신랄하게 비판하면서 계몽의 개념에 대하여 다음과 같이 문제를 제기하였다. "계몽이란 무엇인가? 우리는 계몽을 시작하기 전에 우선 진리란 무엇인가 하는 문제만큼이나 중요한 이 문제에 대하여 답해야만 할 것이다! 그런데 나는 이 문제에 대한 답을 어디서도 찾지 못했다!" 칠너의 이러한 문제 제기에 대한 첫 번째 답변이 멘델스존의 글이다.
멘델스존은 '계몽'과 '문화'와 '교양'의 개념 구분으로 논의를 시작한다. 계몽은 이론적 인식의 영역을, 문화는 이론적 인식이 예술과 취향과 사회윤리 등으로 표현된 실천적 결과물을 가리킨다. 그래서 계몽과 문화의 관계는 이론과 실천에 비견된다. 교양은 계몽과 문화의 총화를 일컫는 상위 개념으로 설정된다. 한 민족의 계몽과 문화와 교양이 도달한 수준은 그 민족의 언어에서 가장 집약적으로 표현된다.

계몽은 다시 인간의 '인간적 본분'과 '시민적 본분'에 대한 계몽으로 나누어지는데, 전자가 인간의 존엄과 자아실현 등 보편인간적 요청이라면, 후자는 국가의 공민으로서 수행해야 할 책무를 가리킨다. 국가 공동체 안에서 양자가 조화를 이루지 못하고 갈등을 일으키는 경우 그런 공동체는 불행하다. 당시 독일의 봉건적 신분 사회에서 '시민적 본분'은 신분의 차이 및 차별을 인정하는 것이기 때문에 인간의 존엄이라는 보편적 가치와 충돌할 수밖에 없었다. 멘델스존이 계몽을 인간적 본분과 시민적 본분으로 구분한 것은 그런 역사적 맥락에서 이해할 필요가 있다. 또한 계몽이 경직된 원칙으로 굳어 '남용'될 위험을 경계하는 것도 훗날 테오도어 아도르노Theodor Adorno와 막스 호르크하이머Max Horkheimer가 말한 '계몽의 변증법'을 선취하는 선구적 통찰이라 할 수 있다.

---

1 《베를린 월간 학보》(1783~96)는 당대 독일 계몽사상을 전파한 주요 잡지로 '진리애'와 '유익한 계몽의 전파'를 기치로 내세웠다. 칸트(15회 기고)와 멘델스존(8회 기고)을 비롯하여 빌헬름 폰 훔볼트(Wilhelm von Humboldt), 크리스티안 가르베(Christian Garve), 유스투스 뫼저(Justus Möser), 프리드리히 니콜라이(Friedrich Nicolai), 카를 필리프 모리츠(Karl Philipp Moritz) 등 당대 유수의 독일 지식인뿐만 아니라 벤저민 프랭클린(Benjamin Franklin), 토머스 제퍼슨(Thomas Jefferson), 오노레 미라보(Honoré Mirabeau) 등의 글도 게재되었다. 1788년 12월 프로이센 당국이 검열칙령을 포고한 이후로는 검열의 압박 때문에 발간에 어려움을 겪었고 1792년부터는 발행처를 예나로 옮겼다.

'계몽'과 '문화'와 '교양'이라는 단어는 우리 독일어에서 신조어들이다. 이 단어들은 지금 당장은 단지 책에서나 볼 수 있는 용어에 속한다. 범속한 대중은 이런 단어들을 거의 이해하지 못한다. 그렇다면 이것은 이 문제가 우리에게 아직은 생소하다는 증좌일까? 나는 그렇게 생각하지 않는다. 어떤 민족에겐 '미덕'이나 '미신'을 뜻하는 단어가 없다고 한다. 그 민족이 미덕과 미신을 상당한 정도로 공유하고 있다고 단언할 수 있는데도 말이다.

그런데 유사한 의미를 지닌 '계몽'과 '문화'와 '교양'이라는 단어의 차이를 구분하려고 하는 어법이 아직은 이 단어들 사이의 경계를 명확히 확정할 계제에 이르지는 못했다. 교양과 문화와 계몽은 사회생활의 양태를 가리키는 말들이다. 다시 말해 사람들이 사회적 여건을 개선하고자 하는 열성적 노력의 결과이다.

어떤 민족의 사회적 여건이 예술과 근면한 활동을 통해 인간의 본분[2]과 조화를 이룰수록 그 민족은 그만큼 더 많은 '교양'을 지녔다고 할 수 있다.

교양은 '문화'와 '계몽'으로 나누어진다.[3] 문화는 다분히 실용적인 것을

---

2 '인간의 본분'은 'Bestimmung des Menschen'의 역어. 이 용어를 멘델스존은 동료이자 베를린 수요회 멤버의 일원인 요한 요아힘 슈팔딩(Johann Joachim Spalding, 1714~1804)의 저서 『인간의 본분에 관한 고찰』(*Betrachtung über die Bestimmung des Menschen*, 1748)에서 빌려 왔다. 계몽 신학자인 슈팔딩은 오늘날 계몽 신학의 선언문으로 평가되는 이 소책자에서 전통 신학의 계시와 교리(도그마)의 권위를 부정하고 인간 본연의 감성과 이성, 그리고 도덕감정을 신앙의 인간학적 근거로 제시하였다.

3 '교양'(Bildung)을 '문화'와 '계몽'으로 구성되는 상위 개념으로 설정하는 것은 멘델스존 다음 세대의 독일 고전주의(괴테, 실러)에서 '교양'을 개인의 전인적 완성과 자아실현으로 파악하는 용어 사용과 상당한 차이를 보여 준다.

추구하는 것으로 보인다. 한편으로 문화는 수공업과 예술과 사회윤리에서 선함과 섬세함과 아름다움을 추구한다.(객관적 문화) 다른 한편 문화는 수공업과 예술에서의 숙달과 근면함과 능숙함을 추구하고, 사회윤리에서의 취향과 욕구와 관습을 추구한다.(주관적 문화) 어떤 민족의 삶에서 사회윤리에서의 취향과 욕구와 관습이 인간의 본분과 합치될수록 그 민족은 더 훌륭한 문화를 지녔다고 할 수 있다. 그것은 예컨대 어떤 농지에서 인간의 부지런한 노력으로 인간에게 유익한 수확물을 더 많이 산출할수록 해당 농지에서 더 많은 경작과 재배를 기대할 수 있는 것과 마찬가지다.

반면 '계몽'은 '이론적인' 문제와 더 많이 관련되어 있는 것으로 보인다. 계몽은 인간생활의 제반 문제에 대해 그것이 인간의 본분에 영향을 끼치는 중요성의 척도에 따라 이성적으로 인식하고(객관적 계몽) 숙달하는 것(주관적 계몽)과 관련되어 있다.

나는 언제나 인간의 본분이 우리가 추구하는 모든 노력의 척도이자 목표이며, 우리가 길을 잃고 헤매지 않으려면 반드시 주시해야 할 목표 지점이라 생각한다.

한 나라의 언어는 학문을 통해 '계몽'에 도달하고 사회적 교류와 시(詩)와 원활한 소통을 통해 '문화'에 도달한다. 언어는 계몽을 통해 더 능숙하게 이론적 도구로 사용되고, 문화를 통해 더 능숙하게 실용적 도구로 사용된다. 둘이 합쳐질 때 비로소 언어는 '교양'의 품격을 얻게 된다.

겉으로 드러나는 문화를 세련됨이라 일컫는다. 한 민족의 세련됨이 문화와 계몽의 결과일 때, 한 민족의 외적 찬란함과 세련미가 튼실한 내적 진정성에 기반을 두고 있을 때 그런 민족에겐 축복이 있을지어다!

문화에 대한 계몽의 관계는 모름지기 실천에 대한 이론의 관계, 인륜에 대한 인식의 관계, 장인적 창조성에 대한 비평의 관계와 같다. 양자는 주관적으로는 흔히 분리될 수 있지만, 그 자체로 놓고 보면 (다시 말해 객관적으로 보면) 아주 긴밀한 상관관계를 맺고 있다.

우리는 뉘른베르크 사람들이 문화의 측면에서 앞서 있고, 베를린 사람들은 계몽의 측면에서 앞서 있다고 말할 수 있다. 마찬가지로 프랑스인들은 문화가 강하고, 영국인들은 계몽이 강하다. 중국인들은 문화가 강하지만 계몽이 약하다. 고대 그리스인들은 문화와 계몽 양자를 두루 갖추었다. 그들은 교양을 갖춘 민족이었다. 그것은 그들의 언어가 교양을 갖춘 언어인 것과 같은 이치다. 모름지기 한 민족의 언어는 그 민족이 갖춘 교양과 문화와 계몽의 수준을 ─그 외적 영향력과 위력까지도─ 보여주는 가장 확실한 징표이다.

나아가 인간의 본분은 ① 인간으로서의 본분과 ② 시민으로서의 본분으로 나누어 고찰할 수 있다.

문화와 관련해서 보면 인간 본분의 두 측면에 대한 고찰은 서로 합치된다. 실천적 영역에서 습득한 모든 완벽함은 오로지 사회생활과 관련해서만 가치가 있고, 따라서 오로지 사회 구성원으로서의 인간 본분에 부합해야 하기 때문이다. 인간으로서의 인간은 문화를 필요로 하지 않는다. 하지만 계몽을 필요로 한다.

모든 사회 구성원 개개인은 시민생활에서 차지하는 지위와 직분에 따라 그의 의무와 권리가 정해진다. 또한 모든 개개인은 동일한 기준에 따라 상이한 숙련된 능력, 취향과 욕구, 사회윤리와 습속, 상이한 문화와 세련됨을 갖추도록 요구받는다. 모든 신분의 사람들이 이러한 자질을 자신의 직분, 다시 말해 사회 구성원으로서 갖추어야 할 바람직한 직분과 합치시킬수록 그런 민족은 그만큼 성숙한 문화를 소유하고 있다 하겠다.

　이러한 자질은 또한 모든 개개인에게 그의 지위와 직분이라는 기준에 따라 상이한 수준의 이론적 통찰을 요구하며, 이론적 통찰에 도달할 수 있는 상이한 수준의 숙달된 능력을, 요컨대 상이한 수준의 계몽을 요구한다. 인간의 인간됨에 관심을 기울이는 계몽은 일반적으로는 신분 차이와 무관하다. 하지만 시민적 인간의 관점에서 보면 계몽은 신분과 직분에 따라 다양하게 나타날 수 있다. 인간의 본분은 이 경우에도 다시금 인간이 추구하는 가치의 기준과 목표의 준거가 된다.

　그러한 기준과 목표에 비추어볼 때 한 민족의 계몽은 다음 요인들에 비례할 것이다. ① 지식의 양, ② 인간을 각각 ⓐ 인간적 관점에서 정의할 때 ⓑ 시민적 관점에서 정의할 때 그런 지식이 어떤 중요성을 갖는가, ③ 지식이 모든 신분의 사람들에게 고루 확산되어 있는가, ④ 사회 구성원들이 맡은 직분의 기준. 다시 말해 국민 계몽의 수준은 적어도 네 가지의 복합적인 관계로 규정할 수 있으며, 그 복합적 관계의 구성요소들은 부분적으로는 다시 보다 단순한 요소들이 합쳐진 것이다.

　인간에 대한 계몽은 시민에 대한 계몽과 상충할 수 있다. 인간의 인간됨에 유익한 어떤 진실이 때로는 인간의 시민적 덕목에는 해가 될 수도 있다. 이런 경우에는 다음과 같은 사항을 고려해야 한다. 그러한 갈등은 ① 인간의 본질적 본분 또는 ② 우연적 본분이 ③ 시민의 본질적 본분 또는 ④ 비본질적·우연적 본분과 상충할 때 발생할 수 있다.

　인간의 본질적 본분을 망각할 때 인간은 동물로 전락한다. 또한 비본질적 본분이라고 해서 방기한다면 그다지 선하고 훌륭한 인간은 되지 못할 것이다. 인간이 시민으로서 본질적 본분을 다하지 못하면 국가체제는 존립할 수 없다. 시민으로서 비본질적 본분을 방기해도 국가체제는 일부 부차적 관계에서 제 기능을 하지 못할 것이다.

국가 안에서 인간의 본질적 본분이 시민의 본질적 본분과 조화를 이루지 못할 때, 인류에게 필수적인 계몽이 체제 붕괴의 위험을 초래하지 않고서도 모든 신분의 사람들에게 고루 확산될 수 없을 때,[4] 그런 현실에 직면한 국가는 불행하다. 이 대목에서 철학은 입을 다물어라![5] 이런 경우에는 필연성이 법률을 제정하거나, 혹은 인류를 굴종시키고 끊임없이 억압하기 위해 인류에게 씌우는 족쇄를 만들어낼 것이다![6]

하지만 인간의 비본질적 본분이 시민의 본질적 본분 또는 비본질적 본분과 갈등을 일으키는 경우에는 예외적인 경우들을 허용하고 충돌 사례에 대해 판정할 수 있는 규칙이 확립되어야 할 것이다.

불행하게도 인간의 본질적 본분이 비본질적 본분과 갈등을 일으킬 수도 있다. 다시 말해 인간에게 합당한 어떤 유익한 진실을 확산시키면 인간의 오랜 습속인 종교와 윤리의 원칙을 파기하게 되므로 그런 진실을 확산시켜서는 곤란한 경우도 있다. 그런 경우 미덕을 사랑하는 계몽주의자라면 신중에 신중을 기하여 대처함으로써, 자신의 몸에 배인 진실이 추방당하는 결과를 초래하기보다는 차라리 선입견을 감수하는 편

---

4 계몽이 모든 신분의 사람들에게 고루 확산된다는 것은 신분의 차이를 넘어서 모든 국민이 이성적으로 각성한 상태를 가리킨다. 그러한 이성적 각성이 자유와 평등에 대한 요구로 표현될 때는 신분차별의 철폐 요구로 이어질 수 있으며, 그것은 곧 '국가체제 붕괴의 위험'을 초래할 수 있다고 보는 것이다. 그런 점에서 멘델스존이 생각하는 '시민의 본질적 직분'은 자유와 평등의 요구보다는 국가체제 수호를 우선시하는 보수적 입장에 서 있다.

5 멘델스존 자신의 생각을 표현한 것이 아니라, 민감한 정치적 문제에 관해서는 철학이 함구해야 한다는 일반적 통념을 비꼬아 표현한 것이다.

6 옮긴이 주 4의 설명과 모순되는 것처럼 보이지만, 구체적 사회현실 속에서 계몽이 봉착하는 딜레마를 첨예하게 표현한 것으로 이해할 수 있다.

이 나을 것이다.[7] 물론 이러한 원칙은 예로부터 위선의 방호막이 되어왔고, 그러한 위선 때문에 수백 년 동안이나 야만과 미신이 지속되어 왔다. 사람들은 흔히 범죄를 저지르고 싶은 유혹을 느껴도 신성한 교회에서 구원을 찾곤 했다. 그렇긴 하지만 아무리 계몽된 시대라 해도 인도주의자는 이러한 고찰을 유념해야 할 것이다. 계몽의 문제에서도 원칙의 올바른 적용과 남용을 구분하는 경계선을 찾는 일은 어렵긴 해도 불가능하지는 않다.

한 히브리서 저자는 이렇게 말한다.[8] 사물이 완벽하게 고결할수록 그것이 타락했을 때의 모습은 그만큼 더 추하다. 썩은 나무가 시든 꽃처럼 추하지는 않다. 시든 꽃이 부패한 동물만큼 역겹지는 않다. 부패한 동물이 부패한 인간만큼 추악하지는 않다. 문화와 계몽도 마찬가지다. 문화와 계몽이 고결하게 꽃필수록 그것이 부패하고 타락했을 때는 그만큼 더 혐오스럽다.

계몽의 남용은 도덕심을 약화시키고, 독선, 이기주의, 사이비종교, 무정부 상태를 초래한다. 문화의 남용은 사치, 위선, 유약함, 미신 그리고 노예근성을 낳는다.

계몽과 문화가 서로 보조를 맞추어 진보하면 계몽과 문화는 타락을 막아주는 최선의 방호 수단이 된다. 계몽과 문화가 제각기 타락하는 방

---

7 이 부분의 서술은 휠너 목사가 교회의 승인을 거치지 않은 결혼을 비판한 대목을 상기시킨다. 사랑의 결실인 결혼이 굳이 교회의 승인을 얻을 필요는 없겠지만, 그로 인해 교회의 공격에 시달리는 것보다는 차라리 교회의 승인을 받아야 한다는 '선입견'을 감내하는 편이 결혼의 안정성을 유지하기 위해서는 나을 수도 있다는 말이다.

8 『탈무드』의 일부인 「유대교 교리집」(tractate judaism) IV. 6: "타락의 정도는 명망 수준에 비례한다."

식은 서로 상반된다.

한 민족의 교양은 지금까지 용어를 설명한 대로 문화와 계몽이 합쳐져서 형성되는 만큼 문화와 계몽 자체보다는 타락에 빠질 우려가 훨씬 적을 것이다.

교양을 쌓은 민족에겐 그 민족의 행복이 과도하게 넘치는 것만이 유일한 위험이다. 그것은 인간 육체의 완벽한 건강함 자체가 이미 병이거나 병들 조짐이라 할 수 있는 것과 마찬가지다. 교양을 통해 민족적 행복의 최고조에 도달한 민족은 더 이상 높이 오를 수 없다는 사실에 의해 위험에 처하게 된다. 하지만 이것은 우리가 당면한 문제와는 너무 동떨어진 기우다!

계몽이란 무엇인가 하는 문제에 대한 답변

이마누엘 칸트

이 글은 《베를린 월간 학보》 1784년 12월호에 실렸다. 글의 마지막에 붙인 주석에서 밝힌 대로 이마누엘 칸트Immanuel Kant, 1724~1804는 같은 해 9월호에 발표한 멘델스존의 글을 읽지 못한 상태에서 이 글을 썼다.

첫 문장에서 칸트는 계몽을 "인간이 스스로의 잘못으로 초래한 미성년 상태로부터 벗어나는 것"이라 정의한다. 타인의 후견과 감독과 지도에 의존하는 예속 상태에서 벗어나 스스로 생각하고 판단할 수 있는 자율적 능력을 회복해야 한다는 것이다. 그런데 미성년 상태가 단지 지성의 결핍 때문이 아니라 스스로 사고하려는 '결단력과 용기'의 결핍 때문이라면 미성년 상태는 '스스로의 잘못으로 초래한' 것이다. 두 번째 단락에서는 그 점을 보다 구체적으로 부연 설명하고 있다. 한편으로 내가 할 일을 대신해 주는 타인의 지도에 안주하는 타성과 비겁함 때문에 미성년 상태를 자초하며, 다른 한편 스스로 생각하고 판단하는 것이 힘들고 위험하다고 부추기는 후견인들의 획책이 미성년 상태를 조장한다. 이러한 설명은 봉건 절대왕정 하에서 평민들에게 절대적 복종을 강요하는 억압적 지배 체제에 대한 비판적 문제 제기로 읽어도 무방할 것이다. 따라서 '자기 자신의 지성을 사용할 용기를 가져라!'라는 계몽의 요청은 그러한 일방적 지배·예속 관계에서 벗어나야 한다는 실천적 요청을 함축한다. 한 개인이 계몽적 각성에 도달하긴 어렵지만 공중 Publikum에겐 상대적으로 계몽이 용이하다고 보는 것도 현실의 지배적 편견을 무너뜨리는 공론장의 형성이 계몽의 진전에 필수적이라고 보기 때문이다.

계몽적 공론장의 형성 문제를 칸트는 이성의 '공적 사용'이라는 개념으로 논의한다. 이성의 '공적 사용'과 대비되는 '사적 사용'이란 한 사회의 구성원이 '자신에게 맡겨진 시민적 직책 또는 관직의 범위 안에서 이성을 사용하는 것'을 뜻한다. 예컨대 성직자는 자신이 속한 교회의 공식 교의가 허용하는 범위 안에서 강론을 해야 한다. 장교는 상관의 명령에 무조건 복종해야 하며 명령의 옳고 그름을 따질 수 없다. 그리고 시민 개개인은 자신에게 부과된 세금을 반드시 납부해야 한다. 그런 의미에서 이성의 사적 사용은 '아주 협소하게 제한되어도' 무방하다. 그렇지만 성직자도 '학자'의 입장에 서면 자신의 교회가 추구하는 교의에 내재하는 문제점을 독자 대중 앞에 공공연히 발표할 수 있다. 마찬가지로 장교 역시 '학자'의 입장에 설 때는 병역 의무의 문제점에 관해 공개 발언을 할 수 있다. 시민 역시 '학자'의 입장에 서면 현행 조세제도의 문제점에 관해 발언할 수 있다. 그런 의미에서 칸트는 이성의 공적 사용은 항상 자유롭게 허용되어야 한다고 본다. 칸트의 이러한 주장은 우선 '학문의 자유'는 국가의 공민으로서 부담해야 하는 온갖 의무의 강제로부터 자유로워야 한다는 요청으로 이해할 수 있다.

그렇지만 현실에서 이성의 공적 사용과 사적 사용은 대개는 상충하게 마련이며, 당사자는 딜레마 상황에 직면케 된다. 예컨대 어떤 성직자가 자신이 속한 교회의 교의에 따라 일정하게 정해진

예배의례를 신도들이 모인 교회에서는 준수하지만, 신학자의 입장에서는 그런 고식적인 의례가 오히려 신앙을 경직케 하는 폐단이 크기 때문에 폐지하는 것이 옳다고 생각할 수 있다. 이런 딜레마를 극복할 수 있는 진정한 계몽의 길은 무엇인가? 이 질문에 대한 칸트의 대답은 분명하다. 교회가 '불변의 교의'를 제정하여 모든 교회 구성원에게 항구적인 감독권을 행사하는 것은 전혀 불가능하며 무효라는 것이다. 그 어떤 권위에 의존하더라도 그런 '불변의 교의'는 '인류에 대한 지속적인 계몽'을 중단시키는 것이기 때문에 심지어 '인간의 본성에 위배되는 범죄'라고 본다. 이러한 결론을 다시 이성의 사적 사용과 공적 사용에 적용해 보면, 기존의 법과 제도가 규정하는 의무에 무조건 따라야 하는 이성의 사적 사용은 기존 제도의 모순과 오류가 밝혀질 경우 계몽을 통해 합리적으로 개선되어야 한다.

글의 마지막 부분에서 칸트는 이성의 공적 사용을 통한 공론장의 형성 문제를 국가 공동체 차원으로 확장하고 있다. 진정한 계몽 군주라면 "입법에 관해서도 그의 신민臣民들이 자신의 이성을 공적으로 사용하여 법률 개선에 관한 견해와 현행 법률에 대한 기탄없는 비판을 세상에 공표하도록 허용하더라도 위험하지 않다는 것을 깨닫"는다는 것이다. 이러한 발언은 칸트가 계몽 군주라고 칭송하는 프리드리히 대왕의 관용정신에 대한 지극한 기대감을 표명한 것이지만, 전 국민의 의사가 입법의 기초가 되어야 한다는 새로운 시대정신을 표명한 것이기도 하다. 그러나 1786년 프리드리히 대왕이 서거한 후 왕위를 계승한 프리드리히 빌헬름 2세는 계몽을 장려한 선왕과 달리 계몽이 혁명을 부추기는 불순한 사조라 단정하고 검열 통제를 강화했다. 이 책의 2부와 3부에 수록된 글들은 그런 시대적 맥락에서 이해할 필요가 있다.

계몽이란 인간이 스스로의 잘못으로 초래한 미성년 상태로부터 벗어나는 것이다.[1] 미성년 상태란 다른 사람이 이끌어주지 않으면 자신의 지성을 사용할 수 없는 무능력 상태를 말한다. 이러한 미성년 상태의 원인이 지성의 결핍 때문이 아니고 다른 사람의 지도를 받지 않고서 지성을 사용할 결단력과 용기의 결핍 때문이라면 미성년 상태는 스스로의 잘못으로 초래한 것이다. 과감히 알려고 하라![2] 자기 자신의 지성을 사용할 용기를 가져라![3] 이것이 계몽의 슬로건이다.

대다수의 사람들이 자연적 연령으로는 이미 오래전에 타인의 지도에서 해방된 (즉 자연인으로서는 성년이 된) 이후에도 평생토록 기꺼이 미성년 상태에 안주하는 이유는, 그리고 다른 사람들이 아주 쉽사리 주제넘게 그들의 후견인으로 자처하는 이유도 그들의 게으름과 비겁함 때문이다. 미성년 상태에 안주하는 것이 너무나 편안한 것이다. 만약 나의 지성을 대신하는 책이 있고, 나를 대신해서 양심을 지켜주는 성직자가 있고, 나를 대신해서 건강을 지켜주는 의사가 있다면 나는 굳이 스스로

---

1 '미성년'은 로마법 이래 부모 또는 친권자의 보호를 받는 상태를 가리키는 용어로 사용되어 왔는데, 여기서 칸트는 자율적 사고와 판단을 하지 못하는 상태를 가리키는 비유적 의미로 사용하고 있다.

2 라틴어 원문은 Sapere aude! 이 경구는 호라티우스의 『서한집』에서 유래한 것으로, 주로 고트프리트 폰 라이프니츠(Gottfried von Leibniz, 1646~1716)와 크리스티안 볼프(Christian Wolff, 1679~1754)의 철학을 전파할 목적으로 설립된 계몽주의 단체인 '진리의 벗들' 모임이 1736년 창립 당시 회원 메달에 이 경구를 새겨 넣어 표어로 채택하였다.

3 《베를린 월간 학보》 1784년 10월호에 발표한 「올바른 사고를 한다는 것은 무엇을 뜻하는가?」(Was heißt: sich im Denken orientieren?)라는 글에서도 칸트는 계몽에 관해 동일한 소신을 피력한다. "스스로 생각한다는 것은 진리의 최고 기준을 자기 자신 안에서 (다시 말해 자신의 이성에서) 찾는다는 것을 뜻한다. 언제나 스스로 사고한다는 원칙이 곧 계몽이다."

노력할 필요가 없다. 나는 비용을 지불할 능력만 있으면 스스로 생각할 필요도 없다. 다른 사람들이 나를 대신해서 성가신 일을 도맡아 줄 것이다. 마치 호의라도 베풀 듯이 그들에 대한 감독을 떠맡은 후견인들은 (모든 여성을 포함하여) 대다수의 사람들이 성년으로 나아가는 행보를 버거울 뿐 아니라 아주 위험하다고 여기도록 조장한다. 후견인들은 먼저 그들이 돌보는 가축들을 어리석게 만들고, 이 온순한 피조물들이 그들을 가두어놓은 보행기[4] 바깥으로 한 걸음도 벗어나지 못하도록 주도면밀하게 단속해 놓은 다음에 그들이 자력으로 걸음을 옮기려 할 때 닥쳐올 위험을 보여준다. 사실 그런 위험은 그다지 크지 않다. 왜냐하면 몇 번 넘어지고 나면 결국 걷는 법을 배울 것이기 때문이다. 하지만 그렇게 넘어지는 사례를 보여주기만 해도 그들은 지레 겁을 먹고서 대개는 더 이상 어떤 시도도 하지 않고 단념하게 된다.

개개인이 거의 천성처럼 굳어진 미성년 상태로부터 스스로 벗어나기란 어려운 일이다. 심지어 개개인은 미성년 상태를 점차 좋아하게 되며, 한동안은 자신의 지성을 사용할 수 없게 된다. 한번도 자신의 지성을 사용하려는 시도가 허용되지 않았기 때문이다. 개인의 타고난 재능을 이성적으로 사용하게 한답시고 오히려 잘못 사용하게 만드는 교의敎義와 규정들, 이런 기계적 도구들은 미성년 상태를 온존시키는 족쇄들이다. 하지만 그런 족쇄를 벗어던지는 사람도 아주 좁은 도랑조차 자신 있게 건너뛰지 못하는 것은, 그런 자유로운 운동에 익숙하지 않기 때문이다.

---

4 '보행기'는 정신적 미성년 상태를 가리키는 비유로 칸트 외에도, 레싱·빌란트·멘델스존 등이 즐겨 사용하였고, 일찍이 장 자크 루소(Jean-Jacques Rousseau, 1712~78)도 『에밀』에서 이 비유를 사용한 바 있다.

그래서 자신의 정신을 스스로 작동시켜서 미성년 상태로부터 벗어나 확고한 걸음을 내딛는 데 성공하는 사람은 극소수에 불과하다.

그런데 공중公衆[5]이 스스로를 계몽하는 것은 오히려 가능하다. 사실 공중에게 자유를 허용하기만 한다면 공중은 거의 틀림없이 스스로를 계몽할 수 있다. 공중 가운데는 ― 심지어 수많은 대중의 후견인으로 등용된 사람 중에도 ― 언제나 스스로 생각하는 사람들이 몇 명은 있게 마련이어서 이들은 미성년의 굴레를 스스로 떨쳐내고, 모든 인간이 자신의 고유한 가치와 스스로 생각해야 한다는 사명감을 합리적으로 존중하는 정신을 주위에 확산시킬 것이다. 여기서 특별히 유념할 사항이 있다. 즉 한때는 후견인들에 의해 굴레에 얽매였던 공중이 나중에는 스스로 전혀 계몽할 능력이 없는 일부 후견인들의 사주를 받아 그 후견인들 자신이 굴레에 얽매이도록 강제한다는 것이다.[6] 편견을 심는 것은 그만큼 해로운 일이다. 편견은 결국 편견을 퍼뜨린 장본인이라 할 후견인들 또는 그들의 선임자들 자신에게 복수를 가하기 때문이다. 그 때문에 공중은 아주 더디게 계몽에 도달할 수 있다. 혁명을 통해 어쩌면 개인적 전횡이나 탐욕적인 억압 또는 권력욕에 의한 억압을 무너뜨릴 수는 있겠지만 사고방식의 진정한 개혁은 결코 이루어질 수 없으며, 오히려 새로운 편견이 낡은 편견과 마찬가지로 아무런 생각도 없는 다수 대중을

---

5 Publikum의 역어. 18세기 당시의 『아델룽 사전』(1777)은 Publikum을 다음과 같이 정의하고 있다. ① 공적인 장소에 모인 군중, ② 독자층, ③ 동시대인들. 요아힘 하인리히 캄페(Joachim Heinrich Campe)가 편찬한 『독일어사전』(전 5권, 1807~12)은 Publikum을 다음과 같이 정의하고 있다. ① 공동체, ② 세계, ③ 독자층.

6 무조건 복종을 강요받아 온 대중이 후견인들(즉 권력자들) 사이의 권력투쟁에 동원되어 특정 세력을 제압하고 복종시키는 도구로 이용당한다는 뜻이다.

이리저리 끌고 가는 그릇된 길잡이가 될 것이다.

사고방식의 진정한 개혁을 가져오는 계몽을 위해서는 다름 아닌 자유가 요구된다. 특히 자유라 일컬어지는 것 중에서도 가장 해롭지 않은 자유, 다시 말해 어떤 일에서든 자신의 이성을 공적으로 사용할 수 있는 자유가 요구된다. 그런데 온 사방에서 '따지지 마라!'라고 외치는 소리가 들려온다. 장교는 '따지지 말고 훈련하라!'라고 말한다. 세무원은 '따지지 말고 납부하라!'라고 말한다. 성직자는 '따지지 말고 믿어라!'라고 말한다. (세상에서 단 한 명의 군주[7]는 이렇게 말한다. "그대들이 원하는 대로 무엇에 관해서든 따져라! 하지만 복종하라!") 이 모든 경우에 자유는 제한된다. 그런데 어떤 제한이 계몽에 장애가 되고, 어떤 제한이 계몽을 방해하지 않을뿐더러 오히려 촉진하는가? 내 대답은 이렇다. 즉 이성의 공적 사용은 항상 자유롭게 허용되어야 하고, 그것만이 사람들 사이에 계몽을 실현할 수 있다는 것이다. 반면 이성의 사적 사용은 흔히 아주 협소하게 제한되어도 무방하며, 그렇게 해도 계몽의 진전에 그다지 장애가 되지 않는다. 자신의 이성을 공적으로 사용한다는 것은 누군가가 학자의 입장에서 독서계의 모든 공중이 지켜보는 앞에서 이성을 사용한다는 것을 뜻한다. 이성의 사적 사용이란 자신에게 맡겨진 시민적 **직책** 또는 관직의 범위 안에서 자신의 이성을 사용하는 것을 뜻한다.[8] 그런데

---

7 프로이센의 프리드리히 대왕(1712~86, 재위 1740~86)을 가리킨다.

8 여기서 칸트가 사용하는 '공적'·'사적' 개념 구별은 칸트 당대와 오늘날의 일반적인 용법과 충돌한다. 예컨대 성직자는 교회라는 공적 기구에서 일정한 직책을 맡은 '공인'이라 할 수 있지만, 신도들에게 설교하는 것은 이성의 '사적' 사용이라 규정하기 때문이다. 그 이유를 칸트는 "교구민 같은 신앙 집단은 아무리 규모가 크다 하더라도 결국 가정적(=사적) 모임일 뿐이기 때문"이며, 또한 성직자는 "교회의 위임을 받아 직무를 수행하기 때문에 자유롭지 못하고 자유로워서도 안 된다"라

공동체의 관심사와 직결되는 여러 업무에 관해서는 공동체의 일부 구성원들로 하여금 단지 수동적 태도만 취하게 하는 어떤 기계적 장치가 필요하다. 그래야만 정부는 인위적인 합의를 통해 구성원들을 공적인 목적을 위해 이끌 수 있고, 적어도 공적인 목적을 저해하지 않도록 막을 수 있는 것이다. 이런 경우에는 당연히 따지는 것이 허용되지 않으며, 복종해야만 한다. 그런데 이러한 기계장치의 일부분이 자신을 전체 공동체의 구성원 또는 심지어 세계시민사회의 구성원으로 간주하는 경우에는 글을 통해 본래적 의미에서의 독자층에게 호소하는 학자의 자격으로 따져볼 수 있으며, 그렇다고 해서 그가 부분적으로 수동적 구성원으로서 종사해야 하는 업무가 방해받지는 않는다. 그러므로 상관의 명령을 받는 장교가 직무수행 중에 그 명령의 합당함이나 유익함에 관해 공공연히 따지려 든다면 심각한 해악을 초래할 것이다. 그렇지만 학자의 입장에서 병역 의무의 결함에 대해 논평하고 독자층에게 판단을 호소한다면 그것은 당연히 금지되어선 안 될 것이다. 시민은 자신에게 부과된 세금의 납부를 거부할 수 없다. 당연히 납부해야 할 세금 부과에 대한 뻔뻔스러운 불평은 (전반적인 조세저항을 유발할 수도 있는) 파렴치한 짓으로 처벌받아 마땅하다. 그렇지만 같은 사람이 학자의 입장에서 과세의 부적절함이나 부당함에 대해 자신의 생각을 공적으로 표명한다면 그것은 시민의 의무에 위배되지 않는다. 마찬가지로 성직자는 교리를 배우는 학생들이나 교구민들에게 그가 봉직하는 교회의 신조에 따라 강론을 행할 의무가 있다. 그는 이런 조건 하에 성직에 임용되었기 때문이다. 하지만 성직

고 설명한다. 이성의 사적 사용은 특정한 집단에 봉사하는 제한된 역할에 국한되고, 이성의 공적 사용은 독자들이 참여하는 공론장에 개방되어 있다.

자도 학자의 입장에 서면 교회의 교의에 내재하는 문제점에 관해 신중히 검토한 선의의 견해를 모두 피력하고 또 종교제도 및 교회제도의 개선에 관한 제안을 알릴 수 있는 전폭적인 자유가 있고, 심지어 그래야만 하는 사명을 갖는다. 이런 경우 양심에 거리낄 것은 아무것도 없다. 왜냐하면 성직자가 교회의 수임자라는 직책에 따라 가르치는 내용에 관해 자신의 판단에 따라 가르치는 재량권을 행사하는 것이 아니라 교회의 규정에 따라 다른 사람의 이름으로 강론하도록 정해져 있기 때문이다. 성직자는 우리 교회는 이런저런 내용을 가르친다고 말할 것이다. 이때 성직자가 말하는 것은 교회가 사용하는 논거들이다. 그런 경우 성직자는 교리에 근거하여 교구민을 위해 유익한 온갖 실용적인 결론을 이끌어낼 수 있다. 비록 그 자신이 교리에 대해 전적으로 확신하지는 못하더라도 교리에 대한 강론을 자원해서 맡을 수는 있다. 그런 경우 그 교의에 진리가 숨겨져 있을 가능성을 배제할 수 없고, 어떻든 적어도 그의 내면적 신앙과 모순되는 내용은 담겨 있지 않을 것이기 때문이다. 왜냐하면 만약 그가 강론하는 교의에 자신의 내면적 신앙과 모순되는 내용이 들어 있다고 생각한다면 자신의 직책을 양심적으로 수행할 수 없을 것이고 직책을 내려놓아야 할 것이기 때문이다. 따라서 성직에 임용된 교사가 교구민 앞에서 이성을 사용하는 것은 단지 사적 사용일 뿐이다. 교구민 같은 신앙 집단은 아무리 규모가 크다 하더라도 결국 가정적 모임일 뿐이기 때문이다. 이 문제와 관련하여 성직자의 입장에서는 교회의 위임을 받아 직무를 수행하기 때문에 자유롭지 못하고 자유로워서도 안 된다. 반면 학자의 입장에 서면 성직자는 글을 통해 자신의 독자층, 즉 세상을 향해 자신의 이성을 공적으로 사용하는 것이기 때문에 자신의 이성을 사용하고 자신의 인격으로 말할 수 있는 무제한의 자유를 누린다. 왜냐하면 (신앙 문제에 있어) 국민의 후견인들 자신이 미성년 상태에 머물러야 한다는 것은 불합리한 일이며, 불합리함을 영구화하는 결과를 초래할 것이기 때문이다.

그런데 교회총회라든가 (네덜란드인들이 말하는) 명망 있는 성직자 회의 같은 성직자 단체가 어떤 불변의 교의를 준수하기로 서약하여 모든 교회 구성원에 대해 그리고 이를 통해 국민에 대해 지속적인 후견감독권을 행사하고 영구화할 권리가 있지 않을까? 단언하건대 이것은 전혀 불가능하다. 그러한 협약이 체결된다면 인류에 대한 지속적인 계몽을 영원히 중단하는 결과에 이를 것이며, 설령 그런 협약이 제국의회라든가 존엄한 평화조약 같은 최고위 권력에 의해 인준된다 하더라도 전적으로 무효이다. 한 시대가 담합하여 그다음 시대가 (특히 아주 긴요한) 인식을 확장하고 오류를 정화하여 계몽을 진전시키는 일을 하지 못하게 서약할 수는 없는 노릇이다. 그것은 인간 본성에 어긋나는 범죄가 될 것이다. 인간 본성의 본래적 소명은 바로 계몽의 진전에 있다. 따라서 후손들은 그러한 협약을 부당하고 불법적인 것으로 간주하여 파기할 권리가 있다. 어떤 국민에게 법으로 제정될 수 있는 모든 사안의 시금석은 과연 국민 스스로가 그러한 법을 받아들일 수 있을 것인가 하는 문제다. 어쩌면 그러한 법도 더 나은 법이 제정되기를 기대하면서 일정한 질서를 도입하기 위하여 특정한 짧은 기간만 통용될 수 있을 것이다. 그와 동시에 모든 시민에게, 특히 성직자에게 학자의 자격으로 글을 통해 공적으로 현행 제도의 결함에 관해 자유롭게 의견을 개진하도록 허용할 수 있다. 그러는 동안 이 사안의 성격에 관한 통찰이 공적으로 충분히 진전되고 검증되어서 (비록 만장일치는 아니어도) 의견의 일치가 이루어짐으로써, 개선된 인식에 따라 판단하여 변화된 종교제도를 채택하기로 합의한 신도들을 보호하기 위한 청원을 왕에게 제출할 때까지는 현행 질서가 그대로 유지될 것이다. 그렇다고 예전 제도를 고수하려는 사람들을 방해해서도 안 될 것이다. 그렇지만 한 사람의 일생 동안 아무도 공적으로 의문을 제기하지 못하게 막고 완고한 종교체제를 고수함으로써 개선을 향한 인류의 진보를 일정 기간 가로막아 무익한 결과를 초래하고 그럼으로써 후손에게까지 해를 끼치는 일은 결코 용납될 수 없다. 어떤 사람이 마땅히 알아야 할 일에 관해 개인적인 이유에서 얼마 동안은 계몽을 미루어도 무방할 것이다. 그렇지만 계몽을 아예 포기하는 것은 그 개인을 위해서나 특히 후손을 위해서는 인류의 신성한 권리를 침해하고 짓밟는 일이다. 국민이 스스로에 관해 결정해선 안 될 일을 하물며 군주가 국민에 대해 결정할 수는 없다. 군주의 입법적 권위는 전체 국민의 의지를 자신의 의지와 합치시키는 데 근거하기 때문이다. 모든 진정한 개선 또는 개선이라 일컬어지는 것이 시민적 질서와 더불어 존립한다는 사실을 군주가 유념하기만 한다면 군주는 그의 신민들이 영혼의 구제를 위해 필요하다고 여기는 일을 스스로 알아서 하도록 허용할 수 있다. 그것은 결코 군주가 관여할 일이 아니다. 그렇지만 어떤 사람이 능력껏 자신의 영혼의 구제를 위해 본분을 다하고자 노력할 때 다른 사람이 폭력적으로 방해하지 못하게 지켜주는 것은 군주의 소임이다. 신민들이 그들의 견해를 밝히고자 발표하는 저작물을 정부의 감독으로 재단하게 하는 식으로 군주가 개입한다면 군주의 존엄조차 훼손된다. 군주가 자신의 지고한 통찰에 의거하여 그렇게 한다면 '황제가 문법학자보다 우위에 있지는 않다'[9]라는 비난에 직면할 것이다. 하물며 군주가 자국 내에서 일부

---

9 Caesar non est supra Grammaticos. 통치자가 국민의 자유로운 의사표현을 통제

전횡자들이 여타의 신민들에게 휘두르는 종교적 독단을 지지하여 군주의 존엄을 스스로 격하하는 경우에는 더더욱 그렇다.

지금 우리는 계몽된 시대에 살고 있는가라는 질문을 받는다면 이렇게 답할 것이다. 아니다, 하지만 계몽의 시대에 살고 있다고. 지금의 상황을 놓고 볼 때 사람들이 전반적으로 종교 문제에서 타인의 지도 없이도 자신의 지성을 훌륭히 사용하고 있다고 하기에는 아직 많이 부족하다. 그렇지만 이제 그런 방향으로 자유롭게 정진할 수 있는 장이 열렸고, 전반적인 계몽의 장애 또는 자신의 잘못으로 초래된 미성년 상태로부터 벗어나는 것을 가로막는 장애가 점차 줄어들고 있다는 것은 분명한 징표로 확인된다. 이런 측면에서 이 시대는 계몽의 시대 또는 프리드리히 대왕의 세기이다.[10]

종교 문제에서 사람들에게 아무것도 강요하지 않고 전적인 자유를 허용하는 것이 곧 자신의 의무라고 말해도 군주의 품위에 저해되지 않는다고 생각하는 군주, 관용이라는 존칭도 스스로 사양하는 군주야말로 계몽된 존재이며, 최초로 인류를 (적어도 정부 측에 의한) 미성년 상태의 속박으로부터 벗어나게 해주고 양심에 관한 모든 문제에서 각자가 자신의 지성을 사용할 자유를 허락해 주었노라고 그에게 감사하는 지금 세상과 후세에 의해 칭송받을 자격이 있다. 그의 치하에서는 존경받는 성직자들이 직책상의 의무와 무관하게 그들이 채택한 교의에 따라 다소

해서는 안 된다는 뜻이다.

10 안드레아스 림 역시 프리드리히 대왕을 '계몽된' 군주로 칭송하지만, 고트홀트 에프라임 레싱(Gotthold Ephraim Lessing)은 프리드리히 대왕 치하의 베를린이 유럽에서 '노예적 속박'이 가장 극심하다고 신랄히 비판한 바 있다. 1769년 8월 25일 레싱이 니콜라이에게 보낸 편지 참조.

간 편차가 생기는 판단과 견해를 학자의 자격으로 자유롭게 공적으로 세상에 공표하여 시험하게 할 수 있다. 직책상의 의무로 인해 제한받지 않는 다른 성직자들은 훨씬 더 많은 자유를 누리고 있다. 이러한 자유의 정신은 국외로도 전파되어, 자신의 본분을 오해하는 정부의 외적 장애와 싸워야 하는 나라에서도 영향을 끼치고 있다. 자유를 허용해도 공동체의 공적 안녕과 화합을 조금도 염려할 필요가 없다는 하나의 사례가 그런 정부를 깨우쳐주기 때문이다. 사람들을 거친 상태에 가두어 두려고 애써 획책하지만 않는다면 사람들은 스스로의 힘으로 점차 거친 상태로부터 벗어나고자 노력한다.

나는 사람들이 스스로의 잘못으로 초래된 미성년 상태로부터 벗어나야 한다는 계몽의 주안점을 주로 종교 문제와 관련지어 다루었다. 왜냐하면 우리의 통치자들은 예술과 학문에 관해서는 신민들에게 후견권을 행사할 의향이 없기 때문이다. 게다가 종교상의 미성년 상태야말로 모든 미성년 상태 중에서도 가장 해롭고 가장 불명예스러운 것이기 때문이다. 그런데 종교적 계몽을 장려하는 국가수장의 사고방식은 한걸음 더 나아가 입법에 관해서도 그의 신민들이 자신의 이성을 공적으로 사용하여 법률 개선에 관한 견해와 현행 법률에 대한 기탄없는 비판을 세상에 공표하도록 허용하더라도 위험하지 않다는 것을 깨닫고 있다. 이 점에 관해서도 우리는 빛나는 사례를 알고 있으며, 이런 면에서 우리가 존경하는 군주는 세상의 어떤 군주보다 앞서 있다.

하지만 스스로 계몽된 군주로서 미망迷妄을 두려워하지 않고 공공의 안녕을 지키기 위해 잘 훈련된 수많은 병력을 보유하고 있는 군주만이 어떤 공화국도 감히 하지 못한 다음과 같은 말을 할 수 있다. 그대들이 원하는 대로 무엇에 관해서든 이성적으로 따져라! 그러나 복종하라! 이렇듯 인간사는 예기치 못한 이상한 행보로 진행된다. 여타의 문제도 그러하지만 인간사의 행보를 전체적으로 고찰해 보면 거의 매사가 역설적이다. 시민적 자유의 증대는 국민의 정신적 자유에 기여하는 것처럼 보이지만 넘어설 수 없는 한계를 설정한다. 반면 시민적 자유가 어느 정도 제한되면 국민들이 정신적 자유를 통해 최대한 자신의 능력을 발휘할 여지가 생긴다. 자연이 이런 딱딱한 껍질 속에서 소중하게 보호하는 싹을, 즉 자유로운 사고로 나아가는 성향과 소명의식을 계발하면 그런 의식이 역으로 국민의 성격에 영향을 끼치고 (이를 통해 국민이 점차 자유롭게 행동할 수 있는 능력을 갖게 되고) 마침내 정부의 통치원칙에도 영향을 끼쳐서 정부는 기계보다 우월한 존재인 인간[11]을 그의 품위에 맞게 다루는 것이 합당하다고 여기게 될 것이다.[12]

프로이센의 쾨니히스베르크에서

1784년 9월 30일

---

11 프랑스의 무신론자 쥘리앵 오프루아 드 라 메트리(Julien Offroy de La Mettrie)의 저서 『기계 인간』(*L'Homme machine*, 1747)을 떠올리게 하는 표현이다. 유물론과 무신론을 신봉한 라 메트리는 프랑스에서 추방되어 벨기에에 머물다가 베를린으로 프리드리히 대왕의 초청을 받아 왕립학술원 회원이 되었다.

12 [원주] 나는 오늘 《뷔싱엔 주간 신보》(*Büschingsche Wöchentliche Nachrichten*) 9월 13일 지면에서 《베를린 월간 학보》 9월호에 대한 광고기사를 읽었는데, 거기에는 계몽이란 무엇인가 하는 동일한 문제에 대한 멘델스존 씨의 답변이 인용되어 있다. 나는 아직 그 글을 읽지 못한 상태이다. 만약 내가 그 글을 읽었더라면 나는 지금 발표하는 이 글을 보류했을지도 모른다. 생각의 일치가 얼마나 우연히 이루어질 수 있는가를 보여 주는 시험적 사례로 이 글을 게재한다.

계몽에 관한 여섯 가지 질문

크리스토프 마르틴 빌란트

크리스토프 마르틴 빌란트Christoph Martin Wieland, 1733~1813는 흔히 로코코풍의 가벼운 스타일을 구사하는 작가로 평가절하되어 왔지만, 소설가이자 《독일 메르쿠어》Der Teutsche Merkur, 1773~1810 잡지의 발행인으로서 계몽의 취지에 부응하는 문필 활동을 활발히 했고, 특히 셰익스피어의 희곡을 모두 번역한 번역가로 유명하다. 프랑스에서 발행되던 《프랑스 메르퀴르》Mercure de France 잡지의 선례를 본받아 빌란트는 《독일 메르쿠어》에 문학과 학술, 문화비평, 정치를 다루는 기고문을 게재하였다. 특히 프랑스 대혁명에 관한 그의 글은 진보적 입장을 견지하고 있다. 《독일 메르쿠어》 1789년 제2호(4월)에 게재된 다음 글은 계몽에 대한 신념을 당당한 어조로 피력하고 있다.

1. 계몽이란 무엇인가?

밝음과 어둠, 빛과 암흑의 차이가 무엇인가를 밝은 눈으로 깨우친 사람이라면 누구나 계몽이란 무엇인가에 대한 답을 알고 있다. 어둠 속에서는 전혀 아무것도 보지 못하거나, 적어도 대상을 제대로 식별하고 구별할 수 있을 정도로는 명확히 보지 못한다. 그렇지만 빛이 밝혀지면 사물들은 분명히 드러나 눈에 보이고 서로 구별 가능해진다. 그러기 위해서는 두 가지 조건이 충족되어야 한다. 첫째, 빛이 충분해야 하고, 둘째 빛 속에서 뭔가를 보려는 사람은 눈이 멀지 않고 시력이 흐리지 않아야 하며, 그 밖의 다른 원인에 의해 볼 수 있는 능력 또는 보려는 의지가 방해를 받지 말아야 한다.

2. 계몽은 어떤 대상들에까지 적용될 수 있고 또 적용되어야 하는가?

우스꽝스러운 질문이다! 눈에 보이는 모든 대상에 적용되어야 할까? 내 생각에는 당연히 그렇다. 아니면 눈에 보이는 모든 대상에 적용되어야 하는 이유를 증명해야 할까? 그래, 증명해 보자! 어둠 속에서는 정직한 사람들에겐 (공익을 위한 칭찬할 만한 유일한 활동을 제외하면) 그저 잠이나 자는 것 말고는 달리 할 일이 없다. 어둠 속에서는 우리가 어디 있는지, 어디로 가는지, 무엇을 하는지, 우리 주위에서 어떤 일이 일어나는지 볼 수 없다. 특히 어느 정도 거리가 떨어진 곳에서 어떤 일이 일어나는지는 더더욱 볼 수 없다. 어둠 속에서는 걸음을 옮길 때마다 우리 몸이 부딪칠 위험이 도사리고 있다. 어둠 속에서는 몸을 움직일 때마다 뭔가를 넘어뜨리거나 망가뜨릴 위험이 따르고, 건드려선 안 될 것을 건드릴 위험이 따른다. 요컨대 매 순간 무엇을 잘못 짚거나 실족할 위험이 따른다. 따라서 어둠 속에서 평상시 활동을 하려는 사람은 일을 그르치기 십상이다.[1] 이런 비유를 다양한 사례에 적용하는 것은 아주 쉽다. 여기서 말하려는 정신의 빛이란 참과 거짓, 선과 악을 인식하는 것이다. 이러한 인식이 없다면 정신활동을 제대로 수행할 수 없다는 것은 누구나 인정할 것이다. 그것은 물리적인 빛이 없다면 물리적 활동이 제대로 이루어질 수 없는 것과 똑같은 이치다. 참과 거짓을 언제 어디서나 구별하기 위해 꼭 필요한 인식을 뜻하는 계몽은 예외 없이 반드시 모든 대상에 적용되어야 한다. 계몽은 바깥의 사물을 보는 눈과 내면의 눈으로 볼 수 있는 모든 대상에 적용될 수 있다. 그런데 빛이 비치는 순간 활동을 방해받는 사람들이 있다. 암흑 속에서만, 또는 적어도 빛이 흐리고 어두컴컴해야만 활동을 수행할 수 있는 사람들이 있다. 예를 들면 우리에게 검은 것을 희다고 주장하거나, 위조화폐로 계산을 하거나, 유령을 불러내려는 자들이 그들이다. 또한 곧잘 변덕을 부리거나, 사상누각을 짓거나, 무위도식하는 행복한 섬나라로 여행을 하는 사람들도 (그런 행위 자체는 극히 순진한 것이긴 하지만) 당연히 환한 대낮에는 제대로 활동하지 못한다. 이들은 밤중이나 달밤에 또는 인위적으로 만들어낸 어슴푸레한 환경에서 더 잘 활동하기 마련이다. 이 모든 당돌한 사람들은 당연히 계몽을 반대한다. 이들은 계몽의 빛이 모든 대상을 비춰야 하고 그래야 대상이 명확히 드러날 수 있다는 것을 도무지 납득하지 못한다. 따라서 이들의 동의를 얻기란 불가능하다. 그런데 다행히 굳이 이들의 동의를 구

---

1 [원주] 물론 몇몇 예외가 있다는 것을 잘 안다. 그렇지만 대부분의 경우에는 일을 그르치게 마련이다.

할 필요도 없다.

3. 계몽의 한계는 어디까지인가?

아무리 빛을 비춰도 아무것도 볼 수 없는 곳이 곧 계몽이 불가능한 한계지점이다. 그런데 이 질문은 이 세상의 종착지가 어디인가 하는 질문만큼이나 황당무계하다. 따라서 이런 질문에는 굳이 진지하게 답할 필요가 없다.

4. 계몽은 어떤 '확실한' 수단을 통해 촉진될 수 있는가?

세상이 더 밝아지도록 빛을 증대시키기 위한 확고한 수단은 빛의 통과를 가로막는 암흑 물체를 가능한 한 제거하고, 특히 2번에서 언급한 빛을 꺼리는 족속들이 활개를 치는 모든 어두운 구석과 동굴을 면밀히 비추는 것이다.

우리가 인식하는 모든 대상은 이미 일어난 사건이나 표상, 개념, 판단 그리고 견해 들이다. 이미 일어난 사건은 과연 실제로 사건이 일어난 것인지, 그리고 어떻게 일어났는지를 편파적이지 않은 탐구자가 만족할 정도로 탐구하면 해명할 수 있다. 사람들의 표상과 개념, 판단과 견해 들은 그것의 참과 거짓을 구별해 내고, 왜곡된 것을 바로잡고, 복잡한 것을 보다 단순한 요소로 분해하고, 단순한 것을 그 근원에까지 파헤쳐서 일찍이 사람들이 진리라고 제시한 그 어떤 생각이나 주장도 아무런 제약 없이 탐구할 때 비로소 해명될 것이다. 오직 이것만이 인간의 이성을 마비시키는 온갖 오류와 해로운 속임수를 줄여나갈 수 있는 확실한 수단이며, 다른 어떤 수단도 소용이 없다.

따라서 이 문제와 관련하여 사람들이 어떤 경우에 안전함을 느끼고 어떤 경우에 불안을 느끼는가는 자명하다. 사람들의 머리가 맑아지면 아무것도 두려워할 필요가 없다. 오직 머릿속이 계속 혼미하기를 바라는 자들만이 두려움을 느낀다. 그러면 이들의 안전에 대해서는 걱정할 필요가 없는 것일까? 그렇다. 이들에 대해서는 전혀 걱정할 필요가 없다. 그들 스스로 자신들의 안전을 위해 애쓰고 있기 때문이다. 그들은 지금까지 그래왔듯이 앞으로도 가능한 수단을 최대한 동원해서 빛이 세상으로 비춰 들 만한 모든 통로와 창문과 틈새를 폐쇄하고 못질하고 틀어막을 것이다. 게다가 그들은 힘이 강해지면 우리 자신이나 다른 사람들을 위해 꼭 필요한 빛을 밝히고자 우리가 들고 있는 램프를 기어코 박살내고 말 것이다. 그리고 설령 힘이 강하지 않더라도 그들은 적어도 계몽이 불신을 야기하도록 온갖 수단을 궁리할 것이다. 나는 동료들을 나쁘게 생각하고 싶지는 않다. 그렇지만 우리의 질문자[2]가 계몽 수단의 안전성에 대해 깊이 우려한다면 나는 본의 아니게 그의 정직함을 의심하게 될 것이다. 그 질문자는 이를테면 훌륭한 사람이나 사물 중에는 계몽의 빛을 견디지 못하는 부류도 있다고 생각하는 것일까? 아니, 그런 경우는 없다! 그 질문자가 그렇게 머리가 나쁘지는 않을 것이다. 그래도 그는 이렇게 말할지도 모르겠다. "너무 강렬한 빛은 해로운 경우도 있으니 신중히 단계적으로 빛을 비추는 것이 온당할 것이다." 그럴 수도 있다! 다만 참과 거짓의 구별을 통해 영향력을 행사하는 계몽이 그런 부

---

2 칸트를 비롯한 여러 학자들에게 '계몽이란 무엇인가?'라는 질문을 던진 《베를린 월간 학보》 편집진을 말한다.

정적 결과를 초래하는 일은 적어도 독일 땅에서는 있을 수 없다. 우리 민족이 마치 백내장 수술을 받아야 하는 사람처럼 눈이 나쁘지는 않기 때문이다. 우리가 벌써 300년 동안이나 점차 계몽의 빛에 어느 정도 적응해 온 터에 밝은 햇빛을 감당할 수 없다고 한다면 우리 자신을 조롱하고 모욕하는 처사가 될 것이다. 그것은 자신의 주위를 환하게 밝히기를 꺼려할 만한 이유가 있는 사람들의 허울 좋은 핑계일 뿐이라는 것은 자명하다.

5. 누가 사람들을 계몽할 '자격'이 있는가?

이 과제를 감당할 능력이 있는 사람이 자격이 있다! 그렇다면 누가 이 과제를 감당할 수 있을까? 나는 반대의 질문으로 대답하겠다. 누가 이 과제를 감당할 수 없는가? 귀하는 어떻게 답하겠는가? 이런 질문을 받으면 흔히 우리는 당황해서 서로 얼굴만 처다보게 되지 않을까? 의문이 풀리지 않을 때 판결을 내려줄 신탁 같은 것은 존재하지 않는다. (설령 신탁이 내린다 하더라도 다시 그 신탁의 의미를 풀어줄 두 번째 신탁이 필요하므로 신탁은 우리에게 아무런 도움이 되지 않는다.) 그리고 그 어떤 인간 법정도 감히 단일한 판정을 내릴 자격은 없으므로 인간 법정의 판단은 우리에게 이성의 빛을 다소간에 내키는 대로 허용하는 자의적 판단에 의존하게 될 것이다. 사정이 이러하므로 누구나 예외 없이—소크라테스나 칸트에서부터 초자연적 계시를 믿는 재단사나 구두장이 부류 중에서도 가장 몽매한 자들에 이르기까지—선의로든 악의로든 그럴 마음만 내키면 각자 능력껏 인류를 계몽할 자격이 있다. 이 문제를 어떤 관점에서 고찰하든 간에 사람들의 머리와 행동거지를 깨우치는 일이 누군가의 독점이 되거나 배타적 소수집단의 특권이 되는 경우보다는 누구에게나 그런 자유를 허용하는 편이 훨씬 덜 해롭다는 것을 알게 될 것이다. 다만 한 가지 반드시 당부하고 싶은 것은 "집정관은 나라에 손해를 끼치지 않도록 주의해야 한다"[3]라는 원칙에 따라 지극히 순수한 동기에서라면 제한을 가할 수도 있다는 것이다. 예컨대 다음과 같은 경우가 그런 제한에 해당된다. 기원 후 1~2세기의 옛 황제들이 비밀 집회와 비밀 결사를 단속하기 위해 시행했던 극히 지혜로운 형법의 취지를 되살려서 강단과 설교단에서 가르칠 자격이 없는 모든 이에게는 사람들을 계몽하기 위한 수단으로 서적 이외의 다른 수단은 허용하지 않는다. 비밀 집회에서 터무니없는 주장을 설파하는 바보는 시민사회에 해악을 초래할 수 있기 때문이다. 그렇지만 서적은 그 내용이 어떻든 간에 오늘날에는 이렇다 할 해를 끼치지 않으며, 설령 해를 끼친다 하더라도 다른 서적들을 통해 10배 100배로 보상받을 수 있을 것이다.

6. 계몽의 '진리'는 어떤 '결과'에서 확인할 수 있는가?

모든 문제를 전반적으로 명확하게 해명할 수 있으면 계몽이 진리임을 확인할 수 있다. 생각하고 탐구하고 이성의 빛을 갈구하는 사람들의 수가 갈수록 늘어나고, 특히 계몽을 방해하여 이득을 보려는 사람들의 집단 중에서 그런 사람들이 늘어날 때, 그리고 편견과 광신에 빠져 있는 무리가 점점 줄어들 때, 무지몽매함에 대한 부끄러움과 유익하고 고귀한 지식에 대한 갈망이 증대하고, 특히 모든 신분의 사람들에게 인간의

---

3 키케로의 말이다.

본성과 권리에 대한 존중심이 부지불식간에 늘어날 때, 그리고 (바로 이 것이 가장 확실한 징표 중 하나라 할 수 있는데) 라이프치히에서 도서 박람회가 열릴 때마다 계몽에 반대하는 인쇄물을 가득 실은 고급 마차들이 몇 대씩 드나들 때. 왜냐하면 이 문제와 관련해서는 가짜 나이팅게일이 있어서 오히려 진짜 나이팅게일의 진가가 드러나기 때문이다. 진짜 나이팅게일은 밤이 되어야 울지만, 가짜 나이팅게일은 햇빛이 눈부실 때 가장 요란스럽게 우는 법이다.

내 말이 옳은지 말해 보시오. 귀가 밝은 이웃 양반은
이 문제에 대해 어떻게 생각하시오?

티말레테스[4]

---

4 빌란트는 티말레테스(Timalethes)라는 필명으로 이 글을 발표하였다.

계몽의 다양한 개념

카를 프리드리히 바르트

카를 프리드리히 바르트Carl Friedrich Bahrdt, 1740~92는 정통 기독교 교리를 계몽적 관점에서 재해석한 급진적 신학을 추구했다. 예수의 생애를 '신의 아들'이 아니라 '선한 인간'의 측면에서 새롭게 조명한 방대한 저서『예수의 생애』1783~85를 출간하여 큰 파문을 일으켰다. 이로 인해 교회로부터 이단으로 단죄되어 29세에 정교수로 임용되어 재직하던 라이프치히대학에서 해직되었다. 그리고 1788년 프로이센이 제정한 종교칙령을 풍자하는 희극『종교칙령』1789을 발표하여 1년 징역형에 처해졌는데, 종교칙령의 제정을 주도한 요한 크리스토프 폰 뵐너Johann Christoph von Wöllner, 1732~1800는 바르트가 '순교자'가 되는 것을 막기 위해 그를 석방했다고 한다.

1789년에 발표한 다음 글에서 바르트는 계몽이 일정한 수준의 지적 능력이나 지식의 양이 아니라, 자신이 소중히 여기는 가치와 진리에 대해 올바르게 인식하고 그 가치를 추구하는 소신을 견지하는 것이라고 본다.

지금 계몽이라는 말이 수많은 사람의 입에 오르내리고 있지만 정작 계몽의 개념에 대한 명확한 정의는 어디에서도 찾아볼 수 없다. 바로 그 렇기 때문에 계몽의 가치와 촉진수단을 두고 많은 논란이 벌어지고 있 는 것으로 보인다. 혹자는 계몽을 하늘을 찌를 듯한 지고의 가치로 받 들어서 계몽이 곧 모든 행복의 원천이라 일컫는다. 또 혹자는 계몽에 대 해 우려를 표명하면서 기껏해야 계몽을 교양계층이나 상류계층의 지적 호사 정도로 여긴다. 그렇게 생각하는 사람은 만약 계몽이 일상생활의 구석구석에까지 파고들어서 인류의 공동 자산이 되면 일반 대중이나 국 가에 해로운 영향을 끼친다고 믿는다. 그런가 하면 또 혹자는 계몽을 완 전히 배척하고 계몽이 추구하는 모든 것을 극구 반대하거나, 계몽의 확 산에 주력하는 사람들을 어리석은 인간들이라고 비웃는다. 이처럼 계몽 에 대한 판단이 상이한 것은 결국 계몽이라는 개념의 다양성 때문이 아 니겠는가? 어떤 사람들은 계몽이 가능하지도 않고 계몽을 인류에게 널 리 확산시키는 것도 불가능하다고 생각한다면, 이처럼 각자 다른 생각 을 가진 사람들이 계몽이라는 말을 놓고 제각기 다른 생각을 하고 있거 나 또는 이들 모두가 계몽에 대해 충분히 숙고한 명확한 개념을 결여하 고 있지 않은지 의심해 볼 수 있지 않을까? (……)

　이처럼 계몽에 대한 상이한 판단을 낳는 상이한 계몽 개념을 철저히 비교해서 따져보기 전에는 상이한 입장을 통일하고 이들 사이의 논란을 말끔히 정리하기란 불가능하다. 계몽에 관한 상이한 견해를 철저히 비 교 분석할 때만 과연 누구의 생각이 옳고 어느 정도나 타당한지 명확히 밝혀낼 수 있을 것이기 때문이다. 그래서 나는 상이한 견해를 주장하는 사람들과 명확한 개념 파악조차 하지 못하는 사람들을 서로 비교하여 가능하면 논란을 종식시킬 수 있도록 계몽에 대한 상이한 개념을 분명히 따져보고자 한다.

계몽에 관해 언급하는 사람들의 대다수는 우선 일정한 수준의 지적 능력을 전제하고 있는 것처럼 보인다. 다시 말해 계몽된 사람은 두뇌가 명석한 사상가요, 지적으로 단련된 철학자라고 생각하는 것이다. 일단 그렇게 전제하면 모든 민족의 대다수 사람들이 계몽되는 것은 불가능하다는 결론에 이르는 것은 자명하다. 모든 사람이 뛰어난 사고력을 가질 수는 없고 극소수의 사람들만이 철저한 철학적 지식을 온전히 받아들일 수 있는 고도의 지적 능력을 갖고 있을 것이기 때문이다. 그렇다면 그런 의미에서의 계몽이 인류의 공동 자산이 될 수 없다는 것은 분명하다. 만약 그렇다면 예수가 세상의 빛이 되어 만인을 깨우쳐주겠다고 마음먹은 것도 결국 예수의 지적 능력이 박약하다는 증거밖에 되지 않을 것이다.

또 다른 입장을 가진 사람들은 계몽이 일정한 양의 지식이라 생각하고, 그 정도의 지식을 갖추면 계몽된 사람이 될 수 있다고 생각한다. 나는 이러한 계몽 개념을 특히 유념해서 계몽에 대해 유일하게 올바른 개념 내지 유용한 개념을 갖고 있다고 생각하는 사람들의 입장과 구별할 필요가 있다고 생각한다. 나는 우선 계몽이라는 용어 자체를 해명하기 위해 계몽의 내용적 측면과 형식적 측면을 구별하고자 한다.

계몽의 내용적 측면은 계몽된 사람이 습득한 계몽적 지식 자체, 다시 말해 그가 알고 있는 명제나 진리이다. 반면 계몽의 형식적 측면은 어떤 사람이 보유한 지식의 본질적 속성을 가리킨다. 바로 앞에서 언급한 입장은 계몽의 내용적 측면을 염두에 두고 있다. 그들은 계몽을 일정한 지식의 소유라고 본다. 그리고 그들이 기본적으로 계몽적 지식에 포함시키는 것은 형이상학, 논리학, 자연법, 도덕 등의 철학적 지식과 물리학, 그리고 다양한 종교와 국가체제에 관한 판단의 기초가 되는 성경해석학과 역사학 등의 비판적 지식 등이다. 이러한 지식을 더 많이 보유한 사람일수록, 그리고 더 철저히 연구한 사람일수록 그만큼 더 계몽되었다고 할 수 있다.

이와 같이 계몽의 본질을 일정한 지식의 소유라 보고 또 그 지식의 완벽함과 철저함을 계몽의 정도를 가늠하는 기준으로 본다면, 그렇게 생각하는 사람이 모든 사람에게 계몽을 전파하길 바라는 사람들과는 상반되게 계몽에 대해 판단하는 것은 당연하다. 당연히 그런 사람은 계몽을 일반 대중의 일상생활에까지 확산시키는 것은 불가능하다고 주장할 것이다. 또 혹자는 모든 국민을 계몽하는 것은 해롭다고 주장하면서 다음과 같이 그 이유를 댈 것이다. 첫째, 계몽이 제공하는 철학적 지식과 역사적 지식 중에는 일반 국민이 신앙에 대한 확고한 믿음과 입법 권력의 명령에 대한 복종심을 유지하기 위해 알아서는 안 될 지식이 상당수 포함되어 있기 때문이다. 둘째, 만약 모든 사람이 도덕법과 자연법의 모든 내용을 훤히 들여다본다면 사람들의 도덕성이 약화되고 경솔한 생각이 만연할 수 있기 때문이다. 셋째, 육체노동으로 국가에 봉사하는 사람들이 독서와 사고를 통해 부분적으로 체력이 약화되거나, 직업 활동에 쏟아야 할 시간을 빼앗길 수 있으며, 육체노동에 대한 의욕을 상실하고 자만심에 빠질 수 있기 때문이다. 또 혹자는 사람들을 계몽하려는 자들이 세상을 바꾸려 하지만 결국 세상을 망치게 할 것이라며 그들의 어리석음을 비웃을 것이다. 그렇지만 주의 깊게 진리를 탐구하는 사람들이라면 계몽의 형식적 측면만을 포함하는 계몽의 개념도 고려할 필요가 있다. 이들의 주장에 따르면 계몽의 본질은 특정한 지식도 아니고 지식의 수준이나 분량도 아니며, 중요한 것은 어떤 사람이 보유한 지식의 본질적 속성이다. 여기서 지식의 본질적 속성이란 첫째, 분명한 개념, 둘째, 그 지식에 대한 철저한 확신을 가리킨다. 이 문제에 대해 보다 상세히 살펴보기로 하자.

계몽에 관한 특정한 개념: 상대적 계몽 개념

계몽의 본질이 지식의 양이나 수준 또는 지식 자체가 아니라 어떤 사람이 보유한 지식의 속성을 뜻한다면, 계몽은 개별적인 명제들이 진리로 인식되는 방식과 어떤 관계를 맺고 있는가 하는 관계 개념일 뿐이라는 것은 자명하다. 따라서 '계몽되었다'라는 진술은 딱히 어떤 사람 전체를 규정하기보다는 오히려 그 당사자가 일정한 명제에 관해서는 계몽되었지만 다른 명제에 관해서는 계몽되지 않았을 수 있다는 것을 뜻한다. 실제로 이것은 보통의 경우 우리의 경험과 합치된다. 따라서 자신이 참이라고 여기는 어떤 명제에 관해 명확한 개념과 검증된 확신을 갖고 있는 사람은 이 명제와 관련하여 계몽되었다고 할 수 있다. 그리고 자신이 파악한 개념이 어느 정도나 명확하고 자신의 확신이 어느 정도나 철저한가 여부에 따라 그가 어느 정도나 계몽되었는지가 판명된다. 따라서 계몽의 본질을 올바르게 파악하려면 계몽된 인간 전체 또는 그의 지식 전체를 다룰 것이 아니라 단지 개별적인 지식만을 다루어야 한다. 마치 물리적인 빛이 어떤 대상을 전면적으로 속속들이 비추지도 않고 대상의 모든 부분을 동일한 정도로 비추지도 않듯이, 도덕적 계몽의 경우도 마찬가지다. 그 어떤 사람도 완벽하게 계몽되지 않았고 그럴 수도 없다. 어떤 사람이 계몽된 정도는 오로지 개별적인 명제에 국한되며, 그 각각의 명제에 대하여 동일한 정도로 계몽된 것도 아니다. 그렇다면 이제 문제의 핵심을 짚어보자. 계몽은 그 본질상 분명한 개념으로 파악되어야 한다. 이러한 상대적 계몽 개념의 요건을 엄밀히 규정하는 것은 탐구할 만한 가치가 있다. (……) 따라서 계몽은 첫째, 명확하고도 고유한 개념으로 파악되어야 한다. 둘째, 자신의 철저한 확신으로 파악되어야 한다. (……) 어떤 진리에 대해 명확한 개념과 철저한 확신을 갖고 있는 사람은 이 진리에 관해 계몽되었다고 할 수 있다. 따라서 계몽은 일정한 명제로부터 추론할 수 있는 상대적인 것이다. 그런 한에는 어떤 사람이 특정한 명제에 관해 명확한 개념과 철저한 확신을 갖고 있다고 할 수 있다. (……)

이제 계몽에 관한 절대적 개념도—즉 계몽되었다는 말이 어떤 사람 전체를 규정하는 진술이 될 수 있는가 하는 문제도—그다지 어렵지 않게 규명할 수 있다. 왜냐하면 지식에 관한 명확한 개념과 자기 확신이라는 속성은 모든 인식에서 균등하게 드러나지는 않지만 지식을 추구하는 이유와 가치를 나타내기 때문이다. 예컨대 어떤 사람이 자기가 알고 있는 지식의 속성이 자신의 행복을 위해 불가결하다고 확신한다면 모든 지식에서 그러한 속성을 추구하게 될 것이다. 그런 사람은 자신의 행복과 본질적으로 관련된 명제를 완벽하게 이해하고 설득력 있는 증명을 발견하고 그 명제가 여러 민족의 현자賢者들 사이에서 옳다고 인정받기 전까지는 선뜻 그런 명제를 확고하게 참된 것이라 여기지는 못할 것이다. 우리는 그런 사람을 주저 없이 계몽된 사람이라 일컬을 수 있다. 설령 그가 습득한 지식의 총량이 아무리 적어도 그렇게 단언할 수 있다.

도덕성을 인식하고 사랑하며 의식적으로 행동할 때 자신의 행위에 진지하고 단호하게 도덕성을 부여하는 데 익숙한 사람, 다시 말해 자신이 행하는 모든 일에서 타인의 행복을 염두에 두는 사람, 비록 타인의 행복을 증진하지는 못할지언정 방해하지는 않는 사람이 있다고 가정해 보자. 그런 사람이 비록 자신의 모든 행위에서 자신의 소망대로만 행동하지는 못한다 해도 의식적으로 행동할 때 도덕성을 구현하고자 정직하게 노력한다면 우리는 그런 사람을 도덕적인 사람이라 하지 않을 수 없다. 그런 사람마저 제외하면 지상에서 도덕적인 사람은 아예 존재하지 않을 것이다. 우리는 그런 사람에게 계몽된 사람이라는 명예로운 칭호를 부여할 수 있을 것이다. 그런 사람은 계몽을 추구하고 자신의 모든 인식에 도덕성을 부여하려 힘쓴다.

그렇게 볼 때 계몽의 절대적 본질은 중요한 사안에 관해 첫째, 명확한 개념으로 파악된 것, 둘째, 자신의 철저한 확신과 부합하는 것, 셋째, 지혜로운 사람들이 서로 합의한 것만을 확고하게 참된 것이라 여기는 단호한 태도에 있다. (……)

다시 정리하자면 계몽이란 순전히 상대적 관점에서 보면 인간의 인식을 명확한 개념으로 파악하고 스스로 생각하고 검증해서 입증된 것으로 파악하는 특성을 가리킨다. 참된 것이라 여기는 명제에서 이 두 가지 특성을 확신하는 사람은 이 명제에 관해 계몽되었다고 할 수 있다.

그 어떤 사람도 자신이 참된 것이라 여기는 모든 명제에서 이러한 상대적 계몽이 구현되었다고 확신할 수 없다. 따라서 일반 대중의 관점에서 보면 상당수의 명제에 관해 — 예컨대 군주가 공표하는 법이나 명령 등에 관해—그러한 상대적 계몽을 확신하지 못하더라도 무조건 믿는 편이 차라리 나을 것이다.

이와 달리 절대적 계몽은 모든 사람에게 가능하며 유익한 결과를 가져온다. 절대적 계몽은 어떤 사람이 믿고 옳다고 여기는 모든 것에 적용되지는 않는다. 절대적 계몽이 불가결하게 적용되는 범위는 일정하게 제한되어 있다. 절대적 계몽은 우리의 행복과 직결되는 사안이 첫째, 자기 자신의 명확한 개념으로 파악되고, 둘째, 합리적으로 입증되고 스스로 숙고하여 거듭된 검증을 통해 옳은 것이라 확인되고, 셋째, 권위 있는 검증을 통해 옳다고 판명되는 경우에만 확실하게 참된 것으로 여기며, 믿을 만한 진리로서 자신의 행동과 소망, 희망, 두려움, 사랑 등을 결정하는 확실한 근거가 된다. 자신의 행복이 좌우되는 모든 문제에 관해 확고하게 이러한 원칙을 따르는 사람은, 다시 말해 믿음 이전에 이성의 목소리에 귀를 기울이는 사람은, 계몽된 사람이라 할 수 있다. 자신의 인식이 아무리 제한되고, 도덕적 지식과 실용적 지식의 총량이 종이 한 장의 분량밖에 되지 않더라도 그런 사람은 계몽된 사람이다.

그런 양심을 지닌 사람, 자신의 행복을 (또는 자신의 도덕성과 마음의 평정, 세상을 위한 유익한 역할, 지상의 안녕 등을) 좌우하는 진리를 명예롭고 신성하게 여기는 사람은 고결한 의미에서 진정으로 자유로운 정신의 소유자다. 그런 사람은 영혼에서 우러나오는 가장 고결한 열정을 그 진리를 위해 바치고 자신의 이성을 신중히 사용하여 옥석을 가린다. 그리고 편견과 경솔한 맹신, 타인의 현혹을 추종하는 태도를 과감히 떨쳐낸다. 그런 사람은 비록 개신교 교회에 나가지 않더라도 진정한 개신교도이며, 진정한 기독교도이다. 예수의 진정한 제자라 할 그런 사람은 예수의 정신을 본받아 인간 정신을 속박하는 모든 법의 구속으로부터 자유롭다. 그런 사람은 일체의 속박에서 벗어나 진리를 인식하고, 진리 안에서 평화와 기쁨을 찾으며, 진리의 인도를 받아 기쁜 마음으로 도덕성을 추구하고 확고한 행복을 추구한다. 그가 비록 기독교회의 품 안에 거하지 않고 조물주의 뜻에 따라 아시아나 인도 한복판에서 삶의 터전을 잡았다 하더라도 말이다.

자신의 행복과 직결된 사안을 스스로 숙고하고 이성의 빛과 합리적 소신과 권위 있는 검증에 따라 추구하는 데 익숙하지 않은 사람은 설령 두툼한 책으로 그의 지식을 가득 채운다 하더라도 계몽된 사람, 진정한 개신교도라 할 수 없을 것이다. (……) 일체의 권위를 하찮게 여기고 오직 자신의 생각만이 틀림없다고 여기는 사람은 무지한 궤변가일 뿐이며 불행한 불평분자가 되기 십상이다. 이제 중요한 결론을 내리자! 계몽이 첫째, 엄청난 사고력을 요구하지 않고, 둘째, 인간의 모든 지식에 적용되지 않고 도덕적 지식과 실용적 지식으로 요구되며, 셋째, 명확한 개념과 스스로 생각한 이성적 검증을 요구하고, 넷째, 특히 성경의 권위와 같은 권위를 배척하지 않고 이전까지 자신이 품어온 신념에 부응한다면, 이러한 요건에 맞는 계몽은 모든 사람이 추구할 수 있는 인류 공동의 자산이다. (……)

크리스티안 야코프 크라우스에게 보낸 편지

(1784년 12월 18일)

요한 게오르크 하만

요한 게오르크 하만Johann Georg Hamann, 1730~88은 18세기 계몽주의
가 표방한 이성의 권능에 반기를 들었던 대표적인 사상가로, 이
성 중심주의에 맞서 감성의 복권을 주창한 슈투름 운트 드랑Sturm
und Drang 문학운동에 지대한 영향을 끼쳤으며, 흔히 '북방의 현자'
라고 일컬어지기도 한다. 이 글은 칸트의 수제자 크리스티안 야코
프 크라우스Christian Jacob Kraus, 1753~1807 교수에게 보낸 편지글의 형
식을 취하고 있다. 여기서 하만은 칸트의 「계몽이란 무엇인가 하는
문제에 대한 답변」을 신랄하게 비판하고 있다. 하만에 따르면, 칸
트가 계몽적 각성에 도달하지 못한 '미성년'과 스스로 사고할 능
력이 있는 — 따라서 '미성년'을 이끌어줄 능력을 갖춘 — '후견인'
을 구별하는 것은 철학자가 '후견인'의 역할을 자임하려는 지적 오
만이다. 철학자가 "대중의 후견인을 자처하면서 잘 훈련된 수많은
대중을 담보 삼아 자신의 신조가 무조건 옳다고 주장하려는 것"이
다. 또한 칸트가 이성의 '공적 사용'과 '사적 사용'을 구별하는 것도
'학자'의 입장에서는 자유롭게 생각을 표현하되, 교회나 국가로부
터 부여받은 직책상 의무에는 무조건 복종하라는 자기모순이라고

> 본다. 결국 대중이 '미성년' 상태에서 벗어나지 못하는 것은 그들
> 자신의 잘못 때문이 아니라 대중에게 이러한 모순된 역할을 강요
> 하는 '후견인'의 잘못이라는 것이다.

고명하신 정치학자님께!

나는 이제 늙고 몸이 굳어서 소요학파[1] 식으로 철학을 할 수는 없고, 아주 짧게 산책을 나가는 일도 식사 전에는 여의치 않고 때로는 식사 사이에도 여의치 않습니다. 그래서 우선 마카로니풍[2]의 어법을 빌려 귀하가 동봉해 준 《베를린 월간 학보》[3]에 칸트 스타일[4]로 감사를 표하고자 합니다. 어느 우스꽝스러운 문학사가[5] 또한 코믹 문학의 역사를 칸트 스

---

1 peripatetisch. 그리스어 'perípatos'(배회, 소요)에서 유래한 말로, 아리스토텔레스가 아테네에서 거리를 배회하며 철학적 담론을 즐겼다는 속설로 인해 아리스토텔레스의 철학을 '소요학파'라 일컬었다. 여기서는 아리스토텔레스 이래의 전통적인 논리학 체계에 따라 이 글을 서술하지 않겠다는 뜻을 밝히고 있다.
2 마카로니(makkaronisch)풍은 중세 라틴문학에서 여러 언어와 문체가 뒤섞인 풍자적·해학적 스타일을 가리킨다.
3 여기서는 계몽에 관한 칸트의 글이 실린 1784년 12월호를 가리킨다.
4 cant-style. '알아듣기 힘든 전문용어'나 '말장난' 또는 '속임수 어투' 등의 다양한 뜻으로 쓰였다. 원래 스코틀랜드에서 문자를 깨우치지 못한 신도들이 다니는 교회의 집사로 일하던 안드레아스 캔트(Andreas Cant)라는 사람이 목사를 흉내 내어 설교를 해서 캔트의 어투에 익숙한 소수의 신도들만 설교를 알아들었다는 일화에서 유래한다. Cant는 독일어 식으로 읽으면 칸트(Kant)와 발음이 같아서 여기서는 칸트의 철학적 어법을 비꼬고 있다.
5 『코믹 문학의 역사』(Geschichte der komischen Literatur, 4권, 1784~87)를 저술한 카를 프리드리히 플뢰겔(Carl Friedrich Flögel, 1729~88)을 가리킨다.

타일로 서술했지요.

'용기를 가져라!'[6]라는 말과 같은 출전에서 유래하는 '놀라지 마라!'[7]라는 말도 용기의 덕목에 속하는 것이지요. 고명하신 교수님! 제가 우리의 플라톤을 얼마나 좋아하고 즐겨 읽는지 당신도 잘 아시지요.[8] 플라톤이 저의 이성을 이끌어줄 후견인이 되어준다면 기꺼이 응할 용의가 있지만, 그렇다고 제 말을 액면 그대로 받아들이지는 마세요. 저는 저 자신의 잘못으로 인해 마음이 빈곤한 것은 아닐까 하고 걱정할 필요가 없습니다.[9]

순수이성 비판가이자 논리학에 정통한 교수[10]에게 감히 설명Erklärung의 규칙을 깨우치려 든다면 무도한 하극상이 되겠지요. 게다가 당신은 허치슨[11]의 책 『도덕철학 체계』를 제게서 가져가시고는 돌려주지도 않으

---

6 칸트는 '너 자신의 이성을 사용할 용기를 가져라!'라는 말이 곧 '계몽의 슬로건'이라고 했다. '용기를 가져라!'(Sapere aude)라는 말은 고대 로마의 호라티우스의 서한집에 나오는 말이다.

7 '놀라지 마라!'(Noli admirari!)라는 표현 역시 호라티우스의 서한집에 나오는 말이다. 여기서는 칸트 같은 철학자의 권위에 경탄해서 무조건 순응하지는 말라는 뜻으로 쓴 것이다.

8 크라우스 교수는 플라톤에 관한 강의를 했다. 당시 계몽주의자들은 주로 아리스토텔레스를 이론적 지주로 삼았지만 하만은 플라톤을 선호했다. 이 문맥에서는 칸트를 플라톤에 빗대고 있다.

9 칸트는 자신의 이성을 사용하지 못하고 후견인의 인도에 의존하는 것이 자신의 '이성'을 사용할 용기의 부족 때문이라면 그것은 자기 자신의 잘못(책임)이라고 했다. 칸트가 '이성'을 강조한 것과 달리 하만은 '마음'을 강조하고 있다.

10 칸트를 가리킨다.

11 프랜시스 허치슨(Francis Hutcheson, 1694~1747). 영국 글래스고대학의 교수로 '선한 마음'과 인애(仁愛, benevolence)의 감정을 도덕심의 근원으로 파악한 도덕감정론(moral sense theory)의 선구자로 꼽힌다. 그런 점에서 허치슨은 데이비드 흄(David Hume)과 애덤 스미스(Adam Smith)의 도덕철학에 영향을 주었다. 허

셨지요. 저의 빈약한 서재에는 그 책 말고는 다른 논리학 책이 따로 없습니다.[12] 또한 우연의 일치인지 모르겠지만 유대인 학자와 기독교인 학자가 한목소리로 후견인의 입장에 서서 사고의 자유를 설파하는 것이 도무지 납득되지 않습니다.[13] 프로이센 왕립 도서관 사서[14]는 아주 매정하게도 금년에 발간된《베를린 월간 학보》제2호를 저한테는 보내주지 않았습니다. 저는 전력을 다해 플라톤을 애호하는 세계시민의 입장에서 소망과 기억을 통해 기원과 감사의 마음으로 천년왕국[15]의 도래를 위해 애쓰고 있는데도 말입니다.

그래서 저는 계몽이 논리학적 관점보다는 미학적인 관점에서 해명되기를 바랐던 것이지요. 그런 점에서 '미성년 상태'라든가 '후견인의 인도'라는 비유를 통해 계몽의 개념이 명확히 해명된 것은 아니지만 적어도 어느 정도는 설명되고 개념이 확장된 것은 다행이라 생각합니다. 그렇긴 하지만 미성년 상태를 초래한 원인이 '자기 자신의 잘못'이라는 고약한 단서를 붙이는 것은 근본적인 오류라고 ─ '근본적인 오류'proton

---

치슨의 이러한 입장은 도덕심을 감정이 아닌 이성적 능력으로 파악한 칸트의 입장과 충돌하기 때문에 하만은 허치슨을 언급하고 있다.

12 '논리학'의 규칙에 따라 서술하지 않겠다는 것을 다시 한 번 익살맞게 강조한 말이다.

13 멘델스존과 칸트가 동시에 '계몽이란 무엇인가?'에 관해 글을 발표한 것을 가리킨다.

14 《베를린 월간 학보》의 공동 발행인 요한 에리히 비스터(Johann Erich Biester)를 가리킨다.

15 원래 기독교에서 예수가 재림하여 천년 동안 다스린다는 믿음. 여기서는《베를린 월간 학보》1784년 11월호에 게재된 칸트의 「세계시민적 관점에서 본 보편사의 이념」(Idee zu einer allgemeinen Geschichte in weltbürgerlicher Absicht)을 암시하고 있다.

pseudos[16]라는 그리스어는 정확하게 독일어로 옮기기 힘든 중요한 용어입니다만 ── 생각합니다.

무능력은 본래 잘못이 아닙니다.[17] 우리의 플라톤도 그 점을 인식하고 있지요. 주체의 의지가 개입해야 잘못이 되지요. 또한 '결단력'과 '용기'가 부족할 때, 또는 이전에 저지른 잘못의 '결과'로 비로소 잘못이 성립됩니다.

그런데 '다른 사람들'의 인도 없이는 자신의 이성을 사용하지 못한다고 할 때 여기서 불특정한 '다른 사람들'은 과연 누구를 말하는 것일까요. 칸트는 이 익명의 '다른 사람들'이라는 말을 두 번이나 사용하고 있습니다. 교수님, 여기서 알 수 있듯이 형이상학자들은 사람을 가리킬 때 분명히 이름을 말하기를 꺼립니다. 고양이가 뜨거운 죽을 피하는 격이지요. 하지만 저는 우리 세기의 계몽을 고양이의 눈이 아니라 건강하고 순수한 인간의 눈으로 지켜보고 있습니다. 물론 건강한 인간의 눈도 오랜 세월 밤중에도 작업을 하고 이것저것 곁눈질을 하다 보면 다소 침침해지긴 하겠지만, 그래도 건강한 인간의 눈이 부엉이 눈처럼 밝다는 아테나 여신의 눈보다 10배는 더 좋습니다.

그래서 저는 배우려는 사람의 열린 자세로 다시 묻겠습니다. 세계시민의 입장에서 천년왕국설을 믿는 철학자[18]가 말하는 '다른 사람들'이란 과연 누구를 가리키는 것일까요? 그 글의 필자가 염두에 두면서도 분명

---

16 아리스토텔레스의 논리학에서 '최초의 잘못된 가정(전제)'이라는 의미이다.

17 독일어 'Schuld'에는 '죄'라는 뜻도 있다. 따라서 이 문장은 '무능력은 본래 죄가 아니다'라는 뜻으로 이해할 수도 있다.

18 칸트를 가리킨다.

히 누구라고 밝히지 않는 또 다른 게으름뱅이 또는 인도자는 과연 누구일까요? 다름 아니라 미성년자와 상호보완 관계에 있는 성가신 후견인이지요. 그런 후견인은 죽어 마땅합니다.[19] 미성년 상태가 잘못이 아니라, 후견인 역할을 맡은 사람 자신이 잘못이지요.

천년왕국설을 믿는 이 철학자는 어째서 어린 압살롬[20]을 이토록 신중히 다루는 것일까요? 그 자신이 후견인의 반열에 든다고 자부하고, 그럼으로써 미성년 상태의 독자들에게 자신의 권위를 내세우기 위함이지요. 그렇다면 미성년 상태는 그들의 잘못 때문이 아닙니다. 그들이 맹목적이거나 보는 안목이 없는 (포메른 지방에서 교리문답 학생이 그 지방 목사에게 '보는 안목이 없다'고 대들었다고 하더군요) 후견인 내지 지도자의 인도에 자신을 내맡겼다면 말입니다. 이 후견인이야말로 본래 죽어 마땅한 자입니다. 미성년 상태라고 억울하게 누명을 쓴 사람의 무능력 내지 잘못은 무엇일까요? 게으름과 비겁함일까요? 아닙니다. 바로 후견인의 맹목성이 잘못입니다. 후견인은 스스로 혜안이 있다고 자처하는데, 바로 그렇기 때문에 모든 잘못의 책임을 져야 합니다.

느긋하고 편안하게 지내면서 탁상공론이나 하는 사변가가 일말의 양심이라도 있다면 어떻게 미성년 상태의 대중을 비겁하다고 비난할 수

---

19 『구약성서』「사무엘 하」 12장 1~5절 참조. 양과 소를 많이 키우는 부자가 가난한 사람의 어린 양을 빼앗아 손님을 접대하자 다윗이 화를 내며 그 부자는 죽어 마땅하다고 말한다.

20 압살롬은 다윗의 셋째 아들로 반항심이 강해서 형을 죽이고 아버지 다윗에게 반기를 들다가 결국 비참한 죽음을 맞는다. 여기서는 왕자 시절 부왕에게 반항했던 프리드리히 대왕을 가리킨다. 칸트가 어린 압살롬을 신중히 다룬다는 것은 칸트가 계몽 절대군주를 자임한 프리드리히 대왕의 후견인 내지 대변인 역할을 하고 있다고 비꼬는 말이다.

있겠습니까? 맹목적으로 대중의 후견인을 자처하면서 잘 훈련된 수많은 군대[21]를 담보 삼아 자신의 신조가 무조건 옳다고 주장하려는 것이지요. 어떻게 그런 식으로 미성년 취급을 받는 대중이 게으르다고 조롱할 수 있습니까? 이 모든 연극을 수수방관하는 그 구경꾼은 스스로 생각할 능력이 있고 이미 계몽된 후견인이라 자처하지요. 그런데 이 후견인은 미성년 상태의 대중을 기계로조차 취급하지 않고[22] 자신의 엄청난 위대함을 나타내는 한낱 그림자로 간주합니다. 그들은 말을 잘 듣는 허깨비들이니 그들을 두려워할 필요도 없지요. 그러면서도 이 후견인은 그림자 또는 허깨비 같은 그들의 존재를 믿습니다.

결국 결론은 뻔합니다. 악마한테 잡혀가지 않으려면 무조건 믿어라! 행군하라! 세금을 내라![23] 이건 삼중의 어리석음이 아닌가요?[24] 그중 어느 것이 가장 크고 무거운 바보짓일까요? 성직자들을 따르는 무리? 권력의 졸개? 형리의 앞잡이? 도둑떼의 졸개? 크게 보면 거의 매사가 역설적으로 돌아가는 인간사의 이치에 비추어보건대 올바른 믿음을 가진다는 것은 산을 옮기는 것보다 힘든 일이고,[25] 전술훈련을 하는 것보다도 힘들며, 마지막 한 푼까지 쥐어짜 내어 세금을 바치는 것보다도 힘들어 보입니다.

21　프리드리히 대왕의 군대를 가리킨다.
22　칸트는 국가의 신민이 군주에 복종해야 한다는 의미로 신민을 '기계'에 빗댄 바 있다.
23　칸트의 구절을 패러디한 것이다.
24　'삼중의 어리석음'은 볼테르의 글 제목에서 따온 것이다.
25　『신약성서』「마태복음」 17장 20절: 너희 믿음이 작은 까닭이니라. 진실로 너희에게 이르노니 만일 너희에게 믿음이 겨자씨 한 알만큼만 있어도 이 산을 명하여 여기서 저기로 옮겨지라 하면 옮겨질 것이요 또 너희가 못할 것이 없으리라.

따라서 우리 세기의 계몽이라는 것은 그저 북극광처럼 희미해서 그 빛으로 예언하는 세계시민의 천년왕국은 한가로운 탁상공론에 불과합니다. 스스로 미성년 상태이면서도 사슴 잡는 덫과 칼로 무장한 후견인들의 후견인이 되겠다고 자처하는 무책임한 미성년자들이 온갖 요설과 궁리를 늘어놓아도 그것은 불모의 차가운 달빛 같아서 게으른 이성을 밝히지도 못하고 소심한 의지를 따뜻하게 격려하지도 못합니다. 사정이 이러하니 계몽이란 무엇인가 하는 문제에 대한 모든 답변은 한낮에 걸어 다니는 모든 미성년에겐 깜깜이 조명일 뿐입니다.[26]

> 1784년 그리스도 강림절 마지막 4주차 성스러운 저녁에
> 고명하신 정치학자께
> 외적 자유와 내적 자유를 박탈당하고
> 시인과 통계 전문가들에게 인정받지 못하며
> 세관에서 근무하는[27] 현자賢者 올림.

---

26 '한낮에 걸어 다니는'이라는 구절은 스핑크스의 질문을 떠올리게 한다. 스핑크스는 오이디푸스에게 '아침에는 네 발로 기고, 낮에는 두 발로 걷고, 저녁에는 세 발로 걷는' 동물이 무엇인지 물었고, 오이디푸스는 '인간'이라고 답했다. 따라서 여기서 '한낮에 걸어 다니는' 인간은 '성인'을 가리킨다. 그런데 하만이 '한낮에 걸어 다니는 모든 미성년'이라고 표현한 것은 자연인으로서는 이미 '성인'이지만 사회에서는 권력자 또는 후견인에 의해 '미성년' 취급을 받고 성인의 권리를 박탈당한 모든 사람을 가리킨다. 멀쩡한 성인을 미성년 취급하는 '불모의 차가운 달빛' 같은 계몽은 이들을 밝혀주는(깨우쳐주는) 것이 아니라 오히려 눈멀게 하는 현혹이라는 의미에서 '깜깜이 조명'이라고 한 것이다.

27 하만은 칸트의 주선으로 쾨니히스베르크 세관에서 1767년부터 10년 동안은 통역사로, 1777년부터 죽기 한 해 전(1787)까지는 정식 관리로 일했다.

어둠 속에서도 신성하고 아름다운 의무가 있으니

묵묵히 그 의무를 다하는 것은: (……)[28]

「마태복음」 11장 11절[29]

[추신]

　제가 계몽에 관한 칸트의 설명을 바로잡으려는 것은 결국 진정한 계
몽은 미성년 상태의 인간이 전적으로 스스로의 잘못으로 떠맡은 후견인
의 권리를 포기해야 한다는 것입니다. 주님을 경외하는 것이 지혜의 시
작입니다.[30] 그런데 이 지혜가 우리로 하여금 비겁하게 거짓말을 하게 만
들고 게으르게 허구를 지어내게 만듭니다. 그럴수록 더욱 용감하게 후견
인들에 맞서야 합니다. 후견인들은 기껏해야 육신을 죽이고 재산을 갈

28　이 구절은 겔러르트(C. F. Gellert, 1715~69)의 「부와 명예」라는 시의 일부이다.
　　"어둠 속에서도 신성하고 아름다운 의무가 있으니/묵묵히 그 의무를 다하는 것
　　은 영웅보다 더 큰 일을 하는 것이다."

29　"내가 진실로 너희에게 말하노니 여자가 낳은 자 중에 세례 요한보다 큰 이가 일
　　어남이 없도다. 그러나 천국에서는 극히 작은 자라도 그보다 크니라." 여기서 언
　　급되는 세례 요한은 아직 예수가 구세주라는 확신을 갖지 못한 상태이다. 인간들
　　중 가장 큰 믿음을 가진 요한도 아직 미혹에 싸여 있지만 천국이 오면 가장 미약
　　한 믿음을 가진 자도 미혹에서 벗어난다는 뜻이다. 이와 마찬가지로 후견인들의
　　통제와 간섭으로 인해 '불모의 차가운 달빛'과 '어둠'이 지배하는 동안에는 그만
　　큼 온전한 계몽에 도달하기 어렵지만, 그럴수록 '신성하고 아름다운 의무'를 다해
　　야 한다는 것이다.

30　『구약성서』「잠언」 9장 10절: 여호와를 경외하는 것이 지혜의 근본이요 거룩하
　　신 자를 아는 것이 명철이니라.

취할 수 있을 뿐이지요. 또한 그럴수록 같은 미성년 처지에 있는 동료들에게 더욱 온정을 베풀어야 하고, 불멸의 훌륭한 작품을 만드는 일에 정성을 기울여야 합니다. 이성의 공적 사용과 사적 사용을 구별하는 것은 플뢰겔이 다룬 코믹 문학만큼이나 우스꽝스럽고 황당하지요. 물론 미성년의 역할과 후견인의 역할을 동시에 해야 하는 두 가지 기질을 합치시키는 것이 중요하겠지만, 결국 양쪽 모두를 자기모순적인 위선자로 만든다는 것은 굳이 장황하게 설명하지 않아도 자명하지요. 바로 이것이 계몽으로 포장된 정치적 과업의 요체입니다. 그렇지만 내 집에서 노예 복장을 입어야 한다면 바깥에서 자유의 화려한 예복을 입어봤자 무슨 소용이 있겠습니까?[31] 플라톤도 여성으로 분류됩니까?[32] 플라톤은 마치 독신 노총각처럼 여성을 비방했는데 말입니다. 여성들은 교회 안에서는 침묵해야 한다고 하지요.[33] '침묵을 지켰더라면 철학자로 인정받았을 텐데'[34]라는 말이 있지요. 그들은 집에서는 (다시 말해 강단에서, 무대에서, 설

---

31 칸트는 이성의 '공적' 사용과 '사적' 사용을 구별하면서 '공적' 사용은 자유롭게 하되, '사적' 사용에서는 자유가 제한되어야 한다고 주장했다. 예컨대 성직자가 학술적인 글로 자유롭게 교회를 비판할 수는 있지만 교회 안에서 신도들에게 설교할 때는 교회의 공식 입장에 순종해야 한다는 것이다.

32 플라톤은 칸트를 빗댄 것이다. 뒤에서 반어적으로 서술하듯이, 여성은 교회에서는 침묵해야 하고 자기 집에서는 마음껏 지껄여도 된다는 논리는 이성의 사적 사용은 제한되어야 하고 이성의 공적 사용은 자유롭게 허용되어야 한다는 칸트의 논리에 상응한다. 칸트 자신도 여성에게 강요되는 속박을 받아들이는 거라고 꼬집는 말이다.

33 『신약성서』「고린도 전서」 14장 35절: "여자는 교회에서 잠잠하라. 그들에게는 말하는 것을 허락함이 없나니 율법에 이른 것같이 오직 복종할 것이요."

34 라틴어 원문은 'si tacuissent, philosophi mansissent'이다. 이 구절은 고대 로마의 철학자 보에티우스(Boëthius, 480~524)의 『철학의 위안』(*Consolatio philosophiae*)에 나오는 일화이다. 허영심이 많아서 우스갯소리로 '철학자'라는 별

교단에서는) 마음껏 지껄여도 됩니다. 그들은 그런 곳에서는 후견인의 입장에서 발언하지요. 그렇지만 스스로 미성년 상태를 감수하고 국가를 위해 힘든 노역을 해야 하는 상황에서는 모든 것을 잊고 모든 것을 부인해야 합니다. 그런즉 이성과 자유의 공적인 사용이란 그저 식사 후의 후식, 호사스러운 후식에 지나지 않습니다. 그리고 이성의 사적인 사용은 일용할 양식인데, 우리는 후식을 먹기 위해 일용할 양식을 포기해야 하는 꼴입니다. 스스로의 잘못으로 인한 미성년 상태라는 것은 모욕적인 언사입니다. 칸트는 여성이 모두 그들 자신의 잘못으로 미성년 상태에 빠져 있다고 하는데, 저의 세 딸은 그런 모욕을 용납하지 않을 것입니다. '나도 후견인이다!'[35] 감독관의 나팔수나 졸개가 되느니 차라리 미성년 상태의 천진무구함을 택할 것입니다. 아멘!

명을 얻은 어떤 사람이 진짜 철학자의 덕을 갖추었는지 시험을 받는데, 모욕을 끝까지 참고 침묵하면 철학자로 인정받기로 한다. 상대방이 온갖 욕을 해도 꾹 참고 침묵한 그가 마침내 득의양양해서 "이제 내가 철학자라는 걸 알겠지?"라고 하자 상대방이 "끝까지 침묵을 지켰더라면 철학자로 인정했을 텐데"라고 비웃었다고 한다.

35 코레조(Correggio)가 스승 라파엘로(Raffaello)의 그림 앞에서 "나도 화가다!"라고 외쳤다는 일화를 패러디한 것이다.

제2부

사상과 언론의 자유

사상과 출판의 자유에 대하여

군주와 위정자와 문필가들을 위하여

에른스트 페르디난트 클라인

에른스트 페르디난트 클라인Ernst Ferdinand Klein, 1774~1810은 프로이센의 법률가이자 계몽주의 서클 '베를린 수요회'의 멤버였다. 할레대학교에서 법학을 공부했고, 1781년부터 프로이센 왕실 법률고문관으로 재직하면서 프로이센 민법과 형법 제정에 주도적인 역할을 했다. 칸트의 「계몽이란 무엇인가?」가 발표되기 몇 달 전에 발표한 이 글에서 클라인은 '계몽 군주'를 자임한 프리드리히 대왕의 취임 초기의 글을 길게 인용하면서 전반적으로 프리드리히 대왕의 정치적 입장을 옹호하는 논지를 펴고 있다. 정부에 대한 '온건한 비판적 조언'은 권장하면서도 반국가적 견해를 표명하는 출판물에 대해서는 단호하게 검열을 옹호한 점에서 당시 독일의 계몽적 지식인이 취했던 중도적 입장을 전형적으로 보여주고 있다.

한편으로 출판 자유의 남용에 대한 불만과 다른 한편으로는 출판의 자유에 대한 불만이 한동안 쌓여왔기 때문에 지금이야말로 이 문제를 고찰할 적절한 시기라 할 수 있다. 이 문제에 관해 근본적인 원칙의 관점에서 논하려면 멀리 과거로 소급해서 접근해야 할 것이다. 이 과제를 맡은 문필가는 감각이 예리하다고 많은 독자들의 찬사를 받을 것이다. 그렇지만 문필가들의 글에서 독자들도 각자 소신을 살릴 수 있는 전망을 발견할 수 있을 것이다. 나 자신의 입장을 말하자면, 나는 독자들이 자연법의 근본원칙에 바탕을 둔 견해에 관심을 기울이고 또한 이론적인 문제보다는 실천적인 적용에 관심을 기울이기를 바란다. 단지 기본원칙 자체를 발전시키기보다는 오히려 실천적 결과를 생생하게 떠올려볼 때 그런 목표가 더 효과적으로 성취될 수 있을 것이다.

프로이센의 프리드리히 대왕은 거의 반세기 동안 글을 통해 동시대인들에게 영향력을 행사해 왔고, 특히 솔선수범을 통해 더 지대한 영향력을 행사했다. 대왕의 행적이 이 나라의 공법公法과 통치술, 철학과 윤리규범에 끼친 영향과 앞으로도 지속될 영향력에 대한 객관적 서술은 역사가에게 맡기려 한다. 그렇지만 언론의 자유에 관해 프리드리히 대왕이 생각하고 말한 것을 독자들에게 소개하는 일은 이 글의 목적에 아주 부합한다고 생각된다. 물론 내가 대왕으로부터 특별한 계시를 받았노라고 과시할 생각은 전혀 없다. 나는 단지 누구나 접할 수 있는 대왕의 저술 중에서 여기서 다룰 주제에 적합한 내용을 발췌해서 소개하려는 것일 뿐이다. 이를 위해 나는 프리드리히 대왕의 저술에서 서로 연결되는 맥락을 찾아내고 흩어져 있는 생각을 모아서 가능하면 생각의 단서를 체계적으로 발전시켜 보고자 한다. 그렇게 해서 나는 대왕이 직접 언급한 모든 것을 단지 저자의 말을 통해서가 아니라 대왕 자신의 실천적 행동을 통해 입증하려 한다. 그런데 혹시라도 내가 프리드리히 대왕을 앞세워서 나 자신의 생각을 설파하려는 게 아니냐고 비난할 사람이 있다면, 그런 걱정은 할 필요가 없다. 나야말로 나의 생각이 대왕의 생각을 가리지 않을지 진심으로 걱정하기 때문이다. 혹시라도 나의 설명이 품위와 생기가 부족하더라도 독자들이 상상력을 발휘해서 읽어주길 바란다.

프리드리히 대왕은 젊은 시절 국정 통치권을 맡은 직후에 홀로 방에 앉아서 자신의 생각을 가다듬어 다음과 같이 웅변으로 표현했다.

이제 나는 뿔뿔이 흩어져 있는 백성들이 올바른 궤도에 진입할 수 있도록 고삐를 잡았다. 내가 네로.Nero 황제의 채찍으로 그들을 동물처럼 몰아댈 수도 있을 것이다. 그렇지만 그들도 즐거운 인생을 보내려고 태어난 사람들,[1] 나와 똑같은 사람들이다. 그들도 철학자 라이프니츠나 볼프처럼 인생을 살아갈 능력이 있고, 인간의 존엄을 느낄 줄 아는 운명을 타고났으며, 사랑으로 사랑을 갚기를 원한다. 하지만 나는 왕이 아닌가? 그리고 왕은 백성들의 목자요, 백성들은 목자가 이끄는 무리가 아닌가? 나는 나 자신의 운명과 그들의 운명을 더 잘 안다고 자부한다![2] 우리 모두는 똑같

---

1 [원주] "이렇듯 지구상에서 살아가는 모든 인간은/같은 조상의 후손들이요 한 가족이니/당신들 신분이 귀하여 아무리 자부심이 크다 해도/그들은 모두 당신들과 동등하고 같은 핏줄이로다./그들의 끈질긴 하소연에 매일 마음을 열어놓고/당신들의 행운으로 그들의 불행을 막을지어다./당신들이 정녕 그들보다 고결하길 바란다면/더 인간적인 모습을, 더 많은 온유함과 덕을 보여주라."(Œuvres de Frédéric le Grand, Berlin, 1846~57, Bd. 10, 59f.)

2 [원주] "왕의 권한이 어디에서 오는지 바로 알자./신의 손에서 왕권을 물려받았다고 생각하는가?/그대의 백성들, 그대의 나라가 그대의 왕권을 인정한 것이다./그들이 어리석은 짐승의 무리처럼 그대의 명령에 복종하는가?/그대가 왕권을 누리는 것은 백성들을 행복하게 하기 위함이다!"(같은 책, Bd. 10, 218)

이 행복할 권리가 있지 않은가? 부유한 사람이 넘치도록 갖고 있는 잉여는 가난한 사람에게 필요한 것을 채워주기 위한 공물이 아닌가? 나의 고매한 신분, 나의 왕권은 그들보다 더 자상하고 더 자비롭고 더 많은 덕을 베풀라고, 요컨대 더 인간적인 모습을 보여주라고 의무를 부과하지 않는가? 흔히 말하기를, 인간은 배은망덕한 동물이라고 한다. 우리의 면전에서는 아부하고 굽실거리지만, 그러다가도 양식을 나눠줄 사람의 손에 든 것을 우리도 모르게 잽싸게 낚아챈다는 것이다. 그런데 만약 우리가 그들에게 인간 본연의 도리를 망각하라고 가르치고, 그들을 인간으로 다스리지 않고 동물처럼 굴종하게 한다면 그들에게서 어떻게 (동물과) 다른 모습을 기대할 수 있겠는가? 물론 신성한 근원에서 나온 인간의 존엄에 대한 존중심을 짓밟는 파렴치한은 엄하게 다스려야 할 것이다. 그렇지만 단지 두려움을 주어서 통치하는 군주는 그의 신민들을 미천한 노예로 전락시킨다. 그런 노예들에게서 고결한 행동을 기대하는 것은 헛된 일이다. 그들의 모든 행동은 그들의 저급한 성격을 드러낼 뿐이다.[3] 그런 상황에서 군주가 위대한 행동으로 존경받기를 바라는 것도 헛된 일이다. 군주가 아무리 노력해도 단지 능숙한 훈련관이라는 평판을 얻을 뿐이며, 왕의 영광을 후세에까지 찬란히 빛낼 재사才士를 각성케 하지는 못한다. 나는 고결하고 용감하고 자유롭게 사고하는 백성들을 다스리길 바란다. 백성들이 자유롭게 사고하고 행동할 수 있는 능력을 갖기를 바라며, 승리 아

---

3 [원주] "세상에는 배은망덕한 자들과 위선자들이 있다는 것을 나는 부인하지 않겠다. 때로는 가혹함이 유익하다는 것도 부인하지 않겠다. 그렇지만 공포심을 조장하는 것만을 능사로 아는 왕은 아첨꾼과 노예들만 다스리는 것이며, 그럴진대 신하들에게서 위대한 행동을 기대할 수는 없다. 두려움과 소심함에서 나온 모든 행동은 영원히 두려움과 소심함의 흔적을 지울 수 없기 때문이다."(같은 책, Bd. 8, 117)

니면 죽기를 각오하고 글을 쓰고 발언하기를 바란다. 설령 그들이 때로는 자유를 남용하고, 나의 위대한 행적을 깎아내릴지라도 말이다! 나는 저속한 아첨꾼들을 멀리할 자신이 있으며, 신성한 관용의 미덕을 배울 용의가 있다. 이런 미덕을 갖추지 못한 자는 왕권을 누릴 자격이 없다.[4]

사람들을 행복하게 하는 것은 신성한 의무이며, 나 또한 힘이 닿는 한 그것을 나의 의무로 삼고자 한다. 그런데 어떻게 하면 나의 백성들이 행복하고, 나의 정부가 자애롭고, 나의 이름이 불멸의 명성을 얻겠는가? 한 나라의 진정한 힘은 어디에서 오는가? 광활한 영토, 나라를 지키기 위한 막강한 군사력인가? 아니면 상업과 산업을 통해 나라의 부를 꾸준히 증대시키는 것인가? 나라의 부는 그것을 잘 이용할 때만 유익한 것이다. 아니면 지도자 없이는 존속할 수 없는 백성의 수가 많으면 될까? 아니다. 이 모든 것은 단지 기본적인 자원일 뿐이며, 민첩하고 능숙한 솜씨로 그 자원을 잘 운용할 때만 항구적인 가치를 갖게 된다. 한 나라의 진정한 힘은 오로지 적재적소에 재능을 발휘할 줄 아는 위대한 사람들에게 달려 있다.[5]

그런즉 나는 사람들의 재능을 일깨워서 탐구정신을 북돋우고, 마음껏

---

4 [원주] "그대가 얻는 권력이 어떤 것이든 간에/그대가 하는 일이 언제나 인간의 존엄을 위하게 하라./백성들이 은혜를 모를수록 더 큰 아량을 베풀라./그들에게 선을 행하는 것은 신성한 기쁨이니./특히 막강한 권력을 남용하지 말고/복수하려는 자들의 목소리를 듣지 마라./자신의 격정을 다스리지 못하는 자는 용서할 줄도 모르니/통치권을 부여하는 높은 지위를 누릴 자격이 없다./유혹에 혹하는 무리들의 변덕이/나의 명성과 특권을 보탤 수는 없다!/그럴진대 단지 칭송받는 것만으로 덕이 쌓이겠는가?/세상이 나를 욕하는 떠받들든 간에/연기처럼 사라질 세상의 아부를 비웃으리라./그렇게 명성을 쌓으려는 몰지각한 자들을 비웃으리라."(같은 책, Bd. 10, 59)

5 [원주] "한 나라의 국력은 어디에 근거하는가? 수호해야 할 영토의 넓이인가? 백

재능을 펼칠 수 있도록 할 것이다. 그렇지만 백성들은 아직 그들의 잠재적 가능성을 절반도 채 깨우치지 못하고 있다. 물론 백성들은 자신들의 감수성과 사고력을 단지 흰 빵과 검은 빵을 구별하는 데만 사용하고 있다는 것을 익히 알고 있다. 그들은 여건만 허락되면 자유롭게 사고할 것이다. 그들은 과감한 용기만 발휘하면 섀프츠베리[6] 또는 로크[7] 같은 사상가를 배출할 수 있고, 당국의 감시를 두려워하지 않고 자유롭게 사고할 수만 있다면 아마도 몽테스키외[8] 또는 볼테르[9] 같은 사상가를 배출할 수도 있을 것이다. 시퍼렇게 살아 있는데 어째서 생각할 자유를 누리지 못한단 말인가? 멀쩡하게 숨을 쉬고 있는데 어째서 서로 생각을 나누지 못한단 말인가? 어째서 온 세상을 다스린 군주[10]의 후손들이 조상이 남긴 유적의 폐허 속에서 경멸과 가난을 감수하며 허덕이는가? 그것은 무기력한 전제군주가 백성들의 행동과 사고, 재산과 여론, 지위와 양심을 무제한으로 지배하려 들기 때문이 아닌가?

유구한 명성을 자랑했던 그 민족이 우레 같은 포성을 울리며 이름을 떨치면 그 서쪽과 동쪽의 모든 나라들이 벌벌 떨었고, 그들이 세상의 절

성들에게 혜택이 돌아갈 때만 유익하다 할 수 있는 상업과 산업으로 벌어들인 부(富)의 풍족함인가? 훌륭한 지도자가 없을 때는 오히려 공멸을 초래할 수도 있는 인구의 크기인가? 하지만 이런 기준들은 일종의 원재료에 불과하며, 이를 활용할 수 있는 지혜와 능력 여하에 따라 그 가치와 중요성을 획득할 수 있다. 한 나라의 국력은 적절한 시기에 이를 활용할 수 있는 위대한 사람들의 역할에 달려 있다."
(같은 책, Bd. 7, 30)

6 섀프츠베리(Shaftesbury, 1671~1713). 영국의 정치가·철학자이다.
7 존 로크(John Locke, 1632~1704). 영국의 철학자이다.
8 몽테스키외(Montesquieu, 1689~1755). 프랑스의 계몽철학자이다.
9 볼테르(Voltaire, 1694~1778). 프랑스의 계몽철학자이다.
10 로마제국의 황제를 가리킨다.

반을 정복한 이후로는 모든 나라들이 죽은 듯이 힘을 잃지 않았던가? 동인도와 서인도에서 가져온 온갖 재화들, 그리고 다른 나라들이 부를 축적하는 원천이었던 대서양과 인도양을 누비고도 어째서 나날이 늘어나는 빈곤을 메우지 못한단 말인가? 유럽의 끝자락에서 드넓은 바다와 인접해 있는 제국, 생각과 믿음이 다른 사람들을 무자비하게 처형한 것으로 악명 높은 그 제국은 어째서 몰락했는가?[11] 어째서 정통 가톨릭 신앙을 고집하는 게으른 소수 주민은 몰락했고, 당당한 개신교도들이 재능을 연마하여 세상의 절반을 그들의 상권으로 만들었는가?[12] 어째서 독일에서 개신교 지역은 땅이 척박함에도 불구하고 다른 지역에 비해 번영했는가? 어째서 프랑스는 다른 가톨릭 국가들에 비해 국력과 영향력과 명성이 더 앞섰는가? 이 모든 문제는 다음 사실을 고려하지 않으면 결코 해명되지 않는다. 즉 끈질긴 타성의 저항 때문에 미신과 성직자들의 전횡이 여전히 기승을 부리고, 창의적 재능의 개발에 반발하고 자기 생각을 표현하려는 인간의 천성을 억압하는 일이 벌어지고 있는 것이다. 또한 프랑스 의회가 신분의 서열을 타파하기 위해 얼마나 분투했는가를 잊어서도 안 된다. 그리고 사상의 자유가 인간의 정신과 마음을 고무하여 위대하고 사려 깊은 과업을 능히 감당할 수 있게 해주었다는 사실도 명심해야 한다.

다른 한편으로 내가 보기에 어떤 민족은 성직자들이 마술 지팡이로 금단禁斷의 선을 그어놓으면 감히 그 테두리를 넘어서지 못한다. 그들은 성직자들이 발설해도 좋다고 미리 허락해 주지 않으면 어떤 생각도 표현

---

11 이상의 서술은 스페인을 가리킨다.
12 네덜란드를 가리킨다.

하기를 두려워한다. 그들은 진리란 무엇인가라는 질문을 해서는 안 되고, 단지 우리의 조상들이 진리라고 여겼던 것은 무엇인가라는 질문만 할 수 있다. 이런 습관에 길들여진 사람들은 조상들이 활을 쏘았던 방식과 다른 방식으로 감히 활을 쏠 엄두를 내지 못한다. 그리고 할머니가 가르쳐 준 것과 다른 형태로 가재도구를 만들 엄두를 내지 못한다. 이런 식으로 그들은 어리석음에 더하여 나태한 타성에 빠지고, 그들이 가진 재화를 자녀들에게 물려주어도 오히려 자녀들은 그런 부모를 혐오하고 경멸할 따름이다. 그러니 그런 자들에게 부지런히 기술을 연마하라고 독려해도 소용이 없고, 아무리 유능한 외국인 기술자들을 데려와서[13] 자기 민족에 동화시키려 애써도 소용이 없다. 그것은 아마로 엮은 밧줄을 쇠줄처럼 팽팽히 조이는 격이며, 접을 붙인 가지를 줄기와 함께 말라죽게 하는 격이다.

그런가 하면 암울한 시대의 온갖 편견을 정신력으로 거뜬히 극복한 행복한 민족도 있다. 이들은 별자리를 보고 자연법칙을 만들어내고, 바람이 어디에서 불어오는가를 탐구하며, 대기의 기압을 측정하고, 남극에서 북극까지 지구의 모든 곳을 탐사하며, 자연을 완벽하게 파악한다.[14] 나는 그들이 늘 새로운 생계수단을 개발하고 전 세계에서 생겨나는 부를 그들의 손으로 증대시키는 것을 쉴 새 없이 부지런히 관찰한다. 그들의 훌륭

---

13 17, 18세기에 위그노파 교도들이 종교적인 박해를 피해 프로이센 등에 망명한 것을 가리킨다.
14 [원주] "이성으로 밝혀내야 할 지고의 역사(役事)는/하느님의 신비를 나타내는 숭고한 근거들이다./그 신비의 배려로 우리는 하느님의 신비를 파악하며/그 신비가 대지를 밝히고 하늘을 읽으니/별들의 운행궤도가 그려지고/강의 숭고한 근원이 발견된다./그 신비는 바람의 움직임을 파악하고 대기의 압력을 측정하며/자연의 운행을 관장하고/광활한 우주의 모양을 만들어낸다."(같은 책, Bd. 10, 24)

한 취향은 그들이 일한 가치를 곱절로 배가하며, 그들의 아이디어는 휘황찬란한 궁전에서든 먼지가 날리는 교실에서든 아무런 제약 없이 마음껏 펼쳐진다.

나의 신민들에게도 철학과 훌륭한 취향의 서광이 비추기를 바란다. 나의 신민들은 미신의 사슬을 끊어버려야 한다. 권세를 탐하는 성직자들이 나의 신민들에게 사고의 자유를 제한해서는 안 된다. 그 어떤 종교도 지배권을 행사해서는 안 된다. 모든 신앙은 동등하고 자유롭게 전파되어야 한다. 만약 세상에 단 하나의 종교만 있다면 그 종교는 기세등등하게 무제한의 권한을 행사할 것이다. 그렇게 되면 모든 성직자는 폭군이 되어 순수한 의견 표명에 대해서도 마치 범죄를 단속하듯 가혹한 조치를 취할 것이다. 모든 성직자는 계몽을 탄압하고, 독실한 신앙의 미명하에 어리석음을 숭배하라고 강요할 것이다.[15]

내가 다스리는 이 나라에서는 결코 그런 일이 벌어져서는 안 된다. 설령 나의 신민들이 신앙에 관해 의견이 분열되는 한이 있더라도 특정한 당파가 이 나라를 그들의 이해관계에 종속시키는 일은 없어야 한다. 한쪽 당파가 다른 쪽 당파의 견해가 위험하다고 아무리 아우성쳐도 그런

---

15 [원주] "세상에 단 하나의 종교만 있다면 그 종교는 무제한의 오만과 전횡을 부릴 것이다. 성직자들은 폭군이 될 것이며, 그들 자신의 죄를 제외한 어떤 것에도 관용을 베풀지 않고 사람들을 무자비하게 다룰 것이다. 그런즉 이 나라에서는 모든 종교 분파가 평화롭게 공존하며, 나라의 안녕에 똑같이 기여할 것이다. 그 어떤 종교도 도덕의 문제에 관해 다른 종교들과는 전혀 다른 기준을 요구할 수는 없다. 그러므로 모든 종교는 정부에 대해 동등한 위치에 있고, 저마다 원하는 경로를 따라 천국에 이르는 것은 그들의 자유다. 모든 종교에 바라는 것은 각자 훌륭한 시민이 되라는 것이다. 그릇된 시기심은 전횡이 되어 신도들을 감소시키는 결과를 초래할 것이다. 그런즉 관용이야말로 그들을 번영케 할 자애로운 어머니로다."(같은 책, Bd. 10, 207)

음해는 통하지 않는다. 오직 어리석은 군주만이 사적인 복수의 도구로 이용될 것이다. 허황된 사교邪教가 나의 박해를 받아 유명세를 치르는 일은 없을 것이며, 그런 사교는 마땅히 혐오의 대상이 되어 잊힐 것이다.

이와 달리 철학의 유익한 영향력은 그 어떤 법적 강제로도 제한되지 않을 것이다. 볼프는 다시 프로이센으로 돌아오게 될 것이다.[16] 이 나라와 미풍양속과 보편 종교를 공격하지 않는 한 모든 사상을 자유롭게 공개적으로 가르칠 수 있다.

위대한 프리드리히 대왕은 이렇게 생각하고 이렇게 행동했다. 이후로 대왕은 전 유럽 군주들의 귀감이 되었고 찬탄의 대상이 되었다. 아, 왕들이여! 하느님은 왕과 제후의 이름으로 당신들을 미성년 자녀들의 후견인으로 삼지 않았던가! 백성들은 당신들의 지혜에 힘입어 자신들의 인간된 권리를 지켜달라고 요구하지 않는가! 과연 언제나 당신들은 프리드리히 대왕의 흉내만 내지 말고 진짜 그런 왕이 되겠는가? 당신들은 과연 언제나 백성들에게 자유를 주겠는가? 백성들은 타고난 양도 불가능의 권리를, 생각할 자유와 생각을 표현할 자유를 요구하고 있다. 당신들은 그 요구를 들어줄 능력이 없으니 프리드리히 대왕을 모방한다. 그렇지만 모래사막을 정원으로 바꾸고 사람들을 인간적으로 다스리는 기술, 신민들에게 유익한 활동 공간을 제공하는 기술, 이 기술을 실행하는 과업은 프리드리히 대왕의 모방자가 아니라 오직 대왕 자신에게만 맡길

---

16 계몽철학자 크리스티안 볼프는 프리드리히 대왕(1712~86)의 부왕 프리드리히 빌헬름 1세(1688~1740)에 의해 1723년 할레대학에서 해직되고 프로이센에서 추방당했으나, 프리드리히 대왕은 볼프를 복권시켜 베를린 학술원 종신회원으로 추대했으며, 볼프는 1740년부터 다시 할레대학에 복직했다.

수 있는 일이다. 당신들은 어쩌면 백성들이 발람의 나귀처럼[17] 억울함을 호소한다면 당신들로 인해 백성들이 힘든 상황에 처해 있다는 것을 여실히 보여주게 되지 않을까 걱정하고 있는지도 모르겠다. 그렇지만 그런 걱정은 할 필요가 없다. 억눌린 백성들이 폭군에게 하소연하는 일은 짐승이 주인에게 하소연하는 일만큼이나 벌어지기 어렵기 때문이다. 그렇지만 기적이라도 일어나서 그런 하소연을 할 수만 있다면 발람과 그의 나귀를 위해서도 좋은 일이고 왕과 백성들을 위해서도 좋은 일이다.

물론 당신 자신과 종복從僕들과 총애하는 신하들이 모두 나라의 소중한 구성원이라 여긴다면 국왕의 조치를 심판하는 모든 글이 곧 국가를 공격하는 것이라고 기각해 버리면 그만이다. 그렇지만 프리드리히 대왕은 그렇게 하지 않는다. 대왕은 신하들 중에 가장 미천한 자의 생각도 존중하며, 심지어 레이날[18] 같은 자의 글도 비호한다!

그럴진대 출판의 자유를 제한하는 것이 과연 무슨 소용이 있겠는가? 당신의 나라에서 출판을 허락하지 않는 글은 이웃 나라 출판업자의 부를 증대시킬 따름이다. 만약 출판물을 압수하면 사람들은 곱절로 열심히 찾아서 읽고, 너무 열심히 해석해서 잘못된 해석을 낳기도 한다.

왕이 그의 신민들을 온전히 인간답게 다스리기를 꺼린다 하더라도 그

---

17 예언자 발람이 이스라엘 백성을 저주하기 위해 나귀를 타고 가던 중 이를 제지하려고 칼을 든 천사가 나타나자 나귀가 걸음을 멈추는데, 천사를 보지 못한 발람이 나귀를 때리자 나귀가 발람에게 억울함을 하소연하였다.『구약성서』「민수기」 22~24장 참조.

18 기욤 레이날(Guillaume Raynal, 1713~96). 프랑스의 역사가이자 정치학자이다. 레이날은 아시아와 신대륙의 상업 발달사를 다룬 저서에서 민중의 저항권과 조세 거부권을 옹호했는데, 이로 인해 1781년 프랑스 의회에서 금서처분을 받았고, 결국 박해를 피해 프로이센으로 망명하여 프리드리히 대왕의 보호를 받았다.

러한 원칙은 타당하다. 왕의 면전에서 신민들은 개처럼 비굴하게 굴어야 하고, 왕에게 인간의 도리와 의무를 상기시킬 엄두도 내지 못하는 불행에 처해 있다 할지라도 그런 원칙은 타당하다. 하지만 그런 백성들의 운명은 프리드리히 대왕의 백성들이 처해 있는 처지와 천양지차이다. 프리드리히 대왕의 백성들은 대왕의 명에 따라 대왕이 대등한 인간으로서 역시 대등한 인간인 백성들에게 단지 인간적 존경만을 요구할 수 있다고 배우는 것이다.

어쩌면 당신들이 보기에는 백성들이 대낮의 햇볕을 감당하지 못하므로 차라리 등불을 켜는 것이 낫고, 등불의 밝기는 빵을 분간하긴 하되 검은 빵인지 아닌지는 식별하지 못할 정도가 알맞다고 생각할지도 모르겠다. 만약 당신들의 신민에게서 인간적 존엄에 합당한 모든 권리를 박탈하고 활동 의욕을 질식시켜서 도시를 사냥꾼의 움막처럼 방치하고 들판을 거친 황무지로 방치해 두기를 바란다면 그렇게 해도 무방할 것이다. 그리고 당신들 주위에 남아 있는 신민들을 거지로 전락시켜서 당신들 때문에 도적이 된 자들로부터 그들을 지켜줄 의향이 있다면 그래도 무방하다.

아니면 당신들은 떠돌이 철학자가 연구를 용이하게 할 수 있도록 조치를 취할 용의가 있는가? 만약 그 철학자가 당신네 나라에서 출판의 자유가 통제되고 있다는 사실을 알게 되면 당신의 백성들과 정부가 어떤 상황에 처해 있는지 쉽게 파악할 수 있을 것이다. 기력을 상실한 말을 타야 하는 기사는 얼마나 비참한가! 백성들의 진솔한 마음을 박탈하는 군주는 얼마나 고약한가!

만약 당신네 나라의 검열관들이 군대보다 더 무섭다면 이웃 나라들이 구경거리로 삼을 것이다. 예로부터 진솔함과 용감함은 불가분의 관계에 있다.

적어도 프로이센이 당신네 나라를 모방할 염려는 없다. 프로이센 사람들은 그들의 적인 편견에 맞서 과감히 투쟁한다. 사상과 표현의 자유는 프로이센을 지켜주는 가장 확고한 보루이다. 프로이센 사람들은 이성적이어서 때로는 눈보라를 몰고 오는 매서운 북풍보다 태풍 전야의 무서운 고요를 더 조심해야 한다는 것을 익히 알고 있다. 프로이센에서 사상과 표현의 자유는 몽테스키외가 — 때로는 유익할 수도 있고 때로는 해로울 수도 있는 — 왕권의 전횡을 막기 위해 적극 옹호한 견제장치보다 더 효과적인 기능을 한다.

프로이센 군대가 무적의 힘을 보유한 것은 복종체계 덕분이다. 프로이센의 시민사회가 확고한 질서를 갖춘 것은 그런 복종체계에 연유한다. 그런 복종체계야말로 프로이센 국가 전체를 지탱하는 정신이다. 한편으로는 불가결하고 다른 한편으로 너무 부담스러운 이 복종체계는 사상과 표현의 자유를 통해 완화되지만 그렇다고 제지되지는 않는다. 이를 통해 국가의 수장은 마음대로 전횡을 휘둘러서는 안 되고, 해서는 안 될 일을 바라서도 안 된다. 이런 상황에서 여론의 판단을 존중하는 것이 곧 애국심을 대변하게 된다. 물론 그렇다고 신민이 복종의 의무를 면제받는 것은 아니며, 할 일은 해야 한다. (하지만 그렇게 되면) 명령에 동의하지 않더라도 따라야 하고, 판단하는 대신 행해야 하며, 지지하지 않더라도 승복해야 한다. 과감하게 따지는 사람도 다른 사람들과 똑같이 겸허하게 승복해야 하고, 신속하게 순종해야 한다. 자신의 판단이 외람되지 않도록 주의해야 하며, 자신의 판단을 드러내지 않도록 조심해야 한다. 예를 들어 군대의 지휘관이 장교들에게 둘러싸여 있는데, 장교들이 너무 엄격하게 명령의 옳고 그름을 따진다고 가정해 보자. 장교들이 그렇게 옳고 그름을 따지면 그 결과가 어떻게 될까? 그러면 지휘관의 명령 집행을 중지해야 할까? 명령을 따르기 전에 우선 옳고 그름을 따져야 할까? 그 어떤 것도 안 된다! 옳고 그름에 대한 사후적 판단은, 지휘관이 장교들의 유능함을 믿는다면 자문을 구하거나 자신의 명령에 대한 면밀한 검토를 통해 그들의 지지를 얻고자 노력할 때 바람직한 결과를 가져올 것이다.

물론 그렇게 옳고 그름을 판단하는 일이 군주와 그 신하들의 통치를 어렵게 하는 것으로 여겨질 수도 있다. 그리고 막중한 직책을 명예롭게 수행하려면 그런 노고를 감수해야 함을 이해할 경우 이는 실제로 사실이다. 게으르고 용기가 부족한 백성은 좋은 정부와 나쁜 정부를 똑같은 방식으로 참고 견딘다. 그들은 무지로 인해 좋은 정부에 대해 불평하고, 나쁜 정부에 대해서는 실정失政의 결과를 피부로 느끼기 때문에 불평한다. 하지만 어느 경우든 불만을 공공연히 드러내지는 않는다. 이런 상황에서는 군주가 명목상의 역할을 건성으로 하기는 쉽고, 실질적인 직무를 제대로 수행하기는 어렵다. 좋은 정부는 격려를 받지 못하고, 나쁜 정부는 경고를 받지 못하기 때문이다. 그렇게 되면 군주는 마치 촌구석의 수공업자처럼 업무를 처리한다. 그런 수공업자는 고객들이 불량한 제품에도 만족하므로 굳이 기술향상을 위해 노력할 필요가 없다고 생각한다.

그렇게 볼 때 프로이센의 통치자가 나라를 비판하는 글을 검열로 억누르려 하는 것은 나라 자체를 공격하고 나라를 적들에게 팔아넘기고 신민들로 하여금 복종의 의무를 팽개치게 하고 시민들의 소요사태를 야기하는 부류의 글을 겨냥한 것이다. 그렇지만 군주나 그의 신하들이 수행하는 정책에 대해 겸허히 옳고 그름을 따지는 글은 검열 대상이 아니다. 또한 종교를 수호하는 조치도 보편 종교를 수호하려는 것이지 옹호나 비난의 대상이 되는 특정한 종파를 수호하자는 것은 아니다. 이런 방식으로 출판의 자유를 용인하는 것은 지혜로운 정부의 뚜렷한 징표이다. 그런 지혜로운 정부의 유연한 영향력은 무제한적 전제군주 체제에 정치적 자유의 축복을 본보기로 보여준다. 그런 영향을 받아들이면 전제군주 체제는 흔히 공화주의적인 자유의 서광을 암울한 혼란사태로 몰아가는 파괴적 격동을 모면할 수 있을 것이다.

출판의 자유가 너무나 소중한 가치라면 우리는 그 자유를 경솔하고 천박하게 남용해서 그 소중한 가치를 위험에 빠트리지 않도록 주의해야 할 것이다. 위대한 군주들이 우리에겐 그런 자유를 누릴 자격이 없으니 자유를 박탈하겠다고 말할 구실을 주지 말아야 한다. 철부지처럼 호기를 부려서 자유를 남용하다가 중립적인 입장에 있는 사람들까지 모욕하는 과오를 범해서는 안 된다. 문필가들이여! 그대들이 인류의 스승이 되고자 한다면 이 명예로운 칭호를 누릴 자격이 있다는 것을 입증하라. 불순한 의도를 품고 있다거나 조급하게 격분한다는 일체의 의혹을 불식하라. 인신공격을 하지 말고 문제의 핵심을 다루기 바란다. 기지와 과감함만 보여주지 말고 사려 깊고 고결한 마음도 보여주기 바란다. 글을 쓸 때는 그대들이 얻으려는 명성만 생각하지 말고 그대들이 제공하려는 유익함도 생각하라. 모든 진리가 모든 시대에 모든 상황에서 똑같이 유익한 것만은 아니다. 지금 무엇을 말해야 하고 무엇을 말해선 안 되는가를 그대들 스스로 숙고해야 한다. 그 어떤 법이나 관료도 이 문제를 정할 수 없기 때문이다. 당신들이 쓰는 글은 마치 시위를 떠나면 멈출 수 없는 화살과 같은 것이다. 일단 출판업자가 당신들의 글을 손에 넣은 다음에는 더 이상 독자에게 변명할 수도 없고 손으로 입을 가릴 수도 없다. 그러므로 당신들의 글을 심판할 독자 대중 앞에서는 겸허한 경외심을 가지고 당신들의 생각을 표현하라. 당신들이 애국심이나 인간애로 고무되면 지혜가 인도하는 대로 따라가라. 모든 종류의 편견에 맞서 과감히 투쟁하라. 그렇지만 알렉산드로스 대왕의 칼로 덤비지 말고 미네르바의 창으로 싸우라.

언론의 자유와 그 한계

통치자와 검열자와 작가를 위한 고려사항

카를 프리드리히 바르트

카를 프리드리히 바르트Carl Friedrich Bahrdt, 1740~92는 원래 정통 신학을 공부하고 일찍부터 학문적 재능을 인정받아 29세에 라이프치히대학 정교수가 되었다. 나중에는 정통 기독교 교리를 계몽적 관점에서 재해석한 급진 신학을 추구했다. 예수를 '신의 아들'이 아니라 '선한 인간'의 측면에서 조명한 저서 『예수의 생애』1783~85를 출간하여 큰 파문을 일으켰다. 이로 인해 교회로부터 이단으로 단죄되어 라이프치히대학에서 해직당했다.

아래 글은 1787년 같은 제목에 익명으로 출간한 방대한 분량의 원고 중 일부를 발췌한 것이다. 바르트에 따르면, 계몽은 스스로 생각하는 법을 배우는 것이다. 어떤 경우에도 자기 자신의 눈으로 관찰하고 판단해야 한다. 사제, 교황, 교회의 입장 등 그 어떤 권위에도 얽매이지 않고 생각하고 판단할 자유는 신이 부여한 불가침의 권리이다. 신은 모든 인간에게 그런 능력을 부여했기에 스스로 생각하고 판단할 권리는 인간의 보편적 권리이며, 군주의 권리보다 더 신성하다. 표현의 자유 역시 생각의 자유를 실현할 수 있는 유일한 수단이므로 생각의 자유와 불가분의 관계에 있는 신성한 권리다.

군주와 통치자에 대해서도 자유롭게 판단하고 생각을 표현할 수 있다. 통치자에 대한 호의적인 평가는 통치자를 고무하고, 비판적인 평가는 잘못에 대한 경고가 되기 때문에 통치자에게 유익하다. 이러한 권리가 보장되면 국민들 역시 자신이 자유로운 인간임을 느끼고 인간의 권리를 존중하며 덕을 추구하게 되므로 국민들에게도 유익하다. 또한 이러한 권리의 행사는 신분 차별과 빈부 격차로 야기된 불평등을 상쇄하는 효과도 있다. 누구나 자유롭게 자신의 생각을 표현함으로써 신분이나 빈부의 차이와 무관하게 대등한 인간이라는 자각이 생겨나기 때문이다.

바르트는 이처럼 생각과 표현의 자유를 적극 옹호하지만 다른 한편 경우에 따라 그런 자유를 제한할 필요가 있다고 말한다. 예컨대 표현의 자유가 국가의 이익이나 여타의 인권과 충돌할 때, 그리고 무고하게 타인의 명예를 훼손할 때는 제한이 가해져야 한다.

II. 계몽이란 무엇인가?

계몽이란 무엇인가? 계몽된 사람은? 계몽된 시대는? 계몽은 단지 축적된 지식의 양이나 이해력의 크기만으로는 거의 규정할 수 없다. 나는 엄청난 지식을 가진 천재, 신학자, 법률가, 과학자, 역사가 들도 바보와 광신자 들과 한통속이라는 것을 보아왔기 때문이다. 계몽이 행복의 기초가 된다면 계몽은 곧 모든 사람이 추구하는 목표가 되어야 한다. 정녕 기독교의 창시자도 그런 생각을 했다.

어떤 사람이 마음을 다해 어떤 지식체계(예를 들어 법)를 습득했다면 그 사람을 계몽된 법학자라고 부를 수 있을까? 바로 그렇다. 이 질문에 답하는 사람은 누구나 맹목적으로 남의 말을 따라 하지 않고 자기 자신의 지식을 소유하는 것이 계몽의 핵심이라는 것을 깨닫게 될 것이다. 따라서 계몽은 다음 내용을 포함한다.

A. 계몽은 스스로 생각하는 법을 배우는 것이다.

    a. 계몽은 물질세계에서 스스로 배치하고 추상하고 비교하고 발전하고 조사하는 대상에 대해 분명한 개념을 파악한다는 것을 뜻한다.

    b. 계몽은 스스로 진리의 원천과 기준을 인식하고 사용한다는 것을 뜻한다. 다시 말해 무엇이 참이고 거짓인지, 무엇이 좋고 나쁜지 스스로 판단하고, 자기 자신의 원칙과 경험에 의거하여 이러한 판단을 내린다는 것을 뜻한다. 그러한 판단이 과연 옳은지 그 근거를 충분히 생각하고 (중요한 문제들에 관해서는 오래도록, 자주, 집요하게) 검토한다는 것을 뜻한다.

    c. 따라서 어떤 경우에도 자기 자신의 눈으로 관찰하고 판단해야 한다. 남들이 보는 관점에 의해 오도되지 않아야 하고, 단지 내 기분과 취향 또는 호감과 비호감에 따라 어떤 것을 믿거나 판단하지 말아야 한다. 그 어떤 권위도 맹목적으로 따르지 않으며, 오히려 믿기 전에 자신의 소박한 인간 이성으로 조사하고, 따라서 오로지 하느님의 빛과 이성의 빛으로만 진리를 보는 것이다. 간단히 말해서, 가능한 한 가장 완벽한 지식을 향해, 가장 높은 수준의 확실성을 향해 노력하는 것이다.

B. 그런데 이 세상 그 누구도 모든 학문 분야에 통달할 수는 없기 때문에 (계몽이 누구나 접근할 수 있는 보편적 자산이 되려면) 계몽의 대상을 보편적 인간 행복의 기초가 되는 진리로 설정하는 것이 계몽의

요체다. 그러한 진리는 두 종류로 나눌 수 있다. 첫째는 종교와 도덕의 진리처럼 인간의 행복을 포괄적으로 규정하는 진리이다. 둘째는 단지 인간 행복의 증진이나 퇴보에 영향을 끼치는 진리이다. 인간이 자신의 행복을 포기하지 않으려면 특히 첫 번째 진리에 관해서는 자기 자신의 이성으로 판단하고 자신의 눈으로 관찰해야 한다. 예컨대 누군가 나에게 지구가 태양의 주위를 돈다고 말한다면, 설령 이 말이 틀리다 해도 인간의 행복을 위협하지는 않으므로 나는 그의 권위를 믿을 수 있다. 그렇지만 누군가 나에게 "너의 명예가 달려 있으니 결투를 해야 해"라거나 "하느님이 진노하였으니 이런저런 수단을 동원하여 속죄하도록 노력해야 해"라거나 "하느님을 경배하기 위해 네 아들을 제물로 바쳐야 해"라는 등의 말을 한다면 나는 그렇게 말하는 사람의 지위나 권위 따위를 제쳐놓고 오로지 나의 이성에만 귀를 기울이고 이성이 이끌어주는 대로 믿어야만 한다.

지식의 온갖 출처와 무관하게 오로지 이와 같이 정직한 마음으로 진리를 추구한다면 그가 곧 가장 고결한 의미에서 자유롭게 생각하는 사람이다. 그런 사람의 이성은 그 무엇에도 구애받지 않고 자유롭다. 그가 아는 지식의 양이 아무리 적다 하더라도 스스로 생각하여 자기가 아는 것을 자신의 자산으로 삼은 사람이야말로 계몽된 사람이다.

이성이 자유롭게 작동할 수 있고, 누구나 다른 사람의 주장에 대해 스스로 생각하고 자유롭게 판단하여 자신의 생각을 전달할 수 있을 때 그 어떤 믿음이나 교리에 대한 가르침도 결코 (명령이나 보상 또는 처벌에 의해) 강요될 수 없다. 그런 시대는 계몽된 시대라 할 수 있다. 반면 강요가 있는 곳에서는 야만이 벌어진다. 예전에는 군주와 사제들이 그런 야만을 통치의 기반으로 삼았지만 오늘날 고결한 생각을 하는 통치자는 그런 야만을 필요로 하지 않는다. 오늘날에도 군대가 있긴 하지만 굳이 그런 야만을 필요로 하지는 않는다.

(……)

V. 생각의 자유는 인간의 보편적 권리이다

사제와 수도사, 교황, 교회평의회, 교회의 입장 등 그 어떤 권위에도 얽매이지 않고 생각하고 판단할 자유는 가장 소중하고 신성한 불가침의 인간 권리이다. 다른 어떤 자유나 권리보다 생각의 자유를 더 소중히 여겨야 하는 까닭은 생각의 자유를 상실하면 인간의 행복이 줄어들 뿐 아니라 그것을 송두리째 빼앗기기 때문이다. 생각의 자유가 부재하면 불멸의 인간영혼을 도야하는 것이 불가능하기 때문이다. 인간의 도덕과 평화와 마음의 평온이 이 권리에 달려 있기 때문이다. 이 권리가 없고 이 권리를 행사하지 못하면 인간은 비참한 노예가 되기 때문이다. 자신의 이성적 판단을 포기한 채 남들이 나를 진리 또는 거짓, 천국 또는 지옥으로 인도하든 상관없이 남들이 말하는 대로 흉내만 낸다면 자신의 영혼과 구원을 포기하는 것이기 때문이다.

나는 생각의 자유를 불가침의 권리라 일컫는다. 이 권리는 하느님이 우리에게 부여한 것으로, 그 누구도 우리에게서 이 권리를 박탈할 수 없다. 여타의 권리들, 예컨대 한 나라 안에서 영리활동을 하고 주택을 소유할 수 있는 권리는 군주가 수여한 권리로, 군주는 우리에게서 이러한 권리를 거두어 갈 수도 있다. 그렇지만 자유롭게 생각할 권리는 하느님이 우리에게 부여한 권리이다.

내가 어떻게 그것을 아느냐고 여러분은 내게 물을 참인가? 신이 부여한 모든 권리를 나타내는 어김없는 징표를 배우기 바란다. 그 징표는 자연 속에 있으니 굳이 일일이 들춰낼 필요도 없다. 신이 부여한 생명력과 욕구와 필요는 창조주가 심어준 것이므로 타고난 권리이다. 예를 들어 동물은 생명력과 번식 욕구를 타고났으니 그 욕구를 행사할 권리가 있다. 이 권리를 부정하는 자는 누구든 자연에 역행하는, 따라서 신에 대항하는 싸움을 벌이는 셈이다. 그런 자는 신이 부여한 권리에 반항하는 것이다. 인간은 먹고 마시고 숨을 쉴 욕구를 타고났으며, 그 욕구를 행사할 권리가 있다.

이러한 권리를 입증하는 다른 징표들도 있지 않을까? 여러분은 더 나은 징표가 무엇인지 알고 있는가? 프로이센의 신민들이여, 프리드리히 빌헬름 대왕[1]이 여러분을 다스릴 권리가 있다는 것을 여러분은 어떻게 아는가? 요제프 황제[2]의 행복한 자녀들이여, 여러분은 요제프 황제가 여러분의 국부國父가 될 권리를 어떻게 인정하는가? 그러한 권리를 깨닫기 위해 굳이 추상적인 추론을 할 필요가 있는가? 퓌터 교수[3]에게 찾아가 100루이도르 금화를 바치면 프로이센의 군주가 슐레지엔을 통치할 권

---

1 프리드리히 대왕(1712~86) 서거 후 왕위를 계승한 프리드리히 빌헬름 2세 (1744~97, 재위 1786~97)를 가리킨다.

2 합스부르크 왕조의 황제 요제프 2세(Joseph II, 1741~90, 재위 1765~90)를 가리킨다.

3 요한 슈테판 퓌터(Johann Stephan Pütter, 1725~1807). 1746년부터 평생 괴팅겐 대학 법학 교수를 지낸, 공법에 대한 역사적 연구의 권위자였다. 오늘날 체코와 폴란드 접경 지역에 해당하는 슐레지엔 통치권을 두고 프로이센과 오스트리아는 오랜 분쟁을 벌였다.

리가 있다고 정교하게 추론해 줄 것이다. 그런데 당신이 퓌터 교수의 추론을 읽고 프로이센의 통치권을 믿게 되었다 하더라도, 만약 그에게 다시 100루이도르 금화를 주면 그는 슐레지엔에 대한 요제프 황제의 통치권을 엄밀하게 입증하는 판결문을 써줄 것이다. 그렇다면 당신은 여기서 무엇을 배웠는가? 이제 당신은 얼마나 더 현명해졌는가? 아, 어리석은 자들이여, 자연이 가르쳐주는 진리를 식자들의 머릿속에서 찾다니! 단언하건대 법률가들이 말하는 권리라는 것은 마음대로 늘였다 줄였다 할 수 있는 고무줄 같은 것이다. 오로지 자연이 부여한 권리만이 공고하고 영속적이며 오해의 여지가 없다. 사제와 예언자들에게 답을 구하지 마라. 하느님은 자연을 통해 당신에게 분명히 말한다. 오로지 하느님이 보내는 신호에만 주목하라. 하느님이 부여한 권능을 가진 사람이 권리도 가진 것이다. 하느님의 뜻이 없었다면 그런 권능을 갖지 못했을 것이다. 하느님의 뜻으로 인간이 그런 권능을 가졌으니 그 권능은 하느님의 뜻을 보여주는 증거이자 하느님이 부여한 권리의 토대인 것이다. 왕좌를 물려받은 왕에게든 왕좌를 훔친 왕에게든 이 권리는 넘겨줄 수 없다. 여기에는 철학적 사변이 필요 없다. 모세가 옳게 말한 대로 하느님을 정면에서 바라볼 수는 없다.[4] 하느님은 뒤에서만 볼 수 있다. 다시 말해 인간이 하느님의 뜻을 미리 속단할 수는 없으며, 경험을 통해 사후적으로 판단해야 한다. 하느님이 미리 정해놓은 뜻이 나타나기를 기다려야 하는 것이다. 하느님이 실제로 행하는 것이 곧 하느님의 뜻이다. 하느님이 권능을 부여한 사람은 그 권능을 행사해야 한다. 그 권능을 사용할 권리와 의무가 있는 것이다. 그것은 하느님의 권리이다. 따라서 스스로 생각

---

4 『구약성서』 「출애굽기」 33장 23절 참조.

하고 판단할 권리는 하느님이 부여한 권리이다. 하느님이 그 권리를 행사할 능력과 의지를 주셨기 때문이다. 하느님은 모든 인간에게 그런 능력을 주셨기에 스스로 생각하고 판단할 권리는 인간의 보편적 권리이다. 이 권리는 군주의 권리보다 더 신성하며, 따라서 이것은 인간의 보편적 권리이므로 군주의 특수한 권리보다 상위의 것이다.

VI. 말과 글로 표현할 자유 역시 생각의 자유 못지않게 인간의 보편적 권리이다

나아가서 또 다른 문제로, 생각의 자유가 성립되면 표현의 자유가 성립되는가 하는 문제가 제기된다. 생각의 자유가 신성한 권리임을 인정하되 표현의 자유를 빼앗아도 무방한 것일까?

아, 인간성을 짓밟는 폭군들이여, 누가 감히 양심을 억압하는 철권을 휘두르는가! 도덕의 목소리를 들으려 하지 않는다면 여기 앞으로 나와서 적어도 건전한 인간 이성의 판단에 귀를 기울여보라. 내 글을 읽고 숙고해 보라. 나는 사태를 아주 분명히 말하고 있으니, 오직 지독한 어리석음에 빠졌거나 맹목적인 편견에 사로잡힌 자만이 당신들이 설득당하지 못하게 가로막을 것이다. 정녕 당신들의 마음이 청동으로 무장되어 있고 당신들의 등짝은 러시아 가죽으로 씌워졌다 해도 나는 청동을 부수고 가죽을 찢을 것이다. 그러니 당신들의 감각이 더 이상 진리의 화음을 듣지 못한다 해도 적어도 나의 타격은 느끼고 비명을 지를 것이다.

자신의 통찰과 판단을 말이나 글로 표현하고 함께 나눌 수 있는 권리는 생각의 자유와 마찬가지로 인간의 신성한 불가침의 권리이자 보편적인 권리이며, 군주의 모든 권리보다 상위에 있다. 그런데 누구나 자신의 생각과 믿음을 가질 수는 있지만 그것을 말이나 글로 표현해서는 안 된다고 말하는 군주는 인간 이성을 우롱하고 사람들을 바보 취급 하는 것이다. 그것은 다음과 같이 말하는 것 이상도 이하도 아니기 때문이다. "나는 내가 금지할 수 없는 것을 그대에게 허락하지만, 그대와 다른 사람들이 그것을 즐기지 못하도록 금지함으로써 내가 내린 우스꽝스러운 허락을 다시 철회하노라." 정말 그런 뜻인지 공정하게 판단하고 내게 말하라. 어명을 집행하기 위해 대기 중인 수십만의 병사를 거느리고 있다고 해서 군주가 나의 이성을 억누를 수 있는가? 군주가 내 마음속에서 일어나는 일을 간섭할 수 있는가? 군주가 나의 생각과 판단과 믿음을 가로막을 수 있는가? 아, 오만한 무능함이여! 그러면서도 주제넘게 "나는 신민들이 원하는 대로 믿음을 가지도록 허락하노라"라고 말할 수 있는가. 마땅히 그래야 할 일을 마치 아량을 베풀듯이 말하다니 어리석지 않은가? 이렇게 관대한 체하는 허락은 마치 어떤 주인이 하인들에게 한 주의 7일로, 아니 그보다는 낮 동안의 공짜 빛으로 보수를 주겠다고 하는 것만큼이나 희한한 일이 아닌가? 그러지 마라, 통치자들이여, 어쩌다가 우연히 당신과는 신분이 다르게 태어난 사람들을 그렇게 우롱하지 마라. 어쨌거나 현명한 프리드리히 대왕이 "왕이 되는 것은 우연의 소산이다"라고 하지 않았던가. 생각할 권리는 군주의 통치권 밖에 있다는 것을 명심해야 한다. 우리에게서 표현의 권리를 빼앗아 간다면 군주가 우리에게 허락해 준 것은 아무것도 없으며, 군주가 이 한 가지 권리를 소중히 여기지 않는다면 인간의 모든 권리를 짓밟는 것임을 명심해야 한다. 나의 이성이 호소하는 말에 귀를 기울여라.

1. 첫째, 자신의 지식과 판단을 다른 사람들에게 전파할 자유는 인간의 보편적 권리이다. 모든 인간은 그렇게 할 권능을 조물주로부터 부여

받았기 때문이다. 우리에게 이성과 언어적 능력을 부여한 것은 하느님이기 때문이다. 왕들은 기껏해야 집과 재산을 주었을 뿐이다. 그렇지만 이성과 언어라는 보편적 자산은 하느님으로부터 직접 부여받은 것이다. 하느님은 만인에게 이성을 부여하였으므로 이성을 사용하고 자신의 자유로운 생각에 따라 진리를 추구하는 것은 만인의 권리이자 의무이다. 이와 마찬가지로 하느님은 만인에게 말할 능력을 주셨으니 말을 하고 자신이 찾은 진리를 전파하는 것은 만인의 권리이자 의무이다. 따라서 말할 자유를 빼앗는 자는 생각할 자유를 빼앗는 자와 마찬가지로 누구든 조물주의 뜻을 배반하는 것이다. 이 두 가지 권리는 철학이나 신학이 무효화할 수 없는 공통의 기반 위에 성립된 것이다.

2. 둘째 이유도 첫째 이유와 마찬가지로 중요하고 철회할 수 없는 것이다. 생각의 권리와 표현의 권리는 서로 불가분으로 결합되어 있어서 표현의 권리를 박탈하면 생각의 권리도 박탈하는 것이다. 독자들은 특히 이 점을 유념하기 바란다. 내가 지금 말하는 것은 다음의 몇 가지 이유에서 진실이다.

a. 자신이 습득한 지식과 통찰을 자유롭게 전파할 수 없다면 지식을 쌓은 목표가 실종된다. 그렇게 되면 결국 자기 자신만을 위해 지식을 쌓은 꼴이 되기 때문이다. 내가 그토록 깊이 생각하고 세상에서 진리를 추구한 것은 나 자신만을 위해서가 아니다. 세상에 나혼자 있다면 극히 적은 인식과 판단으로도 족할 것이다. 내가 많은 지식을 얻고자 노력하고, 경험과 관찰과 독서를 통해 나의 통찰을 교정하고 확장하고 완성해 가는 까닭은 오로지 내가 다른 사람들과 더불어 살아가기 때문이다. 다른 사람들과 더불어 살아가는 곳에서는 통찰력 있는 사람이 되는 것이 명예로운 일이고, 서로의 통

찰을 공유하는 것은 서로에게 득이 된다. 그럴진대 자기 생각을 표현하고 서로 소통할 필요가 없다면 과연 누가 힘들게 생각하고 진리를 추구하겠는가? 표현의 자유를 박탈하는 것은 생각할 권리를 유린하는 것과 진배없지 않은가? 내가 행하는 일의 목표가 박탈된다면 차라리 내가 행하는 일 자체를 포기하는 것이 낫지 않겠는가? 표현의 자유를 금지하는 것이 생각의 자유를 금지하는 것은 아니라는 주장은 마치 한겨울에 난방을 하는 것은 허락하면서 정작 출입문과 창문을 닫는 것은 허락하지 않는 것과 같은 농단이다. 그렇게 난방을 해봤자 방의 온기를 보존하는 데는 아무런 쓸모가 없는 것과 마찬가지로 생각을 전파할 수 없다면 생각하는 것 자체가 아무런 쓸모가 없는 것이다.

b. 생각을 전파하는 것은 사고의 주된 목표일 뿐 아니라 그 자체가 곧 보편적 요구이며, 그 요구를 충족할 때만 생각할 권리의 행사가 즐거운 일이 된다. 역사나 과학에서 새로운 것을 듣거나 배울 때 어떤 일이 벌어질지 생각해 보라. 새로 지식을 습득한 사람은 그것을 표현할 욕구를 느끼게 마련이다. 새롭게 습득한 지식이나 이야기는 우리의 가슴을 두근거리게 한다. 소중한 지식을 다른 사람들에게 전달하기 전까지는 가슴이 진정되지 않는다. 이러한 표현 욕구는 어린아이 때부터 생겨난다. 어린이가 선생님을 통해 처음 들은 이야기는 아무리 사소한 것이라도 신기하기 때문에 소중하다. 어린이가 학교에서 돌아올 때면 가슴속에 뭔가를 품고 오는 것을 볼 수 있으며, 부모나 하인 또는 친구들은 아이가 새로 들은 소중한 진리를 알려주고자 할 때 귀를 기울여야 한다. 정말이지 그런 표현 욕구는 창조주가 우리에게 심어준 가장 신기하고 소중한 욕구 중 하

나이며, 그래서 우리는 생각을 표현할 욕구를 느끼는 것이다. 이러한 욕구 때문에 우리는 세상에서 그 무엇도 혼자서만 즐기면 온전히 만족하지 못한다. 아무리 좋은 라인 포도주도 나 홀로 테이블에 앉아서 마시면 친구와 더불어 마실 때보다 맛이 반감되는 것이다. 더불어 나누는 즐거움이야말로 인간이 누리는 모든 즐거움의 핵심이다. 서로 공유하고 나누어 갖지 않으면 사람들 사이의 행복은 불가능하다. 창조주는 이런 방식으로 각자의 마음속에 표현의 욕구를 심어주고 모든 재화를 남들과 더불어 즐기게 함으로써 인간 사회를 결속시킨다는 것을 유념해야 한다. 나라의 아버지들, 제왕들이여, 그럼에도 이 신성한 즐거움을 빼앗으려 하는가? 이런 욕구의 충족을 가로막으려 하는가? 인류의 가장 고귀한 재화인 통찰과 지식을 교류하지 못하게 막으려 하는가? 표현의 권리를 금지하는 것은 생각의 권리를 금지하는 것이 분명하며, 생각을 쓸모없고 즐길 수 없게 만드는 것이 분명하지 않은가?

c. 나아가, 표현의 권리 자체는 생각의 권리를 행사할 수 있는 유일한 수단이자 방편이다. 모든 사람이 혼자서만 자신의 이성을 활용해야 한다면 어떤 일이 벌어질지 생각해 보라. 묵묵히 혼자서만 즐길 행복을 위해 관찰하고, 숙고하고, 지식을 모은다면 어떤 일이 벌어질 것인가. 그럴 때는 정녕 야만이 득세할 것이 뻔하지 않은가? 어떤 학문 분야에서든 아무리 위대한 천재라 해도 순전히 혼자서 새로운 것을 발견할 수 있겠는가? 역사가 가르쳐주듯이, 모든 지식은 처음에는 미숙한 상태에 머물다가 여러 세기를 거치는 동안 완성되지 않는가? 그리하여 이제 우리는 탐구자들이 자신의 발견과 통찰을 서로 교류하고 토론하고 검토하는 것을 보고 있지 않은가?

인간의 모든 지식이 표현의 자유에 의존하고 있다는 것은 명약관화하다. 그런즉 표현의 자유를 존중하지 않는 사람은 모든 공공의 가르침과 지식이 확산되고 성장하고 완성되는 것을 방해하는 것이다.

3. 표현의 자유를 존중해야 하는 셋째 이유는 인류의 모든 평화가 자신의 통찰과 판단을 표현할 권리에 달려 있기 때문이다. 표현의 자유는 자신의 믿음과 관련되어 있고, 따라서 자신의 모든 활동과 관련되어 있으며, 시민생활과 도덕의 유지를 위해서도 필수적이다. 자신의 행동의 준거가 되는 지식이 참되고 오류에 빠지지 않았다는 확신이 없다면 어떤 일을 열정적으로 추구할 수 없기 때문이다. 따라서 말과 글로 표현할 권리를 침해하는 자는 누구든 그런 확신에서 오는 커다란 행복을 박탈하는 것이며, 따라서 산업과 도덕을 파괴하는 것이다. 이런 추론이 옳은 것은 명백하다. 인간적 신념의 원천이 무엇인가를 생각해 보면 그것은 자명하다. 자신의 생각과 경험, 판단과 지식에 관해 확신을 가질 수 있는 수단은 두 가지뿐이라는 것을 우리는 경험을 통해 알고 있다.

a. 첫 번째 수단은 자기검증Selbstprüfung이다. 나는 시민으로서 혹은 기독교인으로서 살아갈 때 내 행위의 준거가 되는 하나하나의 진리를 나 스스로 숙고해야 한다. 나는 내 행위의 준거를 입증해야 하고, 내 행위를 옹호하거나 반박하는 이유를 숙고해야 하며, 내 행위를 긍정하거나 부정하는 신념을 추구해야 한다. 그런데 만약 자신의 생각을 교류할 권리가 없다고 가정해 보자. 예를 들면 의학, 역사, 종교에서 내가 검증하고자 하는 진리에 관해 아무도 공공연히 자기 생각을 표현할 수 없다고 가정해 보자. 그런 경우에도 과연 내가 옳고 그른지 검증할 대상이 존재하는 것일까? 검증이 허

용되지 않는데도 내가 옹호하거나 반대할 이유를 생각할 수 있을까? 또는 아예 이유를 따지고 반대 사유를 따지는 그런 검증은 필요 없다고 주장할 것인가? 마음의 평화를 위해 진리를 검증하지 말자고 주장하는 사람은 신념이 무엇인지, 신념이 사람들에게 어떤 영향을 주는지 아직 깨닫지 못한 사람이다. 물론 사람들의 관심을 끌지 못하는 문제는 그다지 행복과 상관이 없고, 그런 문제는 굳이 검증할 필요도 없다. 아니, 그런 문제는 검증하지 말아야 한다. 쓸데없는 시간 낭비이기 때문이다. 예컨대 만약 내가 어떤 함대에 배치된 병력이나 어떤 지방에 범람한 홍수에 관한 신문기사를 검증하겠다고 그 기사가 사실인지 확인하고자 직접 현장을 찾아간다면 나에겐 중요하지 않은 일에 너무 많은 시간과 노력을 쏟는 헛수고를 하는 셈이다. 그렇지만 나의 시민생활의 안녕에 영향을 주거나 영혼의 구원을 좌우하는 진리에 관해 논의한다면 전혀 다른 문제가 된다. 그런 경우라면 나의 행복을 어리석게 날려버리지 않도록 최대한 철저하게 진리를 검증해야 한다. 그런 경우에는 의혹과 이의 제기와 반대 논거를 경청해야 하고, 이러한 검증을 완료하기 전까지는 그 무엇도 공고한 진리로 받아들여서는 안 된다. 영혼의 진정한 평화와 직결되어 있는 그런 확신을 얻고자 애쓰지 않는 사람은 자신이 인식한 진리에 따라 편안하고도 힘차게 행동하는 법을 배우지 못할 것이다. 그런 사람은 내키지도 않는 일을 마지못해 행하게 된다. 대부분의 기독교인들도 그러하다. 그들의 믿음은 자기 자신의 성찰에 바탕을 두지 않았고, 사려 깊은 검증의 결과로 얻은 확신에 바탕을 두지 않았으며, 따라서 힘찬 덕성을 함양하지 못했기 때문이다. 이로써 사고의 대상이 되는 모든 문제에 대한 찬성과 반대의 이유를 자유롭게 판단하고 서로 생각을 교류할 수 있는 권리가 마음의 평화를 주는 진리에 관한 확신을 가지기 위해 필수적이라는 것이 분명해진다.

b. 그렇지만 자기검증이 분명한 확신을 얻기 위한 유일한 길은 아니다. 특히 도덕의 문제에서 우리의 판단이 만족할 만한 확신을 얻기 위해서는 권위Autorität의 역할이 불가결하다. 말과 글로 우리 생각을 자유롭게 표현할 권리를 행사하지 못하면 우리는 마음의 평화를 얻기 위한 이 중요한 근거를 박탈당한다. 나는 이 문제에 대한 생각을 보다 분명히 밝히고자 한다.

우선 내가 이해하는 권위라는 것은 그것에 의존해서 이성적 판단을 하지 말자는 뜻이 아니라는 점을 독자들에게 분명히 말해 두고 싶다. 권위라는 것은 진리를 판가름하는 기준에 추가되는 또 하나의 기준일 뿐이다. 그런 점에서 자기 자신의 성찰과 검증에 바탕을 둔 확신을 거듭 강조하지 않을 수 없다. 인식능력이 있다고 간주되는 모든 사람이 어떤 것이 진리라고 합의하고 나의 견해에도 동의할 때 비로소 권위가 생겨난다.

통찰력 있는 사람들이 그렇게 의견이 일치하면 진리에 대한 고도의 보증이 가능해진다는 것은 자명하다. 자연스러운 겸양의 미덕에 비추어볼 때 우리는 중요한 문제에 관해 혼자 판단하기를 꺼려하며, 오히려 그 문제를 잘 아는 다른 사람들의 견해를 경청하게 마련이다. 우리가 아무리 진지하게 진리를 추구하더라도 오류의 가능성은 항상 열려 있기 때문에 혼자만의 검증과 판단만 믿기는 어렵다. 반면 동일한 문제에 대하여 다른 사람의 생각을 통해 탐구하고 논거와 반대 논거를 따져서 결국 우리 자신과 동일한 판단에 이른다면 오류의 가능성은 현저히 줄어들 것이다. 그런 합의를 통해 우리는 더욱 자신감을 갖게 되고, 함께 발견한 진리에 대한 우리의 믿음은 더 공고해지고 효력을 발휘할 것이다. 만약 어떤 사람이 재산과 관련하여 어렵고 복잡한 회계 처리를 해야 한다면 아무리 신중하게 여러 번 반복한다 해도 자신의 계산을 믿기보다는 오히려 다른 사람이 계산하도록 해서 보다 확실하게 처리할 것이다. 이처럼 우리는 일반적으로 인식능력이 있는 사람들의 의견 일치 내지 권위에 의존할 필요성을 느낄진대 하물며 종교 문제에서는 그 필요성이 훨씬 더 크지 않겠는가? 종교 문제에 관해 자신의 성찰과 숙고에 바탕을 둔 (권위의 승인을 받기 전에 당연히 성찰과 숙고를 거쳐야 한다) 신념 외에 모든 시대와 민족을 망라하는 현자賢者들의 일치된 견해가 없다면 확고한 믿음은 절대로 가능하지 않을 것이다. 그러한 일치된 견해에 근거할 때만 인간의 이성은 오류에 빠지지 않기 때문이다.

그렇다면 만약 통치자들이 우리에게서 말과 글로 생각을 표현할 권리를 박탈한다면 어떻게 될까? 그리하여 권위를 박탈당한다면 어떻게 될 것인가? 그렇게 되면 다른 사람들이 우리의 생각에 동의하는지 여부를 과연 어떻게 확인할 것인가? 그리고 우리가 다른 사람들의 생각을 믿어야 할지 여부를 과연 어떻게 판단할 수 있겠는가? 생각을 표현할 권리가 박탈되면 사람들의 믿음은 사막에서 길을 잃은 것처럼 겁에 질려 위축될 것이다. 그 누구도 다른 사람이 어떤 생각을 하는지 알 수 없게 될 것이다. 지혜롭다고 여기는 사람들이 자신과 같은 생각을 하고 자신의 판단을 공고히 해준다는 믿음에서 생기는 용기를 누구도 얻지 못할 것이다.

또한 만약 통치자가 표현의 권리를 소수의 사람들(다시 말해 성직자들)에게만 허락해도 표현의 권리가 침해되지 않을 거라고 상상해서는 안 된다. 만약 모든 사람이 표현의 권리를 확보하지 못하고 그 권리를 행사하지 못하면 소수 사람들의 합의는 우리를 설득하지 못한다. 왜냐하면 오로지 다른 사람들의 자유로운 판단만이 중요하기 때문이다. 표현의 권리가 소수 사람들에게만 주어진다면 그 소수가 그들의 일치된 판단을 강요하는 합의 또는 입법을 할 우려가 있다. 그럴 경우 그들의 판단은 자유로운 판단이 아니다. 표현의 권리를 독점하는 사람들은 그들만의 집단적 이익을 위해 그 권리를 행사할 것이며, 그 권리를 박탈당한 사람들을 우롱할 것이다.

4. 표현의 권리를 독점하려는 자들을 언급함으로써 나는 말과 글로 생각을 표현할 권리가 보편적 인권이라는 네 번째 중요한 논거를 제시한 셈이다. 만약 의사소통의 권리가 보편적 인권이 아니라면 진리를 독점하려는 자들이 득세하여 다른 모든 사람의 지성을 속박하고 사고의 자유를 박탈하려 할 것이다. 내가 이 점을 입증하는 정교한 논리를 잘 살펴보기 바란다. 이미 앞에서 언급한 대로 어떤 학문 분야에서도 혼자서 새로운 것을 발견할 수는 없다. 어떤 분야를 탐구할 때는 반드시 그전에 이미 숙고하고 관찰하고 생각을 교류한 선행 연구자들이 있게 마련이다. 이를 바탕으로 생각을 진전시키고, 새로운 관찰을 하고, 그 분야를 확장할 수 있게 되는 것이다. 따라서 내가 생각의 자유를 행사하려 할 때는 반드시 생각할 대상이 있게 마련이다. 다시 말해 이미 축적된 지식이 있어서 나는 그것을 숙고하고 검토한다. 동일한 분야에서 나와 더불어 탐구하고 생각하는 다른 사람들이 있는 것이다. 수많은 탐구자의 기여가 없다면 그 어떤 학문도 발전할 수 없다. 그런데 어떤 학문 분야에서 독

점체제가 형성되어 지식을 독점하려는 자들이 마치 상품창고에서 물건을 조금씩 꺼내오듯 지식을 조금씩 꺼내놓고 그들의 창고에서 나오지 않은 물품은 밀매품이라고 단정한다고 가정해 보자. 또한 나아가 이런 사태의 결과로 바로 어떤 일이 벌어질지 가정해 보자. 그러면 독점자들은 지식을 다른 사람들에게 전파할 수 있는 모든 수단을 장악할 것이다. 예컨대 그들을 제외한 다른 사람들은 공공연히 지식을 가르치고 책을 쓸 수 있는 인가를 얻지 못할 것이다. 그렇게 되면 다른 사람들은 그들과 똑같이 생각하고 판단하도록 강요당하지 않겠는가? 그 어떤 사람도 자기보다 먼저 발견한 진리에 대해 생각하지 않고서는 새로운 지식을 창출할 수 없다는 사실을 상기하자. 독점자들이 진리라고 제시한 것만을 다른 이들이 똑같이 발견한다면 그들이 생각할 수 있는 것은 그것이 전부일 것이다. 그러니까 예컨대 어떤 군주가 나를 독점자로 앞세워서 지식을 전파할 모든 수단, 즉 언론과 출판을 장악할 특권을 준다면 그 군주가 다스리는 백성들은 오로지 내가 출판하는 독서물만 읽게 될 것이며, 그리하여 나는 백성들의 생각을 완전히 장악하게 될 것이다. 이보다 더 끔찍한 독재를 상상할 수 있겠는가?

XVII. 작가의 권리: 통치자와 관련하여

(……) 프로이센의 군주는 앞에서 언급한 칙령을 통해 통치자(즉 군주 자신)에 관한 생각과 판단에 대해 자유롭게 생각하고 판단할 수 있는 권리를 확대하였고, 나는 군주의 그런 현명함과 담대함을 존중한다.[5] 그것

---

5 여기서 말하는 '칙령'은 비교적 관대한 검열 정책을 표방한 1781년 검열칙령을 가

은 프리드리히 2세의 판단이었고, 확실히 그분 못지않게 훌륭한 후계자의 판단이기도 하다. 요제프 황제, 프리드리히 대왕 그리고 프리드리히 빌헬름 대왕 같은 계몽 군주만이 그런 판단을 내릴 수 있을 것이다.[6]

나는 이 문제에 관해 소상히 알지 못하는 독자들을 위해 이러한 권리가 통치자에 대한 판단에까지 확장되는 것이 어째서 바람직한지 그 이유를 밝히고자 한다.

1. 이 권리의 확장은 통치자 자신에게 유익하다. 통치자에 대한 호의적인 평가는 통치자를 고무할 것이고, 비호의적인 평가는 통치자를 각성케 하는 경고가 될 것이기 때문이다. 나는 다양한 경험을 통해 나를 과감히 평가하는 나의 적이 최고의 스승이라는 것을 깨우쳤다. 나는 나의 친구에게 배우지 못한 것을 나의 적에게 배웠다. 친구들은 나에게 듣기 좋은 말을 하고, 나의 약점은 감춰주고 장점만 칭찬해 주기 때문이다. 그렇지만 나의 적은 나에게 듣기 좋은 말은 하지 않는다. 그는 어쩔 수 없는 경우에만 나의 장점을 인정하고, 나를 공정하게 평가한다. 그러면 나는 그가 인정하는 장점이 틀림없이 내 안에서 발견될 거라는 확신을 갖게 된다. 그의 칭찬은 나를 더욱 기쁘게 한다. 세상이 보기에 적의 칭찬이 친구의 칭찬보다 더 믿을 만하기 때문이다. 적은 나의 잘못된 생각을 그만큼 더 예리하게 지적하고, 나의 기본원칙과 행동에 내재하는

리킨다.

6　바르트가 프리드리히 빌헬름 대왕을 계몽 군주라고 칭송한 것은 바르트의 글이 1788년 검열칙령이 반포되기 전해(1787)에 발표되었기 때문일 것이다. 또한 바르트의 글이 발표된 시점은 프리드리히 빌헬름 대왕이 선왕의 서거 후 왕위를 계승한 직후여서 바르트는 후계자가 선왕처럼 계몽적 통치를 하기 바라는 기대를 품고 있었기 때문이기도 하다. 실제로 바르트는 프리드리히 빌헬름 대왕 즉위 초에는 왕에게 자신의 저술을 보내주곤 했다.

약점과 결함을 드러내 보여준다. 나는 자신의 이기심 때문에 또는 친구들이 있는 그대로 들춰내지 않았기 때문에 나 자신의 약점과 결함을 결코 보지 못했을 것이다. 적은 나에 관한 모든 것을 관찰하고, 기회만 닿으면 나의 성품을 의심하며, 나의 장점을 깎아내리고, 나의 실수를 들춰냄으로써 나를 현명하고 신중하게 만들어준다. 적이 없다면 내가 결코 알아채지 못할 문제에 관해 적시에 경고를 해준다. 그 누구보다도 군주야말로 자기 자신을 잘 알아야 한다는 점을 고려할 때, 특히 군주를 에워싸고 있는 수많은 아첨꾼 때문에 자기 인식이 그만큼 더 어렵다는 점을 고려할 때, 군주가 자신에 관한 진솔한 평가를 허락한다면 최고의 지혜로 인정받을 것이다.

2. 군주까지도 진솔하게 칭송하거나 비판할 수 있는 권리를 허용하면 국민 자신이 고결해진다.

그런 군주 밑의 국민들은 자신이 자유로운 인간임을 느끼고, 인간의 권리를 존중하게 될 것이다. 그리고 이런 자유의 감정은 그들의 정신을 고결하게 하고, 당당한 기상을 북돋우고 관대함을 길러줄 것이다. 궁극적으로는 이런 방식으로 덕이 고양될 것이다. 어리석음이 군주의 명예도 실추시키는 것을 목격하면 사람들은 어리석음을 그만큼 더 진심으로 꺼리게 될 것이기 때문이다. 이러한 자유가 존재하지 않는 곳에서는 흔히 수치스럽고 악한 행동이 존중될 것이다. 군주의 나쁜 본보기가 수치스럽고 악한 행동을 좋게 보이도록 만들고, 그런 행동을 벌하고 진실을 말하는 애국자가 없기 때문이다. 그렇게 되면 군주가 행하는 모든 것을 칭송해야 하는 신하들은 아첨꾼이 되고, 자신의 도덕의식을 부정하는 저열한 노예근성에 빠질 것이다.

3. 나아가, 이런 권리를 허락하면 나라가 나라답게 바로 서게 된다. 사

기꾼이 설 자리가 없고, 아첨꾼이 군주의 신임을 얻지 못하며, 사악한 간신배가 술수로 자기를 방어하지 못하고, 그 어떤 권위도 신민을 착취하고 정의를 짓밟지 못하며, 그 어떤 사제도 양심을 탄압하지 못하기 때문이다. 이 모든 부류의 수치스러운 인간들이 작가의 진솔함 앞에서 두려움에 떨 것이기 때문이다.

4. 마지막으로, 정직한 양심 때문에 상처받은 사람들이 얼마나 영예로운 희망을 품게 될까! 정직한 양심을 지키느라 박해받고 고발당하고 재판을 받아 불행해진 사람들이 (최상의 국가에서도 가끔 그런 일이 벌어진다) 다시 신선한 기운을 되찾아 펜을 들고, 비록 그들 자신이 감내한 고난을 지우지는 못한다 해도 적어도 세상이 보는 앞에서 자신의 결백함을 입증할 것이다. 진실로 이것은 이루 말할 수 없는 승리이다. 그것은 고난에 대한 최고의 위로가 될 것이다. 그것은 극악한 처분에 대한 보상이 될 것이다.

그런데 이처럼 군주 스스로 인간의 권리에 순응하고 자신에 대해 자유롭게 공공연히 평가하게 허락해 준다 하더라도, 그 권리를 행사하는 방식에 관해서는 개별적인 경우에 따라 제한을 둘 필요가 있다고 생각한다.

첫 번째 제한은 군주에 대한 표현의 자유가 다루는 대상과 관련이 있다. 공적인 필요와 관련된 사안은 공적인 것이 아닌 문제들, 따라서 공개적으로 다루어질 수 없는 다른 모든 문제와는 구별되어야 한다. 이미 공적으로 알려진 사안들, 예컨대 군주의 인격, 재능, 자질, 통치원칙, 행동, 판단, 칙령 등은 누구나 자유롭게 평가할 수 있다. 그렇게 해도 국가나 군주가 잃을 것은 없고 오히려 종종 득이 되기 때문이다. 모든 군주는 천박한 모략가의 터무니없는 비난에 의해서는 그 진정한 위엄이 훼손당하지 않기 때문이다. 그래서 나는 군주를 터무니없이 비방하는 자를 처벌하는 것은 마치 하느님을 비방하는 자를 처벌하는 것과 마찬가지로 부질없는 일이라 생각한다. 나는 그런 자들이 자신을 욕되게 하는 불쌍한 미치광이라 여긴다. 반면 생각이 고결하고 통찰력 있는 사람들이 정당한 근거를 가지고 행하는 비판은 언제나 군주가 모욕감을 느끼지 않고 귀담아들을 만한 내용을 포함하고 있다. 다른 한편 공적인 문제와는 무관한 사안들, 예컨대 군주의 영지 소유권이나 비밀 서찰, 궁정 내 업무 등은 언론의 자유가 다루는 대상에서 완전히 제외되어야 한다. 왜냐하면 작가가 이런 종류의 문제에까지 간섭하여 대중 앞에서 말하기 시작하면 이는 나라에 해를 끼치고 군주에 대한 외국의 존중심을 저해하기 때문이다. 따라서 글의 내용이 나라와 군주의 안위 및 명예에 관계될 때는 언론의 자유가 제한되어야 한다. 그렇지만 나라에 해를 끼치지 않는 모든 문제는 자유롭게 말과 글로 표현할 수 있어야 한다. 반면 나라에 직접적으로 현저히 해를 끼치는 사안들, 예컨대 적국에 나라의 기밀을 누설하거나 반란을 부추기거나 경제 및 국민생활과 자원을 파괴하는 사안 등에 관해서는 언론의 자유를 금지해야 한다.

두 번째 제한은 작가가 나라와 통치자에 대해 평가하는 방식과 관련된다. 이에 관해서는 언론 자유의 권리를 행사하려는 모든 작가에게 적용되어야 할 두 가지 합리적인 요구사항이 있다. 첫째는 도덕성의 요구이다. 다시 말해 통치자에 대해 겸손하게 말해야 한다는 것이다. 내가 말하려는 도덕적 요구는 국가로부터의 요구와는 구별된다. 입법자와 도덕가는 적절히 구별할 필요가 있기 때문이다. 도덕성은 동기 부여를 통해 사람들이 도덕적 행동을 하도록 이끌어준다. 다시 말해 자기 행위의 자연스러운 결과가 국가에 이익이 되기를 바라고 해악을 끼치지 않도록 배려하는 마음이다. 그렇지만 입법자는 국가에 손해를 끼치지 않도록 법적인 제재로 위협함으로써 시민들의 행동을 계도한다. 이런 관점을 수용하는 사람이면 누구나 통치자에 대한 겸손함이 단지 도덕적 요구임을 알 수 있다. 반면 국가의 요구는 작가가 표현하는 내용이 진실일 것을 요구한다. 다시 말해 작가는 자신의 글을 통해 세상에 허위와 중상모략을 유포해서는 안 된다. 작가가 언급하는 모든 내용, 예컨대 칙령과 교지敎旨, 통치자의 행위 등은 실제로 행해진 사실이어야 한다. 이런 의미에서 글의 내용이 진실이어야 하며, 그 진실은 작가가 글로 표현한 판단의 진실과는 구별되어야 한다. 다른 사람들이 작가의 판단을 옳거나 그르다고 간주할 수는 있지만, 그것이 작가에 대한 문책 사유가 될 수는 없다. 작가에겐 자신의 판단이 옳기 때문이다. 다시 말해 작가는 자신의 신념에 충실하기 때문이다. 그렇지만 입법자는 판단의 대상이 진실일 것을 요구한다. 그렇지 않으면 거짓과 잘못된 비난을 용인함으로써 통치자의 명예가 근거 없이 실추되기 때문이다.

XVIII. 작가의 권리: 동료 시민들과의 관계

이제부터는 지금까지 정식으로 다루어지지 않은 중요한 문제를 살펴보고자 한다. 그것은 사적인 개인에 대해 작가의 권리는 어떻게 적용될 수 있는가 하는 문제이다.

자신의 생각과 판단을 표현할 수 있는 보편적 인간 권리가 우리 이웃들의 의식, 견해, 행위 그리고 생활환경에도 확장되어야 한다는 것은 부인할 수 없다. 그리고 그 누구도 다른 사람에 대해 판단할 수 있는 권리를 박탈당하기를 원하지 않듯이, 자신에 대해 똑같은 권리를 주장하고 행사할 수 있도록 다른 이들에게도 허용해야 한다.

이러한 권리의 자유로운 행사가 인류에게 매우 유익하다는 것은 자명하다.

1. 이러한 권리의 행사는 예술과 학문을 비롯한 모든 분야에서 유능한 사람들에게 그들의 작품과 생산물, 가공품, 저작물 등에 대해 유익한 지식을 제공한다. 이를 통해 우리는 실수를 하거나 조악한 작품을 만들지 않도록 경각심을 일깨우는 것이다. 정론지나 학술지, 잡지, 문학서평 그리고 팸플릿 등에서 이 모든 결과물에 대한 보고와 평가를 읽지 못한다면 세상에 얼마나 큰 손실이 되겠는가?

2. 이러한 권리의 행사는 인간에 대한 이해를 증진한다. 이를 통해 우리는 우리가 알게 된 많은 인물과 그들의 행동을 비교함으로써 일반적으로 사람을 더 잘 판단할 수 있게 되고, 인간의 본성을 철학적인 관점에서 관찰할 수 있게 된다. 또한 이를 통해 민족성과 민족적 특성을 파악하는 데 도움이 된다. 또한 이를 통해 개개인을 이해하게 되고, 그들과 어느 정도까지 접촉해야 하는지, 아니면 접촉하지 말아야 하는지 판단하는 법을 배우게 된다.

3. 이러한 권리의 행사를 통해 선량하고 지혜롭고 훌륭한 많은 사람들이 수많은 바보와 악당들과 대비되어 정당성을 인정받게 된다. 이를 통해 바보와 악당들은 잘못을 하지 못하도록 경고를 받고 자신을 개선하도록 요구받는다. 이를 통해 훌륭한 사람들은 고무되고 보상을 받으며, 독자와 관찰자들은 수많은 가르침과 경고와 위로를 받게 될 것이다.

4. 따라서 이 권리의 행사는 신분 차별과 빈부 격차에 의해 야기된 지대한 인간 불평등을 어느 정도는 평등하게 회복할 수 있다. 적어도 이런 관점에서는 사람들이 서로 평등해지고 대등한 인간임을 느끼게

될 것이다. 누구나 다른 사람에 대해 진솔하게 공공연히 판단할 수 있는 권리를 가졌고, 신분과 재력으로 인한 특권을 상쇄할 수 있기 때문이다.

5. 마지막으로, 이 권리의 행사는 덕을 크게 증진하고 악의 발호를 막아줄 것이다. 이를 통해 위선을 들춰낼 수 있고, 악을 벌할 수 있으며, 악에 맞서 덕을 존중하고 보호할 수 있기 때문이다. 그리고 생각이 없고 경솔한 자들에게 신중한 사려를 가르치고 경솔한 행동으로 불필요하게 적을 만들지 못하도록 경고할 수 있기 때문이다.

이처럼 모든 사람에 대한 자유로운 판단이 공익에 기여한다 하더라도, 다른 한편으로 이 권리를 행사하는 방식에 관해 입법자가 적절한 수단으로 제한을 두지 않는다면 커다란 해악을 끼칠 수 있다는 점을 명심해야 한다.

사람들이 누군가의 비밀을 파헤쳐서 공표하면 그의 행복이 송두리째 파괴될 수 있다는 것은 여기서 길게 언급하지 않겠다. 또한 모든 사람이 다른 사람의 무고한 약점을 알리고 비웃는다면 매우 심각한 부담이 될 것이라는 사실도 굳이 길게 언급하지 않겠다. 다른 사람의 생각과 판단과 계획을 글로 대중에 알릴 때는 흔히 끔찍한 적대관계가 초래될 수 있다는 것도 물론이다. 말과 글로 생각을 표현할 권리로 인해 야기될 수 있는 이 모든 불상사를 방지할 수 있다면 그런 우려는 정당하게 불식될 수 있을 것이다. 예컨대 당신의 비밀이 노출되기를 바라지 않는다면 다른 사람의 비밀을 혼자만 간직하고 침묵하라. 혹시 경솔하게 비밀을 누설했다면 당신의 입놀림으로 인해 초래된 당연한 결과를 감내하라. 다른 사람의 약점을 파헤쳐서 적대관계가 초래되기를 원하지 않는다면 이 규칙을 따르라. 즉 누구에 대해서도 그의 등 뒤에서 또는 낯선 사람 앞에서 비판적으로 말하거나 악의적인 생각을 발설하지 마라. 혹은 누군가가 당신의 약점을 끝까지 물고 늘어지거나 적을 부추겨서 당신에게 싸움을 걸어온다면 그저 참고 견뎌내라. 마지막으로, 당신의 잘못이 드러나서 비웃음거리가 되기를 원하지 않는다면 당신의 잘못을 가릴 만한 장점을 찾아서 이웃으로 하여금 당신의 장점이 돋보여서 당신의 잘못을 눈감아 줄 수 있도록 해보라. 또는 겸손함, 친절함, 선의, 고결한 행동으로 가능하면 모든 사람이 당신의 친구가 되게 하라. 그러면 그들이 당신에게 화낼 까닭이 없을 것이다.

내가 말하려는 핵심 요지는, 만약 누구나에게 다른 사람의 행동과 업적, 의도와 실수 등에 대해 아무런 제한 없이 마음대로 말과 글로 공공연히 표현하는 것이 허용된다면 어떤 사람의 명예를 완전히 훼손하는 것이 너무 용이해진다는 것이다. 내가 완전히 훼손한다고 말하는 것은 이런 경우 누군가 한 사람만이 모욕을 주고 공격하는 상황은 아닐 것이기 때문이다. 그렇지만 어떤 사람의 명예를 훼손하는 것은 간단한 문제가 아니고 극히 엄중한 사태임이 분명하다.

결국 마음의 평화는 대부분 명예에 달려 있다. 하느님에게 인정받는 것을 제외하면, 내 이웃의 인정과 존경을 받는 것보다 더 중요한 것이 있을까? 과연 다른 무엇이 고난에 처했을 때 더 많이 보상해 주고, 위험에 처했을 때 더 많이 용기를 주겠는가? 내 이웃이 나를 확고한 가치가 있는 사람으로 간주한다는 생각보다 더 큰 기쁨이 있겠는가? 나아가, 상인이 얻고자 하는 신용, 작가가 바라는 독자 대중의 신뢰, 장인匠人이 얻고자 하는 고객, 요컨대 자신의 사업과 생계를 위해 필요로 하는 주된 후원은 결국 좋은 평판에 달려 있다. 결국 좋은 평판은 친구와 후원자를 유지하고 지상의 행복을 얻기 위한 주된 수단이다. 그런데 여기서 유념할 것은 군주는 이런 도움을 필요로 하는 상황에 처해 있지 않다는 것이다. 사람들이 군주를 어떻게 평가하든 간에 군주의 왕좌와 행복은 의연히 유지되는 것이다.

그리고 좋은 평판은 행복을 위해 너무나 소중하고 불가결하기 때문에 인간에게 가장 필요한 가치 중 하나인 점을 유념할 때 좋은 평판에 대한 요구는 인간의 보편적 권리에 속한다. 이 경우에는 앞에서 확인한 다음 원칙을 확실히 적용할 수 있다.

> 인간의 권리를 행사하는 방식이 국익과 충돌하거나 여타의 인권과 충돌할 때는 통치자가 (통치자는 나라의 번영을 촉진하거나 신민의 천부적 권리와 취득한 권리를 포함한 모든 권리를 보호하는 일에만 관여해야 하거니와) 다른 권리(여기서는 좋은 평판을 유지할 권리)를 지키기 위해 여타의 권리(이 경우에는 자유롭게 자신의 판단을 공공연히 표현할 권리) 행사를 제한할 권한과 의무가 있다.

그런데 여기서 아주 어려운 문제가 제기된다. 그런 충돌이 발생할 때 통치자는 언제 그리고 어떻게 작가의 권리를 제한해야 하는가? 자신의 좋은 평판이 침해당한다고 하소연하는 사람이 있으면 그런 글을 쓰는 사람에게는 자유로운 판단을 무조건 금지해야 하는가? 만약 그렇다면 다른 사람을 비판하는 모든 글을 금지해야 할 것이다. 아니면 누군가의 좋은 평판을 완전히 파괴하는 경우만 금지해야 할까? 만약 그렇다면 첫째, 모든 악당의 나쁜 행위도 드러나지 않게 비호해야 하는 결과가 될 것이다. 둘째, 공개적인 판단이 다른 사람의 좋은 평판을 완전히 파괴하는지 여부를 과연 누가 판단할 것인가? 군주? 검열관? 또는 다른 누구일까? 내 생각에는 이 모든 의문에 대해 우리는 분명한 입장을 취할 수 없다.

이 문제를 결정하기 위한 진정한 규칙은 다음과 같다. 즉 평가 대상이 되는 사람이 자신의 권리를 포기하지 않을 경우 입법자는 그에 대한 비판을 금지해야 한다. 반면 평가 대상이 되는 사람이 **자발적으로** 자신의 명예를 포기할 경우에는 입법자가 그에 대한 비판을 허용해야 한다. 우리가 언론 자유의 한계를 적절히 규정하고자 한다면 이것이 지켜야 할 확고한 원칙이다. 그 이유를 더 설명하고자 한다.

공적으로 의사표현을 하고 행동하는 사람이 — 가족과 동료 등 가까운 사람들이 듣고 보는 범위 안에서든 아니면 전체 대중을 상대로 하든 간에 — 어리석게 또는 악의적으로 말하고 행동한다면 자신의 명예를 주장할 권리를 포기하는 것이다. 그런 사람에 대해서는 누구나 자유롭게 판단해야 하고 판단할 수 있다.

그렇지만 그 자체로는 바람직하지 않은 어떤 내용을 자기 방에서 혼자 중얼거리거나 가장 신뢰하는 친구(예컨대 자기 아내)에게 얘기한다면 그런 경우는 자신의 명예를 포기하는 행위가 아니다. 그런데 만약 어떤 불량배가 열쇠구멍으로 그렇게 말하는 것을 엿들었다면 그 불량배는 자기가 엿들은 것을 공개적으로 폭로하여 문제의 당사자를 비난할 권리가 있을까?

두 경우의 차이를 유념할 필요가 있다. 전자는 자신의 명예를 주장할 권리를 포기한 것이고 후자는 그렇지 않다. 전자는 무고하게 비난받을 위험이 없다. 그러나 후자는 잘못이 없음에도 불구하고 누군가가 부당하게 엿들어서 비난받을 수 있다. 전자는 자발적으로 공적 영역에 들어섰고, 후자는 본의 아니게 강제로 공적 영역에 끌려 들어간 것이다. 이러한 차이를 분명히 파악한 사람이라면 누구나 다른 사람을 공개적으로 평가할 자유를 통치자가 다음과 같은 규칙에 따라 제한해야 한다는 나의 주장에 동의할 것이다.

1. 공적으로 의사표현이나 행동을 한 사람은 평가 대상이 될 수 있다. 예컨대 어떤 개인이 가진 재산이 없고 부채까지 있는 터에 두 명의 요리사를 고용하여 와인을 제외한 음식비만 150탈러나 들여서 만찬 파티를 열었다고 치자. 혹은 어떤 교수가 식당에서 숙녀의 따귀를 때리고 자기도 따귀를 맞는 불미스러운 행동을 했다고 치자. 이런 경우에는 누구나 그런 공적 행동에 대해 발언하고 질책할 권리가 있다.

2. 실제로 일어난 사건에 대해 말이나 글로 자기 생각을 표현한 경우에는 평가 대상이 될 수 있다. 이 경우 해당 사건이 실제로 일어났다는 것이 입증되어야 한다.

3. 어떤 사람을 비판하는 말이나 글이 강경하거나 약할 수도 있고, 단호하거나 재치 있을 수도 있으며, 점잖거나 신랄할 수도 있다. 그렇지만 우중愚衆의 악의적 어조로 비난해서는 안 된다. 악당의 험한 입에서 나오는 야비하고 모욕적인 언사는 어떤 나라에서도 용납되어서는 안 된다. 그런 언사는 인간성의 함양을 위해 불가결한 미풍양속을 해치며 그 무엇에도 도움이 되지 않는다.

4. 마지막으로, 비판적인 글을 쓴 사람이 자기 이름을 완전히 숨길 권리는 없다. 여기서 '완전히'라는 단서를 강조하는 이유는 다른 사람의 글이나 행동에 대해 공개적으로 엄정하게 평가하는 사람이 항상 자기 이름을 밝혀야 한다고 요구할 수는 없기 때문이다. 만약 그렇지 않으면 힘 있고 권세 있는 자들의 어리석음을 실명으로 폭로할 용기를 가진 사람은 극소수에 불과할 것이고, 그러면 힘 있고 권세 있는 자들이 아무

리 터무니없는 농탕을 쳐도 빠져나갈 구멍이 생길 것이기 때문이다. 그러나 다른 한편으로 작가가 완전히 이름을 숨기는 것도 아주 잘못된 일이다. 그렇게 되면 거칠게 험담을 퍼붓는 악당이 아주 명예롭고 덕망 있는 사람을 모욕하여 명예를 실추시킬 수 있기 때문이다. 따라서 양심적인 통치자는 출판업자가 필자를 확인하지 않은 글은 인쇄하지 못하도록 서약하게 해야 한다. 그렇지만 또한 통치자는 출판업자가 필자의 글이 날조된 비난을 담고 있지 않은 한에는 익명을 원하는 필자의 신원을 밝히도록 강요당하지 않도록 엄정히 보호해야 한다. 이 문제는 중요하기 때문에 통치자는 만약 하급 관리의 잘못된 강압이 발생할 경우 출판업자가 통치자에게 직접 보호를 요청할 수 있도록 공인해 주어야 할 것이다.

5. 엄밀한 의미에서 '부적절한 비난'Pasquille[7]은 허용되어서는 안 된다. 그런데 자신의 글에 대한 비판에 불만을 가진 필자가 비평가를 '비방자'라고 폄하하는 사태를 막기 위해서는 '부적절한 비난'의 의미를 정확히 이해할 필요가 있다. 다시 말해 출판되는 글에서 (a) 이미 재판에서 유죄판결을 받은 행위를 다시 비난하는 경우, 또는 (b) 처벌 대상이 아닌 불미스러운 일에 대해 비난하는 경우(예컨대 누구의 얼굴에 마른버짐이 피었다고 흉보거나 누가 하녀와 은밀한 관계를 맺고 있다고 흉보는 경우), 또는 (c) 익명으로 비난하는 경우는 '부적절한 비난'이라 할 수 있다.

6. 마지막으로 이와 같은 제한을 준수하는 작가의 정직함을 지지할 의향이 있는 통치자는 공개적으로 공격받는 사람이 공격자에 맞서 역시 공개적으로 자신을 변호할 수 있도록 허용해야 할 것이다. 설령 공격

---

7 'Pasquille'은 원래 고대 로마에서 공공장소에 게시되는 익명의 풍자글을 가리킨다.

자가 수석 장관이나 대주교라 하더라도 말이다. 인간적인 감정을 가진 사람이라면 더 이상 증명하지 않더라도 이것이 불가침의 요구사항이며 앞에서 언급한 다른 요구사항과 마찬가지로 인간의 신성한 권리에 바탕을 두고 있다는 것을 알 수 있을 것이다.

그리고 이것은 언론의 자유와 그 한계에 대해 통치자가 이행해야 할 과업이다. 작가가 입법자의 고려대상이 되는 한에는 작가는 이러한 제한을 준수해야 할 것이다. 이미 설명한 대로 입법자는 모든 권한과 의무를 행사함에 있어 나라의 안녕을 기하고 신민의 모든 권리를 보호해야 한다. 독자들에게 다시 강조하거니와, 통치자와 도덕가는 아주 다른 사람들이며, 따라서 통치자는 도덕가의 역할을 자임하여 물리적 힘으로 도덕을 규제하려 해서는 안 될 것이다. 많은 사람들은 이 차이를 알고 싶어 하지 않지만 이 점을 명심해야 한다.

도덕가는 작가의 자유를 통제하려 드는 것이 사실이다. 도덕가는 통치자의 소관이 아니라 인간의 양심에 맡겨야 할 제한을 설정하려 하고, 국가는 이를 지지한다. 예컨대 도덕가는 (a) 작가가 인간의 어리석음을 공공연히 비판함으로써 인간의 덕을 향상시킬 의도가 없다면, 그리고 좋은 뜻으로 추구하는 이러한 목표가 성취될 거라는 확신이 없다면, 인간의 어리석음을 폭로할 권리를 행사하지 말라고 요구한다. 나아가 도덕가는 (b) 누구도 공정한 평가를 한답시고 피할 수도 있는 불쾌감이나 적대감을 야기하지 말아야 한다고 주장한다. 또한 (c) 다른 사람의 고통을 고소해하는 감정을 조장하지 말아야 하고, 자신의 복수심을 충족시키는 일은 하지 말아야 한다고 주장한다. 그리고 특히 (d) 가치와 장점을 가진 사람이 인간의 나약함 때문에 분명한 약점을 보이더라도 그런 사람에게 관대해야 하며, 그들의 잘못을 질책함으로써 마음의 상처를 주지 말아야 한다고 주장한다.

들을 귀가 있는 사람은 들어보시라!

언론

프리드리히 카를 폰 모저

프리드리히 카를 폰 모저Friedrich Karl von Moser, 1723~98는 유서 깊은 귀족가문 출신으로 성장기에 독실한 신앙교육을 받았고, 예나대학에서 법학을 공부했다. 프랑크푸르트와 빈에서 궁정관료를 지내다가 1772년부터 헤센 공국의 수석 장관과 재상을 지냈다. 경건한 신앙심과 애국심을 고취하고 온건한 계몽적 개혁을 옹호하는 문필 활동도 활발히 했다.

1792년 발표한 아래 글에서 모저는 이제 언론의 홍수를 막을 길이 없다며 언론의 위력을 현실로 인정하는 데서 출발한다. 이에 대해 당국이 폭동을 사주하는 글의 발표를 금지하는 검열칙령으로만 대응하는 것은 효과적이지 않으며, 문제의 원인을 진단하고 경고하며 개선책을 촉구하는 정론의 목소리에 귀를 기울여야 한다고 역설한다. 모저는 그러한 정론을 추구하는 언론의 유형을 ① 순수하게 학술적인 글, ② 학술적 성격과 실용적 성격을 절충한 글, ③ 실용적인 글, ④ 팸플릿 성격의 글로 분류한다. 이 중 실용적인 성격의 글이 공정하고 정직하게 진실만 말하며 '조국을 치유하는 의사'의 역할에 충실한 장점을 높이 평가하는데, 이것은 모저

이제 좋은 의미에서든 나쁜 의미에서든 언론의 홍수를 막을 길이 없다. 너무 오래도록 사태를 방치했다. 진작에 그 물을 가두어서 다른 방향으로 물길을 터주었어야 했다. 이글거리는 불씨가 재로 뒤덮여 있다고 그 불씨를 대수롭지 않게 여겼고, 불꽃이 보이지 않거나 쉽게 불을 끌수 있을 거라고 믿어서 속으로 타오르는 불길을 간과했다. 아무리 한탄하고, 황제의 즉위선서[1]에 버금가는 서약을 하고, 정부가 갖가지 희망과 약속과 위협을 담은 결의를 발표해도 때는 너무 늦었다. 제국체제의 균형이 무너지고, 능력과 속셈이 천차만별인 크고 작은 신분집단의 나태함과 이기심과 무기력으로 인해 국가의 통치체제 전반이 혼란에 빠졌다. 이 모든 상황에 더하여 서적 유통의 독립성과 정치적 성향, 수많은 문필가의 자유와 방종, 모든 신분의 사람들의 지칠 줄 모르는 독서 열기 등으로 인해 이제 그 어떤 조치도 마치 랸 캬(Ryan Kyaw 장군[2]이 "두더지가 들판을 파헤치지 않도록 하려면 들판을 돌로 포장해야 한다"라고 했다는 농담처럼 사후 약방문 격이 되었다.

적절한 조치를 취할 수 있는 때는 이미 지났고, 이제는 빛을 가리려고

---

1 신성로마제국 황제를 선출하는 선제후(選帝侯, Kurfürst)로 구성된 선거인단 앞에서 황제가 즉위할 때 자신의 권리와 의무에 대해 서약하는 것을 가리킨다. 이 선서에는 선제후의 권리를 보장하는 약속도 포함되어 있기 때문에 결과적으로 황제의 즉위선서는 선제후들에게 권한을 분산시키고 이양하는 계기로 작용했다.

2 작센 공국(公國)의 총사령관 프리드리히 빌헬름 폰 캬(Friedrich Wilhelm von Kyaw, 1654~1733)를 가리킨다.

해도 너무 늦었다. 이제는 그 빛이 단지 환하게 비추는 빛만 발할 것인지 아니면 불을 일으켜 태워버릴 것인지가 관건이다.

일반 시민들과 농부들이 법적 권리와 신의 뜻에 의해 마땅히 알아야 할 것을 알도록 허용해도 좋은가 하는 문제는 의문의 여지 없이 그들의 당연한 권리이다. 그들은 어떤 경우에도 해결책을 찾을 줄 알며, 실제로 이미 해결책을 찾고 있다. 이제 중요한 것은 이들이 마땅히 알 권리가 있는 내용을 과연 제대로 알고 있는지, 아니면 그들이 자신들의 권리를 광적인 망상과 결부시키고 있지는 않은지 하는 문제에 대해 민중의 목자이자 아버지인 통치자들이 과연 무관심할 수 있고 무관심해도 무방한가 하는 것이다. 만약 그들이 망상에 빠져 있다면 진리를 오류로 변질시키고, 애초에는 해롭지 않아 보이던 오류를 정도에서 벗어나 위험한 결과를 초래하는 나쁜 길로 몰아가서 결국 목자와 가축 무리를 함께 파멸시키는 결과에 이를 수도 있다.

사정이 이러하기 때문에 당국이 황제와 제후들의 칙령으로 폭동을 사주하는 글의 발표를 금지하면서도 정작 이에 대처하는 개선책을 전혀 제시하지 못하는 것은 기이한 일이다. 단지 명령을 내리는 것만으로는 타오르는 불길을 잡을 수 없고, 제때에 대처하지 못한 일을 뒤늦게 묘수를 쓴다고 해서 만회하지는 못한다. 물론 통치자들은 아예 불이 일어나지 않거나 불이 저절로 꺼지기를 바라 마지않을 것이다. 하지만 그런 기대는 현실과 어긋나고 사리에 맞지도 않기 때문에 자기 집이 안전하지 않고 불이 붙기 쉬운 가연성 재료들이 사방에 널려 있다는 것을 아는 사람이라면 적어도 사태를 우연에 내맡기지 말고 불씨가 정말 화재로 번질 것인가를 면밀히 숙고해야 할 것이다. 이런 일에는 요란스럽게 힘으로 대처하기보다는 소소한 가정상비약이 대체로 더 확실하고 신속한 효과를 본다.

그런데 군주들이 소홀히 하고 과소평가하고 심지어 얕잡아 보는 것이 바로 그처럼 사소하고 눈에 띄지 않는 가정상비약이다. 군주들은 아첨꾼과 예스맨, 임시변통을 일삼고 눈도장이나 찍는 자들을 우대하고 치하한다. 눈에 띄지 않는 곳에서 조국에 닥칠 재난을 걱정하고 타락의 원인을 탐구하고 심사숙고하여 마침내 절박한 심정으로 경고의 목소리를 내는 현명한 사람들에겐 관심도 없고 조언을 구하지도 않으며 격려를 하지도 않는다. 그런 사람은 무시되고 조롱거리가 되고 허황된 몽상가라고 비웃음을 살 뿐이다. 세상이 이들을 알아보지 못하기에 이들은 앞으로 나서지 않고 오히려 뒷전으로 물러서며, 조용히 숨어 지내는 데서 행복을 느끼고 그들이 할 수 있는 능력껏 묵묵히 선을 행하는 것으로 만족한다. 궁정 홀에서는 이들을 찾을 수 없으니 궁정 밖으로 이들을 찾아가야 한다. 하지만 일단 이들이 입을 열면 그것은 선동의 말이 아니라 지혜와 인간애에서 우러나오는 경고의 말이다.

조국애의 신성한 열정에 불타는 그런 고결한 사람들이 있다면 군주에겐 복된 일이다. 그들은 너무나 순수하고 추호도 사심 없는 열정으로 자신의 목소리를 내며, 다른 사람들이 귀담아듣건 말건 개의치 않는다. 물론 그들도 처음에는 자신들의 목소리를 들어주기를 바라겠지만, 그들 자신에게 닥칠 위험이나 불쾌한 일에는 아랑곳하지 않고 자발적으로 용기를 내어 침몰하는 조국의 위기에 정면으로 대응하며, 영웅 쿠르티우스[3]처럼 배은망덕과 오해와 조롱의 희생양이 되는 것도 불사한다.

---

3 쿠르티우스(Curtius). 고대 로마의 전설적인 전사로, 로마 광장 바닥이 지진으로 갈라지자 완전무장을 한 채 말을 타고 그 구덩이로 뛰어들어 자신을 희생함으로

그처럼 인간애와 위엄이 넘치는 목소리는 정치 모리배들이 나불대는 소리와는 얼마나 다른가? 또한 애국자인 양 행세하면서 여기저기 기웃거리는 시정잡배들의 호객행위와는 얼마나 다른가? 그런 자들의 위선적 기만[4]은 역겹고 불쾌해서 고개를 돌리게 된다. 일단 화재가 발생하면 화재를 알리는 나팔은 단 하나의 소리만 내며, 화재경보를 울리는 타종 소리도 한 가지뿐이다. 이처럼 화재를 알리는 한 가지 소리를 계속 울리는 것이 맥 빠지고 영혼이 없는 온갖 한탄을 늘어놓는 것보다 훨씬 더 모든 사람의 주의를 끌고 충격을 준다.

에발트[5]가 올바르게 말했듯이 "글을 읽는 독자층은 일반 대중과는 전혀 다르다." 의사소통을 위해서는 쌍방이 있어야 한다. 다시 말해 말하는 사람과 그것을 이해하고 믿는 사람이 있어야 한다. 특히 이 말은 때로는 군주를 깨우치고 경고하며 또 일반 대중을 진정시키고 그들과 의사소통을 하기 위해 발표되는 글들이 과연 어떤 정신과 계획과 목적에 따라 집필되는가 하는 차이를 따질 때도 타당하다.

그 글 중 일부는 너무 추상적이고 철학적이어서 일반인은 결코 이해할 수 없을 뿐만 아니라 상류층도 깊은 의미를 파악하고 온전한 가치를

써 갈라진 땅을 다시 메워 로마를 구했다고 전해진다.

4 [원주] 이처럼 위선적인 사기꾼들의 사례로 성경에서 악귀 들린 자들의 이야기를 떠올릴 수 있을 것이다. 「사도행전」 19장 13~16절 참조: "이에 돌아다니며 마술하는 어떤 유대인들이 시험 삼아 악귀 들린 자들에게 주 예수의 이름을 불러 말하되 내가 바울이 전파하는 예수를 의지하여 너희에게 명하노라 하더라./유대의 한 제사장 스게와의 일곱 아들도 이 일을 행하더니/악귀가 대답하여 이르되, 내가 예수도 알고 바울도 알거니와 너희는 누구냐 하며/악귀 들린 사람이 그들에게 뛰어 올라 눌러 이기니 그들이 상하여 벗은 몸으로 그 집에서 도망하는지라."

5 요한 루트비히 에발트(Johann Ludwig Ewald, 1748~1822). 독일의 계몽사상가이다.

평가하는 데 어려움을 겪는다. 이런 종류의 글은 '작은 보물'이라 불릴 수 있으며 다급할 때 꺼내어 쓰는 비상금에 견줄 수 있다.

또 다른 종류의 저술들은 학문적 연구와 실용적 지침서 사이의 중간적 성격을 띤다. 그러나 그런 저술은 첫 번째 범주에 더 가깝고, 그래서 항상 중요한 가치와 유용성을 겸비하고 있다. 그렇지만 이론과 실용적 지식이 너무 강하게 결합되면 흔히 이런 부류의 저술이 유발하는 효과, 즉 머리보다는 가슴에 더 와닿는 효과를 감소시키게 된다. 저자가 세상과 인간에 대해 생생한 지식을 갖고 있고 하층민의 애로사항을 자신의 경험으로 깨우치면 그런 효과가 장점을 발휘할 수 있게 마련이다.

또 다른 부류의 저술은 완전히 실용적이어서 잘못된 것을 뿌리까지 파헤치고 환부를 꼬집어서 지적하기 때문에 제후들을 허튼소리로 기만하지도 않고 일반 대중에게 아부하지도 않는다. 이런 저술은 매사에 공정하고 정직하며, 인간애와 다정다감한 마음으로 다루는 대상을 남김없이 철저히 사고한다. 또한 어조가 무미건조하지만 진실하며, 미사여구에 신경 쓰지 않고, 검은 것은 검다고 하며, 진솔한 확신에 찬 어조로 말한다. 이런 저술은 어떤 문제를 다루든 거침없이 진실을 말한다. 그래서 조국을 치유하는 의사와 조력자와 구원자가 되겠다는 신념을 지키는 것 말고는 다른 어떤 보상도 바라지 않으며, 이러한 저술 기준에 따라 올바른 판단을 내릴 사람에게 읽히는 것으로 만족한다.

마지막 유형의—'마지막 유형'이라고 해서 결코 하찮다는 뜻은 아니다—글들은 쉽게 이해되고 대중성과 진솔함을 특징으로 하는 짧은 글이다. 이런 유형의 글은 원래 이른바 '보통 사람'을 깨우치거나 마음을 다독이고 바로잡아 주기 위해 쓴 것으로, 가능하면 저렴한 값으로 일반 대중에게 전파하고 가능하면 무상으로 제공하기 위한 것이다. 이런 글은 짧고 단순하고 소박할수록 좋다. 일찍이 마르틴 루터Martin Luther가 설교자들에게 요구했듯이 이런 글은 무지렁이도 이해할 수 있도록 쉽게 읽혀야 한다.

이른바 '팸플릿'이라 불리는 이런 글은 가볍게 날려서 뿌릴 수도 있기 때문에 금지할 수가 없다. 하지만 날려 보내면 그것으로 끝이다. 그렇게 날려 보낸 글이 온순한 비둘기를 맞힐 수도 있고 사나운 맹금류를 맞힐 수도 있다. 여러 지역에서 그러듯이 경솔하고 무분별하게 검열조치를 취하면 그런 일이 벌어지기 십상이다.

새로 도입된 언론 자유 제한조치에 대하여

요한 고트프리트 팔

요한 고트프리트 팔Johann Gottfried Pahl, 1768~1839은 알트도르프에서 개신교 신학을 공부하고 하급 성직자와 관리를 거친 후에 교구 총감독이 되었다. 익명으로 귀족의 특권을 비판하는 글을 발표하였고, 정치개혁을 주장하는 잡지를 발행하다가 금서 처분을 받기도 했다. 1792년에 발표한 아래 글에서 팔은 언론 자유의 제한이 지식의 진보와 정신의 발전을 가로막고 민족정신의 쇠퇴와 야만을 초래한다고 비판한다. 특히 독일에서 언론 자유의 남용이 가져올 폐해를 과장하여 여러 제한조치를 취하지만, 오히려 언론 자유를 무제한으로 허용하면 그런 폐해가 자연스럽게 정화될 수 있다고 본다.

세상의 만물은 양면성이 있다. 따라서 단 하나의 관점에서만 관찰하면 올바른 평가를 할 수 없다. 하나의 관점에서만 관찰하면 사태의 좋은 면이나 나쁜 면만 보게 되어 일면적이고 부당한 판단을 내리기 때문이다. 원래 좋은 의도를 가진 선한 사람들도 더러는 언론 자유의 제한이나 확대에 관한 문제를 다룰 때면 바로 그런 우를 범한다. 그들은 언론 자유의 남용으로 생길 수 있는, 실제로 종종 생겨나는 부정적인 결과만을 보고 판단하며, 언론 자유를 허용함으로써 낳은 바람직한 결과는 보지 못하는 까닭에 무조건 언론 자유를 엄격히 제한해야 한다고 생각하는 것이다.

무제한적인 언론 자유가 인간 사회에 이롭지 않다는 우려를 낳는다는 사실은 부인할 수 없다. 우리 인간의 격정을 제어하지 않고 여과 없이 분출하면 흔히 아주 위험한 결과를 초래하고 인간의 정신은 걷잡을 수 없는 혼란에 빠진다. 제한이 없으면 작가들이 신앙을 무너뜨리고 윤리를 타락시키는 원칙을 유포할 수 있고, 그 결과 도덕이 땅에 떨어지고 시민생활의 안녕이 저해될 수도 있다. 또한 신망과 공적을 쌓은 사람에 대해서도 치욕스러운 비방이 유포될 수도 있다. 그렇게 되면 공개적으로 발표되는 글들은 인간의 격정을 쏟아내는 아수라장이 될 것이다. 그런데 언론의 자유를 제한하면 과연 어떤 결과가 벌어질까? 내가 전적인 확신을 가지고 진리라고 여기는 것을 공개적으로 표현할 수 있는 권리는 인간이 타고난 양도 불가능한 권리이다. 여기서 새삼스레 이 원칙을 재론하지는 않겠다. 언론의 자유를 적대시하는 사람들은 이 원칙을 부당한 전제라고 파기하고, 내가 복잡한 문제를 마치 고르디우스의 매듭을 자르듯 처리한다고 비난할지도 모르겠다. 그렇지만 내가 말할 수 있는 것은, 언론 자유의 제한이 언론 자유의 무제한적 확대보다 오히려 더 해롭고 위험한 결과를 초래한다는 것이다! 그리고 언론 자유의 제한이 초래하는 결과는 필연적이지만 언론 자유의 확대가 초래하는 부정적 결과는 어쩌다 생겨나는 우연적이라는 것이다!

학문의 수준은 갈수록 진보하고, 인간 정신의 시야는 세대를 거듭할수록 넓어진다. 어떤 학문 분야에서 모든 탐구가 완벽하게 이루어져서 더 이상 탐구할 여지가 없다는 것은 있을 수 없는 일이다. 새로운 탐구는 새로운 시야를 열어주고, 우리보다 먼저 탐구했던 사람들의 관찰을 수정하거나 확장하거나 더욱 공고히 해준다. 따라서 어느 한 지점에 멈춰 있으면 학문의 진보는 정체되고, 인간의 능력을 시험하고 선행 연구의 결과에 따라 판단할 수 있는 인간의 정신력은 와해될 것이다. 그러면 인간의 도덕성도 무기력해지고 둔해져서 결국 무지막지한 야만상태를 초래하게 될 것이다.

　언론 자유에 대한 지나친 제한은 바로 그런 결과를 초래한다. 지식의 진보는 언론 자유의 제한으로 인해 제지당하고, 정신의 발전은 가로막히며, 계몽의 확산은 저지되고, 한 민족의 정신은 타성에 빠지고 민족의 개성은 타락한다. 이것은 관념적 추론이 아니고 생생한 경험이 입증한다. 언론의 자유를 최대한 누린 민족은 언제나 더 계몽되고 더 깊은 통찰력을 발휘해 왔다. 그리고 언론의 자유를 박탈당한 민족은 언제나 가장 무지하고 정신적 수준이 낮고 조급하다. 예컨대 영국과 스페인, 프랑스와 이탈리아, 브란덴부르크와 바이에른을 비교해 보라.

　근래에 와서는 우리 독일도 이성과 경험의 목소리에 귀를 기울이기 시작했다. 그런데 독일에서는 여전히 언론 자유의 남용이 가져올 위험을 너무 확대해석하고 언론 자유가 혹시라도 초래할 해로운 결과를 너무 나쁜 쪽으로만 생각해서 건전한 이성에 따라 허용되어야 마땅한 언론의 자유가 극히 제한된 지역에서만 용인되고 있으며, 그나마도 크고 작은 제한이 가해지고 있는 실정이다. 모든 글을 사전검열 없이 출판해도 좋다고 허용하면 엄청나게 선심을 쓴 것으로 생각하지만, 그 경우에도 글의 저자가 실명과 글의 성격을 밝혀야 한다는 제한이 따라붙는다. 정직한 사람이라면 자기 이름을 숨길 이유도 없고, 진리를 설파하는 사람이 빛을 두려워할 이유도 없다는 것이다.

당국은 이런 제한 조치를 통해 언론 자유의 합당한 활용이 가져올 유익한 결과를 방해하지 않고서도 언론 자유의 남용을 손쉽게 막을 수 있다고 생각한다. 굳이 언론 자유를 제한하려 한다면 이런 방식의 제한이 언제나 가장 부작용이 적고 이성적인 조치일 것이다. 이런 제한은 인간의 정신을 강제할 우려가 적고, 따로 검열위원회를 소집할 필요도 없다. 따라서 국가의 공민은 인간의 지혜를 억누르는 폭군의 악역을 맡을 필요도 없다. 그리고 선동적인 글로부터 국가의 안위를 지켜주고, 타락을 부추기는 글로부터 신앙을 지켜주며, 시민들을 비방으로부터 지켜주고, 다른 방식의 언론 자유 제한조치에 비해 학문의 진보를 가로막을 위험이 적다. 그렇긴 하지만 이런 제한조치도 무제한적인 언론 자유에 비하면 훨씬 큰 불편을 초래하는 것도 사실이다.

민족의 지도자들이 아직도 계몽적 각성을 하지 못하고 미신과 독단이 판치는 전제국가에서는 언론 자유의 제한이 다른 여러 가지 자유의 제한만큼이나 해악을 끼치고 학문의 발전을 가로막는다. 그런 나라에서는 탁월한 통찰력을 지닌 지성인조차도 온갖 불쾌한 일에 말려들고, 그의 시대가 제공하는 모든 행복을 망칠 수밖에 없다. 그런 지성인이 진리를 가르치려 하면 애초부터 전제군주의 엄격한 통치원칙과 충돌하고 독단적인 성직자의 권위적인 교리와 충돌하기 때문이다. 그런 나라에서는 누구나 자신의 신념을 애써 감춰야 하고, 기세등등한 무지몽매와 광신주의에 희생되지 않도록 조심해야 하는 것이다. 그런 상황에서는 언제나 똑같은 수준의 인식과 지혜만 반복해서 말하게 되며, 그 정도까지는 언론 자유가 보장되는 것 같지만 사실은 독자를 우롱하는 것에 불과하며, 독자의 관심을 끄는 것 같아도 사실은 독자를 잃는 것이다.

그렇지만 계몽된 민족과 온건한 정부의 경우에도 사정은 거의 비슷하다. 그런 나라에서도 국민 대다수가 종교의 이름으로 존중하지만 실상은 근거 없는 편견에 불과한 견해를 누가 감히 건드리고 적나라하게 폭로할 수 있단 말인가? 그렇게 바른말을 하면 국민과 위정자들에게서 고맙다는 말을 듣기는커녕 호되게 비난을 받을 게 뻔하지 않은가? 군주와 그 신하들의 분노를 자극할 게 뻔한데 누가 감히 정치의 순수한 원칙을 설파하고 국법國法의 취약점과 오류를 설득력 있고도 겸손하게 들춰낼 수 있겠는가? 누가 감히 상류층의 어리석음과 우스꽝스러운 모습을 드러내고 그들의 악덕을 꼬집어 말할 수 있겠는가? 인류의 축복을 위해 이 모든 것을 과감히 밝힌 것은 이름을 꽁꽁 숨긴 문필가들이었고, 지금도 여전히 사정은 마찬가지이다.

우리 시대의 역사에서 분명히 알 수 있듯이 지금 우리가 경험하는 계몽의 기초는 익명의 문필가들이 닦아놓았고, 18세기 후반에 일어난 유익한 정신혁명의 신호탄을 쏘아올린 것도 그들이었다. 예수 그리스도의 신성한 가르침에 대해 우리가 보다 순수한 사고를 할 수 있게 된 것도 수많은 미지의 필자들이 민족정신에 영향을 주었기 때문 아니던가? 대다수의 사람들은 이름도 모르는 고결한 이들의 결사가 이전까지 가톨릭이 지배하던 독일 전역에 광명의 빛을 비추지 않았던가? 우리의 동시대인들이 거침없이 쏟아내는 말들이 그 필자의 이름을 밝힌 채 공표되어도 과연 그렇게 많은 독자들을 사로잡을 수 있겠는가? 누구나 자신이 발표하는 글에 이름을 밝혀야 한다면 과연 독일 민족이 이토록 자기 생각을 분명히 표현할 수 있겠는가? 이름을 숨기는 익명성이 한 민족의 계몽을 촉진하고 정신적 성장의 향상을 막강하게 뒷받침한다는 증거는 충분하다. 마찬가지로 언론 자유의 억압이 계몽과 정신의 성장을 가로막고 지체시킨다는 증거도 충분하다.

그렇다면 모든 필자의 실명을 밝히는 방식으로 언론 자유를 제한하는 법률이 과연 무슨 이득이 되겠는가? 이러한 사태는 수많은 다른 법률을 오늘 공공건물에 내걸고 공표해도 내일이면 법을 위반해도 아무런 처벌도 받지 않는 것과 다를 바 없지 않은가? 법을 위반하는 자는 아무리 예리한 경찰도 찾아내지 못하는 은밀한 구석에 숨어 있지 않은가? 만약 익명의 글을 몰래 인쇄하고 은밀히 유포하는 행위를 금지하려 든다면 엄청난 비용을 들이고도 아무런 실효성이 없는 조치를 취하는 셈일 것이다. 예컨대 모든 인쇄소와 서점에 상주 감시인을 두어야 할 것인데, 아무리 그래도 은밀한 유통을 막지는 못할 것이다. 아무리 인간의 정신에 무거운 족쇄를 채우고 이성의 자유로운 사용을 신성모독이나 친부 살해보다 더 중대한 범죄로 간주하는 국가라 하더라도 그처럼 보람없고 비용만 드는 조치를 취하지는 못할 것이다.

이렇게 볼 때 언론 자유를 무제한으로 허용하는 일은 거의 불편함을 초래하지 않는다. 그러므로 누구나 자신의 신념을 공공연히 표현하도록 허용하는 것이 타당하다. 그러면 진리는 더욱 찬란히 빛날 것이고, 설령 그릇된 생각이 표출되더라도 진리가 더 막강하기 때문에 거뜬히 제압할 수 있을 것이다. 언론 자유가 남용된다고 해도 겁먹을 필요도 없다. 왜냐하면 오랜 원칙에 따라 판단하건대 어떤 사안의 긍정적 활용이 남용으로 인한 해악을 막을 수 있으므로 남용이 긍정적 활용을 제지하지는 못하기 때문이다. 그리고 남용을 제한하다 보면 활용의 순기능을 방해할 수도 있다. 결투에서 서로 다치지 않게 한답시고 병사의 칼을 무디게 하면 정작 전투에서는 칼이 쓸모가 없어지는 법이다. 또한 맛이 강한 음료를 과다 복용하지 않도록 물로 희석하면 정작 적정량을 마실 때의 맛도 사라지게 마련이다.

지상의 모든 위대한 군주가 언론 자유에 관해 스웨덴의 구스타프 왕[1]처럼 현명하게 판단하기 바란다. 구스타프 왕은 다음과 같이 몇 마디의 말로 언론 자유를 가장 설득력 있게 옹호한 바 있다.

찰스 1세[2]가 단두대에서 처형당할 때 영국에는 언론의 자유가 없었다. 또한 제임스 2세[3]가 선대로부터 물려받은 왕권을 탐욕스러운 사위에게 내줄 때도 언론의 자유가 없었다. 그러다가 윌리엄 3세의 재위 말기에, 또는 하노버 왕가가 ― 하노버 왕가는 이전의 왕가보다 더 영광되고 공고하게 영국의 왕권을 확립했다 ― 왕위를 계승하던 무렵부터 비로소 언론의 자유가 생겨났다. 이제 왕은 언론의 자유를 통해 진실을 알게 되었다. 이전까지는 너무나 용의주도하게, 유감스럽게도 종종 왕을 회피함으로써, 진실이 은폐되었던 것이다. 언론의 자유 덕분에 관리들은 이제 응분의 찬사를 거짓 없이 들을 수 있게 되었고, 또한 자신들의 행위에 대한 잘못된 해석을 백성들에게 바로잡아 줄 기회를 얻게 되었다. 그리고 마침내 백성들도 확실하게 탄원할 수 있는 기회를 얻게 되었다. 백성들은 안심하고 탄원할 기회를 얻는 동시에 때로는 자신들의 탄원이 부적절하다는 것

---

1 아돌프 구스타프(Adolf Gustav, 1594~1632), 즉 구스타프 2세를 말한다.

2 찰스 1세(Charles I, 1600~49). 영국 스튜어트 왕가의 왕이다.

3 제임스 2세(James II, 1633~1701). 명예혁명으로 축출되어 프랑스로 망명한 영국 왕이다.

을 깨우칠 수 있는 기회도 생겼다.[4]

---

4 [원주] Schlözer Briefwechsel, 7. Heft, 57쪽 이하.

유럽 군주들에게 사상의 자유를
회복할 것을 촉구함

요한 고틀리프 피히테

요한 고틀리프 피히테Johann Gottlieb Fichte, 1762~1814는 익명으로 발표한 『계시종교 비판 시론』Versuch einer Kritik aller Offenbarung, 1792으로 유명해졌다. 이 책은 처음에는 칸트의 저서로 오인되었으나, 칸트는 자신의 저서가 아님을 밝히면서 저자 미상의 이 책을 매우 높이 평가하였다. 피히테는 1794년 괴테의 주선으로 예나대학 교수로 초빙되었으나, 공화주의를 열렬히 옹호하고 계시종교를 비판하는 입장 때문에 무신론자로 몰려서 1799년 교수직에서 물러나야 했다. 그 후 에를랑겐대학과 쾨니히스베르크대학 교수로 있다가 1810년 베를린대학이 설립되면서 베를린대학 인문학부 학장으로 취임하였다.

아래에 소개하는 글은 피히테가 정치 문제를 다룬 첫 번째 글로, 피히테 자신이 '가장 아끼는 글'이라 자평하기도 했다. 이 글은 1788년 프로이센이 사상통제를 강화하는 종교칙령과 검열칙령을 반포한 것에 대한 비판적 대응의 성격을 띠고 있다. 1793년 이 글이 단치히에서 익명으로 출간될 당시 출판 연도와 지명을 "해묵은 어둠이 드리운 마지막 해에 태양의 도시에서"라고 표기하여 반동적 시대 조류에 맞서 진리의 빛을 옹호하려는 결연한 의지를 표명했다.

이 글에서 피히테는 양심의 자유, 사상의 자유, 표현의 자유가 그 어떤 권력에 의해서도 제한될 수 없는 양도 불가능한 권리이며, 검열은 양도 불가능한 권리에 대한 침해이므로 이에 맞서 싸우며 진리 탐구에 매진하는 것이 곧 계몽의 과제임을 역설하고 있다. 군주는 사회계약에 의해 부여된 임무를 이행하는 역할에 충실해야 한다고 보는 점에서 철저히 공화주의적 입장을 견지하고 있다.

"저의 죄를 어둠으로 덮어주시고, 저의 거짓을 구름으로 가려주소서!"[1]

서언

학식 있는 사람들 중에는 자신이 어느 정도 힘을 실어 쓴 모든 글에 열변조의 수식어를 달아 자신의 생각이 철저하다는 것을 주지시키려는 사람들이 있다. 지금 내가 쓰고 있는 글이 어쩌다가 그런 철저한 사람들의 수중에 들어갈지도 몰라서 미리 고백하자면 이 글은 여기서 다루려는 방대한 주제를 철저히 파헤치려고 쓴 것이 아니다. 이 글은 오히려 이 주제에 관해 충분히 숙지하지 못한 독자 대중을 위해 쓴 것으로, 이

---

1 Noctem peccatis, et fraudibus objice nubem. 호라티우스의 『서한집』(제1권 16장 62절)에 나오는 말이다. 고대 로마에서 대중의 존경을 받은 어느 선한 사람이 이렇게 외쳤다고 한다. "자애로운 라베르나 여신이여, 저에게 거짓말을 할 능력을 주소서! 제가 짐짓 공명정대한 체할 수 있게 해주소서! 저의 죄를 어둠으로 덮어주시고, 저의 거짓을 구름으로 가려주소서!" 로마 신화에서 라베르나(Laverna) 여신은 지하세계의 신 중 하나로, 사기꾼과 도둑의 수호신이다.

글을 읽는 독자들이 적어도 그들의 높은 식견과 강한 목소리로 일반인의 판단에 영향을 주어서 이 글에서 피력하는 생각에 심정적으로 공감할 수 있게 하기를 기대한다. 이 글의 독자들에게는 철저한 논변으로 호소하기 어렵다. 앞에서 언급한 철저한 사람들이 이 글에서 확고하고 깊이 있는 체계의 흔적을 발견하지 못하고 더 숙고할 가치가 있는 단서를 찾지 못한다면 그 책임은 부분적으로 이 글 자체에 있을 것이다.

　이 시대의 두드러진 특징 중 하나는 사람들이 곧잘 제후와 위대한 사람들에게 책망을 퍼붓는다는 것이다. 제후를 풍자하려는 경솔한 마음에 자극받은 것일까? 아니면 거물들을 비판 대상으로 삼으면 자기 자신을 덩달아 치켜세울 수 있다고 생각하는 것일까? 이 시대에는 대다수의 독일 제후들이 선의와 대중적 지지를 통해 명망을 얻으려 애쓴다. 그리고, 과거에는 신분상의 격식을 차리느라 제후들과 일반 시민들 사이에 엄청난 간극이 생겨났고, 그로 인해 제후들도 성가셔하고 일반 시민들도 불편을 겪었다면, 지금은 제후들이 그런 격식을 없애려고 무척 노력한다. 특히 상당수의 제후들은 학자를 존중하고 학문을 숭상하는 것을 명예로 여긴다. 그래서 제후들을 질책하는 행위는 곱절로 더 돌출되어 보인다. 남을 탓할 게 아니라 자기 자신의 양심을 걸고 자기가 할 일을 확실히 하고 있다는 것을 입증할 수는 없을까? 공인된 유익한 진리의 확산이 우리 자신에게 안겨주는 모든 결과를 진리를 말할 때와 똑같은 품위로 받아들일 줄 아는 확고한 소신을 견지할 수는 없을까? 만약 그럴 수 있다면 우리는 엄중하게 문책을 당하는 제후들의 호의를 믿거나, 아니면 우리 자신이 미미하고 그 어떤 유익한 결과도 내지 못하는 무지몽매에 빠져 있다는 것을 인정해야 할 것이다. 나는 내 주장이나 목소리로 지상의 그 어떤 제후도 모욕할 생각이 없으며, 오히려 제후들을 서로 결속시키고자 한다. 어느 강대국[2]에서는 이 글에서 논하려는 원칙과 상충하는 일이 벌어지고 있다고 사람들은 믿는다. 나도 물론 모르지는 않는다. 그렇지만 또한 나는 이웃의 개신교 국가들에서는 그보다 더한 일이 벌어지고 있다는 것도 익히 알고 있다. 그럼에도 그 나라 사람들이 특별히 항의하지 않는 것은 예로부터 이런 일에 익숙했기 때문이다. 나는 실제로 벌어지고 있는 일을 공정하게 판단하는 것보다는 이 문제가 어떻게 개선되어야 하는가를 탐구하는 것이 더 쉽다는 것을 알고 있다. 그리고 나는 실제로 어떤 일이 벌어지고 있는가를 철저히 판단할 수 있는 근거자료를 충분히 확보할 수 있는 처지에 있지 않다. 또한 나는 비록 모든 사실 자체를 변호할 수는 없더라도 이 문제를 탐구하는 동기 자체는 고결할 수 있다는 것을 알고 있다. 오랫동안 글을 출판할 기회를 쉽게 얻은 덕에 출판 지면의 소중함을 잘 모르지만, 나는 이번 기회에 혹시라도 출판을 막으려는 시도가 있다 하더라도 출판 지면을 소중히 여기고 적극적으로 활용할 수 있도록 후의를 입은 것에 경의를 표한다. 보기 드문 대범한 판단으로 출판의 기회를 제공한 당사자와 그의 친구들이 오해와 비방과 미움을 받을 위험에 노출된다 하더라도 그것은 계몽을 촉진하고 고무하기 위함일 따름이다. 나 자신은 이 글을 발표함으로써 이 글이 출판과 유통을 통해 성직자 등에게 보급되어 나의 의도가 순수하다는 것을 입증할 수 있는 절호의 기회가 모든 나라에 제공될 것임을 익히 알고 있다. 이 글을 출판하고 보급하는 나라는 결코 계몽을 억압하려 들지 않을 것이다. 만약 내 생각이 틀리다면 진리를 사랑하는 크란츠[3] 씨는 서슴없이 나를 반박할 것이다. 내가 실명을 밝히지 않는

---

2 프로이센을 가리킨다.

이유는 문학적인 치장을 위해서가 아니라 문필가의 양심을 지키기 위함이다. 나의 실명을 물을 권리가 있고 정당한 방식으로 실명을 묻는 사람에겐 거리낌 없이 나의 실명을 공개할 것이며, 때가 되면 누가 묻지 않아도 실명을 밝힐 것이다. 루소가 말했듯이 "정직한 사람이라면 자기가 쓴 것을 마땅히 인정해야 한다."[4]

국가체제가 완전히 붕괴된 상태보다는 그래도 절대 다수의 국가에서 지금의 국가체제가 유지될 때 국민들이 겪는 고난이 훨씬 덜할 것이다. 이 글에서 이 문제는 따로 논하지 않겠다. 단지 국민들이 지금의 국가체제를 감내하고 있다는 사실을 언급하는 것으로 족하며, 사실 마땅히 감내해야 한다. 지금의 국가체제로 운영되는 이 나라는 힘들게 일해서 유지되고 있다. 쾌락을 즐기며 유지되는 나라는 지구상에 존재하지 않는다. 지금 국민들이 겪는 고난은 힘을 발휘하기 위한 채찍질이 될 것이며, 고난과 싸우며 힘들게 승리를 성취할 때 미래의 기쁨은 배가될 것이다. 인류는 고난을 감내해야 하지만 그렇다고 고난이 고착되어서는 안 된다. 국민 모두에게 고난을 안겨주는 지금의 정치체제가 지금까지는 지금 수준 이상으로 개선되지 못했지만 앞으로는 점점 더 개선되어야 할 것이다. 인류의 역사를 추적해 보면 과거에도 늘 그러했고 앞으로도 그렇겠지만, 국가의 정치체제는 두 가지 방식으로 개선된다. 즉 폭력적인 도약을 통해서 개선되거나 아니면 점진적이고 안정적인 진보를 통해서 개선된다. 폭력적인 국가전복과 변혁을 통해 국민들은 불과 반세기 만에

---

3 아우구스트 프리드리히 크란츠(August Friedrich Cranz, 1737~1801). 언론인으로 프로이센의 검열 정책을 옹호했다.
4 루소의 『쥘리, 신(新)엘로이즈』 「서문」에 나오는 말이다.

10세기 동안 전진한 것보다 더 멀리 나아갈 수 있다. 그렇지만 그 반세기는 고난에 찬 힘든 세월이 될 것이며, 오히려 10세기 동안 전진한 만큼 거꾸로 퇴보하여 천 년 전의 야만으로 떨어질 수도 있다. 세계사는 이 두 가지 경우를 모두 입증해 보였다. 폭력적인 혁명은 언제나 인류의 대담한 모험이었다. 만약 폭력 혁명이 제대로 성공하면, 승리를 쟁취하기 위해 시련을 감내할 가치가 있을 것이다. 그렇지만 폭력 혁명이 실패하면, 혁명의 고난보다 더 큰 고난이 닥쳐올 것이다. 계몽을 촉진하여 국가체제를 개선하기 위해서는 점진적인 진보가 더 확실한 방법이다. 그런 진보는 진행하는 동안에는 눈에 덜 띄게 마련이다. 그렇지만 뒤돌아보면 기나긴 여정을 전진해 왔다는 것을 알게 될 것이다. 그런 식으로 금세기의 인류는, 특히 독일에서, 특별히 이목을 끌지 않고서 기나긴 여정을 전진해 왔다. 고딕식 건축물이 여전히 도처에 눈에 띄는 것은 사실이다.[5] 그 옆에 새로 지은 건축물이 온전한 모습으로 완성되기까지는 아직 요원하다는 것도 사실이다. 그렇지만 새로 지은 건축물이 버젓이 존재하고, 그 안에서 사람들이 살기 시작했으며, 오래된 도둑들의 성들[6]은 폐허가 되었다. 방해를 받지 않는다면 사람들은 점차 그런 성들을 비울 것이며, 빛을 꺼리는 부엉이나 박쥐의 보금자리로 내줄 것이다. 그리고 새로운 건물이 갈수록 늘어나서 점차 질서정연한 전모를 갖추게 될 것이다.

이것이 우리가 추구하는 미래의 전망이다. 그런데 대체 누가 사상의 자유를 억압해서 우리의 전망을 탈취하려는가? 우리가 과연 순순히 우리의 전망을 빼앗길 것인가? 인간 정신의 진보를 억누르는 것은 오직 두

---

5   중세의 낡은 제도가 아직도 많이 남아 있다는 것을 비유적으로 표현한 것이다.
6   백성을 착취하고 억압하는 폭군들의 성을 가리킨다.

가지 경우에만 가능하다. 첫 번째 경우는 우리 자신이 현재 상태에 안주하고, 불행을 줄이고 행복을 고무하려는 일체의 노력을 포기하고, 우리가 넘어서는 안 될 한계를 스스로 설정하는 것이다. 하지만 그럴 개연성은 아주 적다. 보다 개연성이 있는 두 번째 경우는 억눌렸던 본성이 일거에 폭발해서 앞길을 가로막는 모든 것을 파괴하고, 억압자들에게 잔혹하게 복수하는 것이다. 그것이 곧 혁명의 길이다. 우리는 최근에 벌어진 그런 끔찍한 활극[7]에 아직 제대로 대처하지 못하고 있다. 눈앞에서 벌어진 그 활극이 인간 정신의 순조로운 흐름을 가로막고자 쌓아 올린 제방에 더 늦기 전에 물길을 내어서 제방이 일거에 무너져 주위의 들판을 끔찍하게 초토화시키지 않도록 해야 한다.

국민들이여, 다른 모든 것을 다 내주더라도 사상의 자유만은 절대로 내주지 마라! 당신들은 아들들을 거친 싸움터로 내보내고, 그들은 자신을 모욕한 적도 없는 사람들과 목숨을 걸고 싸우고, 전염병으로 몸이 망가지고, 당신들의 평화로운 가정에 전염병을 옮아온다. 그리고 당신들은 굶주린 아이한테서 마지막 남은 빵 한 조각을 빼앗아서 군주의 총애하는 신하가 키우는 개에게 내준다. 그렇게 모든 것을 다 내준다. 그렇지만 하늘이 인간에게 내린 담보물인 사상의 자유는 절대로 내주지 마라. 사상의 자유는 지금처럼 그저 감내하고 견디고 속으로 분을 삭이는 삶과는 다른 운명을 개척하기 위한 담보물이다. 이것만은 반드시 지켜야 한다. 당신들의 아버지 세대가 다음 세대에 전해 주라고 물려준 이 담보물마저 내준다면 후손들은 당신들에게 그것을 되찾아오라고 무섭게 다

---

7 프랑스 혁명정부에서 1793~94년에 로베스피에르(Robespierre, 1758~94)가 주도한 공포정치를 말한다.

그칠 것이다. 당신네 아버지들이 비겁했더라면 당신들은 여전히 정신적 폭군에게 몸과 마음을 다 내맡긴 노예상태에 있지 않겠는가? 당신들이 조금만 단호해도 지킬 수 있는 것을 당신네 아버지들은 피 흘리며 싸워서 쟁취했다.

그렇다고 제후들을 미워하지는 마라. 정작 미워할 대상은 당신들 자신이다. 당신들이 고난을 겪는 첫 번째 원인은 당신들이 제후들과 그들의 조력자들을 과대평가하기 때문이다. 물론 그들이 야만상태나 다름없던 지난 수백 년의 어둠 속을 부지런히 뒤적이는 것은 사실이다. 그렇게 해서 그들은 괜찮아 보이는 통치원리의 한 가닥 흔적이라도 찾아내면 금과옥조를 발견했다고 믿는다. 그리고 자신들이 찾아낸 알량한 통치원리를 기억에 새겨두고는 자못 현명해졌다고 자부한다. 그렇지만 여러분은 확실히 이것만은 믿어도 좋다. 제후와 그 조력자들은 그들이 마땅히 알아야 할 것, 즉 그들 자신의 진정한 소명과 인간의 존엄과 인간의 권리에 대해 여러분 가운데 가장 못 배운 사람들보다도 더 모른다는 것이다. 그들이 과연 어떻게 그런 것을 깨우칠 경험이 있었겠는가? 그들은 그들만의 진리를 갖고 있다. 그들의 진리를 규정하는 것은 보편적인 인간 진리의 바탕이 되는 원칙이 아니라 그들이 통치하는 나라의 정치체제와 상황이다. 그들의 머리는 어린 시절부터 힘들게 보편적 인간의 형태를 취하긴 하지만, 그들만의 진리에 부합하는 지식만이 그들의 머리에 주입된다. 어린 시절부터 그들의 나약한 가슴에 각인되는 원칙은 이것이다. "폐하, 폐하께서 지켜보시는 저 모든 사람이 폐하를 위해 존재하며 폐하의 소유입니다."[8] 그러니 그들이 설령 인간의 존엄과 권리를 경험할 기회가 있다 하더라도 과연 어떻게 제대로 깨우칠 능력이 있겠는가? 그들의 정신은 인간을 나약하게 만드는 허례허식과 일찍부터 빠져드는 관능적

쾌락으로 인해, 그리고 나이 들어 쾌락을 즐길 기력이 쇠하면 미신에 빠져서 활달한 기운을 빼앗긴다. 그래서 역사상 사악한 군주보다 단지 나약한 군주가 훨씬 더 많다는 것을 확인하면 그래도 신의 섭리가 줄곧 기적처럼 작용하고 있다고 믿고 싶은 지경이다. 적어도 나는 제후들에게 없는 악덕은 모두 미덕이라 간주하며, 제후들이 나에게 악을 끼치지 않으면 고맙게 여길 것이다.

그런 제후들은 사상의 자유를 억압하도록 설득을 당한다. 그런데 사상의 자유를 억압하는 것은 국민 여러분이 두려워서가 아니다. 여러분은 얼마든지 원하는 대로 생각하고, 탐구하고, 공공연히 설교를 할 수 있지 않은가! 전제군주를 감싸고 돌며 아첨하는 자들은 여러분에게 신경도 쓰지 않는다. 그들이 부리는 공권력은 너무나 강고하기 때문이다. 여러분이 그들의 요구가 합법적이라고 믿든 그렇지 않든 간에 그들은 개의치 않는다. 그들은 여러분을 능욕하거나 굶기거나 체포하거나 처형함으로써 얼마든지 여러분을 강제로 복종시킬 수 있다. 그렇지만 여러분이 심문을 당할 때 큰 소리로 비명을 지르면—물론 그들은 군주의 귀를 막는 조치를 취하겠지만—언젠가는 비명소리가 군주의 귀에 들어가 군주가 마침내 그 자신과 여러분의 평온을 위하여 무엇이 도움이 될지 깨닫고 현명해질 수도 있을 것이다. 군주의 측근들은 바로 이것을 방해하려는 것이다. 그러니 국민들이여, 이것만은 방해받지 않도록 해야 한다!

외쳐야 한다. 군주의 귀에 들리도록 목청껏 외쳐야 한다. 사상의 자유

---

8 [원주] 루이 15세가 어릴 적에 그의 스승이 운집한 군중을 가리켜 어린 왕자에게 그렇게 말했다고 전해진다.

를 빼앗기지 않겠다고 여러분이 외치는 소리를 군주가 들을 때까지. 이 것을 여러분이 확신한다는 것을 행동으로 그들에게 입증해 보이라. 불손하다고 질책하는 겁박으로 인해 주눅 들지 마라. 여러분이 도대체 무엇에 대해 불손할 수 있단 말인가? 왕관에 박힌 황금과 다이아몬드에 대해? 군주의 곤룡포에 대해? 아니다. 군주에게 불손한 것이다. 여러분이 조금이라도 자신감을 가지면 군주들이 모르는 것을 그들에게 말해줄 수도 있다는 믿음이 생길 것이다.

우리가 겪는 모든 고통의 근원, 모든 불행의 해로운 근원은 군주의 소명이 우리의 행복을 지켜주는 것이라는 가장 뿌리 깊은 선입견이다. 그러니 여러분 모두가 그럴 힘만 있다면 추호도 타협하지 말고 과감하게 그 선입견을 버려라. 그런 선입견이 몰래 잠입해 있는 우리의 지식체계 전체를 구석구석까지 샅샅이 뒤져서 그것이 지상에서 근절될 때까지 추적해서 그 근원인 지옥으로 몰아내라. 무엇이 우리의 행복을 촉진하는지 우리는 알지 못한다. 만약 군주가 그것을 알고 우리를 행복으로 인도하기 위해 존재한다면 우리는 눈을 감고 우리의 지도자를 따라야 할 것이다. 만약 그렇다면 군주는 우리와 더불어 그가 원하는 것을 행할 것이고, 우리가 그에게 물으면 우리의 행복을 위해 그렇게 해야 한다고 다짐할 것이다. 만약 그렇다면 군주는 사람들의 목에 오랏줄을 매고서 이렇게 외칠 것이다. "가만히, 가만히 있어라. 이 모든 일은 너의 행복을 위한 것이다."9

---

9 [원주] 종교재판소의 형리가 돈 카를로스(Don Carlos)의 목에 오랏줄을 매고 이렇게 말했다고 한다. "각자 다른 일을 하는 사람들이 이렇게 똑같은 말을 하다니 참으로 기이하지 않은가!"
[옮긴이주] 스페인의 왕 펠리페 2세(Felipe II, 1527~98)의 아들 돈 카를로스는

아니다. 군주여, 당신은 우리의 하느님이 아니다. 우리는 하느님께 우리의 행복을 기원한다. 우리가 군주에게 바라는 것은 우리의 권리를 지켜달라는 것이다. 당신은 우리에게 자애를 베풀지 않아도 된다. 대신 정의로워야 한다.

본론

야만의 시대는 지나갔다. 국민들이여, 야만의 시대에는 그들이 감히 하느님의 이름으로 당신들에게 선포했다. 너희는 짐승의 무리이니, 하느님이 너희를 지상으로 보낸 까닭은 열 명 남짓한 신의 아들[10]을 위해 그들 대신 짐을 지고 그들의 안락을 위해 하인과 하녀로 봉사하다가 종국에는 도살당하기 위함이라고. 하느님이 너희에 대한 확고한 소유권을 그들에게 양도했다고. 그들은 신의 대리인의 신성한 권리로 너희 죄를 응징한다고. 하지만 당신들은 하느님의 소유물이 아니다. 하느님은 당신들이 다른 누구의 소유도 아니고 당신들 자신의 주인이라는 신성한 권리를 자유롭게 당신들의 가슴에 새겨 넣었다. 당신들은 이것을 아는가? 아직도 모르겠다면 당신들 자신을 그렇게 설득할 수 있겠는가? 또한 그들은 이제 더 이상 감히 당신들에게 이렇게 말하지 못한다. 우리가 너희보다 강하고, 이미 오래전에 너희를 죽일 수도 있었는데 우리가 자비

어릴 때부터 정신장애로 광기를 일으키며 온갖 기행을 일삼았고, 가톨릭을 신봉하는 부왕에 대한 반발로 신교도를 자처하며 신교도 반란군 편에 서기도 했다. 돈 카를로스는 결국 옥탑에 갇혀서 죽었는데, 펠리페 2세가 독살했다는 설도 있다.

10   전제군주를 가리킨다.

로워서 그렇게 하지 않았다고. 너희가 목숨을 부지하는 것도 우리의 선물이라고. 그렇지만 목숨을 공짜로 선사한 게 아니고 빌려준 것이니 너희는 우리의 이득을 위해 살아야 한다는 요구가 부당하지 않으며, 쓸모가 없어진 목숨은 다시 거두어들여야 한다는 요구도 부당하지 않다고. 이런 추론법이 타당하다면 당신들이 강자이고 그들이 약자이다. 그들이 주장하는 강함은 당신들의 수중에 있고, 따라서 당신들이 손을 내려놓으면 그들은 의지할 데가 없고 불행해지기 때문이다. 이제 당신들은 이것을 깨우쳤다. 그들을 벌벌 떨게 하는 역사적 사례[11]가 그들에게도 이것을 깨우쳐주었다. 그러니 당신들이 맹목적이고 도움이 필요하고 무지하다고 그들이 말해도 이제 당신들은 그런 말을 믿지 않는다. 그들이 당신들을 미숙한 어린아이 다루듯이 손을 잡고 이끌어주지 않으면 당신들은 자립할 능력이 없다고 말해도 이제는 믿지 않는다. 그들은 최근에 와서야 당신들 중에 가장 단순한 사람도 범하지 않을 잘못된 추론을 해서 그들이 당신들보다 더 많이 알지 못한다는 것을 보여주었다. 그들이 더 많이 안다고 착각하면 그들 자신과 당신들을 불행에 빠뜨린다는 것을 보여주었다. 당신들은 이제 더 이상 그런 현혹에 넘어가지 않는다. 이제 당신들은 당신들을 지배하려는 군주에게 무슨 권리로 우리를 지배하느냐고 서슴지 않고 묻는다.

전제군주의 하수인 중 몇몇은 그것은 선왕으로부터 물려받은 권리라고 말한다. 하지만 그들은 군주의 가장 현명한 변호인이 아니다. 왜냐하면 지금 살아 있는 군주가 부왕으로부터 그런 권리를 물려받았고, 부왕은 다시 선대 왕으로부터 같은 권리를 물려받았다고 치면, 최초의 왕은

---

11 프랑스 대혁명을 가리킨다.

과연 누구로부터 그런 권리를 물려받았을까? 아니면 최초의 왕은 그런 권리가 아예 없지 않았을까? 만약 그렇다면 없는 권리를 어떻게 물려줄 수 있었을까? 만약 그렇다면, 교활한 궤변론자들이여, 그대들은 어떻게 사람을 상속받을 수 있다고 믿는가? 어떻게 사람이 짐승 무리나 짐승이 풀을 뜯는 목초지와 같단 말인가? 진리는 그대들이 생각하는 것처럼 그렇게 겉핥기로 깨우칠 수 있는 게 아니다. 진리는 더 깊은 곳에 있으니, 청컨대 나와 함께 진리를 찾아가려는 노력을 아끼지 말기 바란다.[12]

인간은 유산으로 물려줄 수도 없고, 매매될 수도 없고, 선물로 내줄 수도 없다. 인간은 그 누구의 소유도 될 수 없다. 인간은 바로 자기 자신의 소유이고, 항상 그래야 하기 때문이다. 인간은 가슴속 깊이 신성한 불꽃을 품고 있다. 그 불꽃에 힘입어 인간은 동물적 본능을 극복하고 신이 최초의 시민인 이 세계의 대등한 시민이 된다. 그 불꽃은 바로 인간의 양심이다. 양심은 인간에게 어떤 것은 추구하고 어떤 것은 추구하지 말라고—외부의 고루한 강제에 얽매이지 말고 마음에서 우러나오는 대로 자유롭게 행하라고—무조건 명령한다. 이 내면의 목소리에 귀를 기울이면 외부의 강제에 얽매일 필요가 없고, 일체의 외부의 영향으로부터 자유로워지며, 바로 그것이 양심의 명령이다. 그 어떤 타인도 나 자신 위에 군림할 수 없다. 오로지 자기 자신만이 마음속에 있는 법의 척도에 따라 자신을 지배할 수 있다. 마음속의 법은 오로지 자기 자

---

12 [원주] 여기서 권리를 양도 불가능한 권리와 양도 가능한 권리, 계약의 권리, 사회의 권리, 군주의 권리로 간략히 분류한 것을 간과하지 말고 주의 깊게 읽어서 진실한 마음속에 새겨두기 바란다. 그렇지 않으면 그다음에 서술하는 내용이 이해되지 않고 입증되지 않기 때문이다. 똑똑한 사람들의 모임에서 헛소리를 하지 않으려면 이 문제에 관해 명확하게 개념을 파악해 둘 필요가 있다.

신만의 법이며, 그것을 타인에게 강요하는 것은 마음속의 법에 위배되며 마음속의 인간성을 말살하는 것이고, 그렇게 되면 동물의 수준으로 떨어지는 것이다.

마음속의 법이 오직 자기만의 법이라면 이 법의 효력이 닿지 않는 모든 곳에서 자신이 원하는 것을 행할 수 있다. 다시 말해 자기만의 법이 금지하지 않은 모든 것을 행할 권리가 있다. 그런데 법이 성립하기 위한 전제조건인 자유와 인격도, 나아가 법으로 명령한 것까지도, 그렇게 금지하지 않은 것의 영역에 속한다. 따라서 인간은 의무에 합당하게 행동할 수 있는 조건을 확보할 권리가 있으며, 자신의 의무가 요구하는 행동을 할 권리가 있다고 말할 수 있다. 그런 권리는 결코 포기해선 안 된다. 그런 권리는 양도할 수 없다. 우리는 그런 권리를 양도할 권리가 없다.

나는 법이 무조건 허용하는 행동을 할 권리도 있다. 그렇지만 나는 이렇게 인류의 법이 허용하는 권리를 사용하지 않을 수도 있다. 그런 경우 나는 나의 권리를 사용하지 않고 포기하는 것이다. 이 두 번째 종류의 권리는 양도할 수 있다. 그렇지만 인간은 이 권리를 자유의지로 포기해야지, 결코 포기를 강요받아서는 안 된다. 그렇지 않으면 인간은 마음속의 법이 아닌 다른 법을 통해 강요받는 것이다. 그런 경우에는 강요하는 사람도 부당하고, 다르게 행동할 수 있는데도 강요를 감내하는 사람도 부당하다.

나는 양도 가능한 권리를 조건 없이 포기하고 타인에게 희사할 수도 있고, 조건부로 포기할 수도 있다. 그 조건이란 타인의 권리 양도와 나의 권리 양도를 맞교환하는 것이다. 양도 가능한 권리의 맞교환을 통해 계약이 성립된다. 다시 말해 타인이 자신의 어떤 권리를 포기하는 조건으로 나도 나의 어떤 권리를 포기하는 것이다. 그렇게 계약을 통해 양도할 수 있는 권리는 외적인 행동과 관련한 권리이며 마음속의 생각에 관한 권리는 아니다. 왜냐하면 후자의 경우에는 상대방이 조건을 충족시켰는지 여부를 어느 쪽도 확신할 수 없기 때문이다. 마음속의 생각, 진심, 존경, 우정, 감사, 사랑 등은 조건 없이 자유롭게 선사하는 것이지, 권리로서 획득한 것이 아니다.

시민사회는 모든 구성원이 특정인과 계약을 맺거나 특정인이 다른 모든 구성원과 계약을 맺는 기초 위에 성립되며, 다른 무엇도 시민사회의 기초가 될 수 없다. 왜냐하면 자기 자신이 아닌 타인이 나에게 법을 강요하는 것은 정당하지 않기 때문이다. 내가 자유의지로 법을 받아들여—법을 받아들인다는 것을 어떤 의사표명으로 인증하는가는 여기서 전혀 중요하지 않다—나 자신에게 법을 적용함으로써만 시민사회의 입법은 나에게 타당한 것이 된다. 나에게 법이 강요되도록 놔둔다면 나는 인간성과 인격과 자유를 포기하는 것이다. 이러한 사회계약을 통해 모든 사회 구성원은 다른 구성원들이 그들의 양도 가능한 권리 중 일부를 포기한다는 조건으로 자신의 양도 가능한 권리 중 일부를 포기한다.

만약 어떤 구성원이 이러한 계약을 지키지 않고 양도한 권리를 다시 회수한다면 사회는 사회적으로 그에게 보장된 권리를 침해함으로써 그가 계약을 지키도록 강제할 권리가 있다. 그 구성원은 자유의지로 계약을 통해 자신의 권리가 침해당해도 무방한 빌미를 제공한 것이다. 이런 이유에서 공권력이 성립된다.

이 공권력은 부작용 없이 사회의 모든 구성원이 행사할 수 있는 것이 아니다. 그래서 공권력은 복수의 구성원 또는 특정한 구성원에게 위임된다. 그렇게 공권력을 위임받은 사람 중 하나가 바로 군주다.

따라서 군주의 권리는 사회로부터 위임받은 것이다. 사회가 갖고 있지 않은 권리를 군주에게 위임할 수는 없다. 그렇다면 여기서 우리가 논하려는 문제, 즉 군주가 우리의 사상의 자유를 제한할 권리가 있는가 하는 문제는 과연 국가가 그런 권리를 가질 수 있는가 하는 문제에 따라 판별될 것이다.

인간의 이성이 동물의 두뇌와 확연히 구별되는 특장의 하나는 자유롭게 사고할 수 있다는 것이다. 물론 동물도 생각을 하지만, 동물의 생각은 기계의 어떤 운동이 다른 특정한 운동을 유발하듯 단순한 기계적 인과관계에 따른다. 인간의 정신이 그런 상태를 감내해야 한다면 고통스러울 것이다. 그런 맹목적이고 기계적인 연쇄반응에 활발히 저항하고 자신의 힘으로 자유의지에 따라 자신의 생각에 일정한 방향을 부여하는 것이 곧 인간의 특장이다. 이 특장을 주장하면 할수록 그만큼 더 제대로 된 인간이라 할 수 있다. 이 특장을 발휘할 수 있는 인간 능력이 곧 인간에게 자유의지를 부여한다. 생각의 자유를 표현하는 것뿐만 아니라 의지의 자유를 표현하는 것도 인간 인격의 핵심적 구성요소를 이룬다. 자유라는 필수조건을 충족할 때만 인간은 내가 존재한다, 나는 자립적 존재다, 라고 말할 수 있다. 생각의 자유를 표현하고 의지의 자유를 표현함으로써 비로소 인간은 정신세계와 유대를 맺고 정신세계에 부응할 수 있다. 서로 욕구가 합치되고 생각이 합치되는 것은 보이지 않는 하느님 왕국, 즉 정신세계에서 가장 바람직한 상태이기 때문이다. 생각의 자유의 표현을 통해 우리는 의지의 자유를 중단 없이 좀 더 힘차게 표현할 수 있게 된다. 우리의 선입견과 견해를 자유롭게 진리의 법칙에 종속시킴으로써 우리는 보편적 법의 이념 앞에서 우리 자신을 낮추고 침묵하는 법을 배우게 된다. 이 보편적 법은 무엇보다 우선 윤리법칙을 지배하려 드는 우리의 이기심을 순치한다. 이론적 진리에 대한 자유롭고 비이기적인 사랑은 진리를 그 자체로 사랑하는 것이므로 심성의 윤리적 정화를 위해 가장 효과적인 마음의 준비가 된다. 그런데 우리의 인격 및 도덕심과 긴밀히 결속되어 있는 이 권리를, 창조적 지혜를 통해 도덕적 순화로 나아갈 수 있는 이 길을 과연 우리가 사회계약에서 포기할 수 있을까? 우리는 양도 불가능한 권리를 양도할 권리가 있을까? 양도 불가능한 권리를 포기하겠다는 약속은 바로 이런 말과 다름없지 않을까? "우리가 시민사회의 구성원이 되는 조건으로 양도 불가능한 권리를 포기한다면 동물과 다름없는 비이성적 존재가 되겠다고 약속하는 꼴이다. 그러면 당신들은 우리를 길들이기가 더 용이해질 것이다." 그런데 이런 계약이 과연 정당하고 유효할까?

그들은 우리에게 이렇게 외친다. "도대체 누가 양도 불가능한 권리를 포기하길 원하는가? 우리는 당신들에게 자유롭게 사고해도 좋다고 공공연히 허락하지 않았던가?" 그러면 우리는 우리가 그들이 우리에게서 사상의 자유라는 최선의 수단을 빼앗기 위해 노심초사 애썼다는 사실을 깜박 잊었음을 인정할 것이다. 그들이 얼마나 집요하게 오랜 암흑을 새로운 빛으로 치장하려 했는지 깜박 잊었노라고.[13] 말장난은 하지 말자. 당신들이 우리에게 생각의 자유를 허용한 것은 그것을 막을 수 없었기 때문이다. 그렇지만 당신들은 우리의 생각을 전파하는 것을 금지한다. 당신들은 자유롭게 사고할 수 있는 양도 불가능한 권리를 문제 삼는

---

13 [원주] 예컨대 본래는 우리를 악법의 굴레에서 해방하고 자유의 법으로 인도하기 위해 고안된 듯한 학설이 처음에는 스콜라 신학을 옹호하는 논리로 바뀌었고 최근에는 전제군주 전횡을 옹호하는 논리로 둔갑했다. 왕들의 발판이 되기를 허락해 달라고 구걸하고자 왕의 발치에서 굽실대는 것은 생각이 있는 사람의 체통에 어긋난다.

게 아니고 우리가 자유롭게 생각한 것을 전파하는 것을 문제 삼는다.

하찮은 문제로 다투지 말자. 우리는 본래 자유롭게 생각을 전파할 권리를 가졌다! 그리고 그것을 입증할 수 있다. 우리가 윤리법칙이 금지하지 않는 모든 것을 행할 권리가 있다면 과연 누가 각자 자신의 신념을 전파하는 것이 윤리법칙에 위배된다고 주장할 수 있을까? 신념의 전파가 자신의 소유에 대한 침해라고 여기는 사람만이 그런 주장을 할 것이다. 만약 그런 주장을 받아들이면 자신의 신념에 기초한 행복을 누리던 사람은 즐거운 착각과 달콤한 꿈이 방해받을 수 있다. 그렇지만 내 생각을 들어보지도 않고, 나의 말을 경청하지도 않고, 내 말을 자신의 사고방식으로 파악해 보지도 않고, 단지 나의 행동으로 인해 어떻게 방해받을 수 있을까? 만약 누가 방해를 받는다면 내가 그를 방해하는 게 아니라 그가 스스로를 방해하는 것이다. 이것은 전적으로 서로 주고받는 관계이다. 나는 나의 빵을 타인에게 나눠주고, 나의 불을 쬐게 하고, 나의 불빛을 비춰줄 권리가 있지 않은가? 그렇지만 다른 사람이 내 빵을 원하지 않으면 빵을 받으려고 손을 내밀지 않을 것이다. 또한 나의 불을 원하지 않으면 나의 불 가까이 오지 않을 것이다. 내가 억지로 선물을 받으라고 강요할 권리는 당연히 없다.

그렇지만 자기 생각을 자유롭게 전파할 권리는 어떤 명령에 근거를 둔 것이 아니라 윤리법칙이 그것을 허용하는 데 근거를 둔 것이며, 따라서 그 권리 자체는 양도 불가능한 것이 아니다. 나아가 그런 권리를 행사하기 위해서는 내가 주는 것을 상대방이 받겠다는 동의가 필요하다. 그렇다면 사회가 모든 구성원에게 그런 동의를 하지 말라고 금지하고, 사회 구성원이 될 때 자신의 신념을 누구에게도 알리지 말라고 약속을 받아내는 경우도 생각해 볼 수 있을 것이다. 그렇지만 일단 개인별 특성을 논외로 하면 일반적으로 그런 권리 포기를 진지하게 고려하기는 어려울 것이다. 왜냐하면 위정자들은 국가로부터 특혜를 받은 보물 상자를 열어서 마음껏 베풀어주는데, 그들이 지금까지 우리에게는 귀한 선물을 내주지 않은 것은 단지 우리가 고집스럽게 반항하기 때문이 아닌가?[14] 그렇지만 우리가 전혀 인정하고 싶지 않더라도 항상 인정해야 할 것은 우리가 사회 구성원이 될 때 우리의 생각을 전파할 권리를 포기할 권리도 있다는 것이다. 다시 말해 자유의지로 내줄 권리는 자유의지로 받을 권리와 상보관계에 있다. 후자의 권리를 양도하지 않으면 전자의 권리 역시 양도할 수 없다. 내가 나의 빵을 누구에게도 나누어주지 않겠다고 약속하게 할 권리를 당신들이 가졌다고 하자. 하지만 그렇다고 해서 굶어 죽을 지경인 사람에게 당신들이 만든 구역질 나는 죽이라도 먹든지 아니면 굶어 죽으라고 양자택일을 강요할 권리까지 있는가? 당신들은 사람과 사람을 연결해 주고 정신과 정신을 연결해 주는 아름다운 유대의 끈을 잘라낼 권리가 있는가? 당신들은 인류가 지닌 가장 고귀한 것을 자유롭게 흔쾌히 서로 주거니 받거니 하는 고결한 교환의 권리를 박탈하려는가? 아니, 나는 어째서 당신들의 메마른 가슴에 대고 이렇게 감정적 호소를 하는 것일까? 당신들이 아무리 궤변을 늘어놓아도 결코 침해할 수 없는 무미건조한 이성적 추론으로 당신들의 요구가 부당하다는 것을 증명해야 하는데 말이다. 우리에게 유익한 모든 것을 자유롭게 받을 수 있는 권리는 우리의 인격을 이루는 구성요소이다. 우리의 정신적·윤리적 도야를 위해 우리에게 제공되는 모든 것을 자유롭게

---

14 군주나 위정자들이 선호하는 사상을 전파하는 출판물은 국가가 적극적으로 장려하는 대신 반항적인 인사의 글의 출판은 금지한다는 뜻이다.

활용하는 것은 우리의 소명에 합당하다. 이런 조건이 충족되지 않으면 자유와 도덕은 우리에게 그림의 떡이다. 우리의 배움과 교육을 위해 가장 풍요로운 원천 중 하나는 정신과 정신의 교류이다. 우리는 이 샘에서 물을 길어 올릴 권리를 포기할 수 없다. 이 권리를 포기하는 것은 우리의 정신활동과 자유와 인격을 포기하는 것이다. 그러니 우리는 이 권리를 포기해선 안 된다. 또한 다른 사람도 우리에게 이 샘에서 물을 길어 올리도록 허용할 권리를 포기해선 안 된다. 우리가 받을 권리를 양도할 수 없으므로 그가 내줄 권리도 양도할 수 없다. 과연 우리가 우리의 선물을 억지로 강요하는지 아닌지 여부는 당신들 자신이 잘 알 것이다. 우리가 관직과 명예로운 직책을 마치 우리에게 설득당한 것처럼 행동하는 사람들에게 양보할지 여부는 당신들이 잘 알 것이다. 그리고 우리의 강의를 듣지 않고 우리의 글을 읽으려 하지 않는 사람들을 우리가 관직과 품위 있는 직책에서 배제할 것인지 여부도 잘 알 것이다. 또한 우리의 원칙을 비판하는 글을 쓰고 공공연히 비방하고 공격하는 사람들을 우리가 어떻게 대할지도 잘 알 것이다. 그럼에도 불구하고 독자들은 당신들의 책을 우리의 책을 포장하는 데 사용하리라는 것을 당신들은 잘 알 것이다. 그럼에도 불구하고 어느 나라에서나 명석한 두뇌와 풍부한 감성을 지닌 사람들은 우리 편에 서 있고, 아둔한 협잡꾼과 비겁한 문필가들은 당신들 편에 서 있다는 것도 잘 알 것이다. 어째서 그런지 당신들 능력껏 당신들 자신에게 설명해 보시라.

그런데 당신들은 나에게 이렇게 외칠 것이다. 우리는 당신이 빵을 나눠주는 것을 금지하지 않는다고. 다만 독毒을 퍼뜨리지는 말라고. 그런데 당신들이 독이라 일컫는 것이 나를 건강하고 튼튼하게 해줄 일용할 양식이라면 어쩌겠는가? 타인의 허약한 위장이 내가 주는 음식을 소화하지 못할 거라고 내가 미리 예단해야 할까? 내가 주는 음식 때문에 그가 죽게 될까? 아니면 음식을 소화할 수 없어서 죽게 될까? 만약 소화할 능력이 없다면 그런 음식은 먹지 말아야 할 것이다. 나는 음식을 소화가 잘 되도록 씹어서 주지는 않는다.[15] 그런 특권을 가진 것은 당신들뿐이다.[16] 그런데 만약 내가 다른 사람에게 주는 음식을 정말로 내가 독이라 여겼다면 나는 다른 사람을 독살할 의도로 주었을 것이다. 그렇지만 당신들이 그것을 어떻게 입증하겠는가! 나의 양심 말고 과연 다른 누가 이 문제에 관해 나를 심판할 수 있겠는가! 이제는 비유로 말하지 말아야겠다.

나는 진리를 전파할 수는 있지만 오류를 전파할 수는 없다.

아! 당신들이 말하는 진리란 무엇인가? 당신들이 말하는 오류란 무엇인가? 우리가 진리라 여기고 오류라 여기는 것과는 다르다는 것은 의문의 여지가 없다. 그렇지 않다면 당신들이 오류를 전파하지 못하게 제한하는 행위가 진리의 전파를 허용하는 행위를 모조리 무효화한다는 것을 당신들은 깨달았을 것이다.[17] 당신들은 오른손으로 내준 것을 왼손으로 빼앗아 간다. 오류를 전파하는 것이 허용되지 않는다면 진리를 전파하는 것은 전혀 불가능하다. 이제 당신들이 이해하기 쉽게 말할 것이다.

당신들이 말하는 진리가 주관적 진리가 아니라는 것은 의문의 여지

---

15 [원주] 아직도 지방에 따라서는 음식을 씹어서 어린아이에게 먹이는 풍습이 있다. 심지어 거위에게 국수를 씹어서 주기도 한다.
16 군주와 위정자들의 구미에 맞게 걸러내고 가공한 메시지와 정보를 백성들에게 제공하는 것을 비꼬는 말이다.
17 당국이 생각하는 '오류'(즉 우리의 입장에서 보면 '진리')를 전파하지 못하게 막을수록 오히려 당국이 말하는 '진리'(우리가 생각하는 '오류')는 무력화된다는 뜻이다.

가 없다. 당신들이 말하려는 취지는 내가 나의 최선의 지식과 양심에 따라 진리라고 여기는 것을 전파해도 좋고 나 자신이 오류라고 인정하는 것은 전파하지 말라는 뜻은 아니기 때문이다. 나와 당신들 사이의 계약이 없다면 당신들은 내 정직성에 대해 왈가왈부할 합법적 권한이 없다. 내 정직성은 단지 나의 마음속으로 지켜야 할 의무이지, 외부로부터 구속받는 의무가 아니기 때문이다. 당신들은 사회계약을 통해 나의 약속을 이행하라고 요구할 권리를 확보하지는 못한다. 당신들이 내 마음속을 읽어내지는 못하기 때문이다. 설령 내가 진리를 준수하겠다고 당신들에게 약속했고 당신들이 나의 약속을 접수했다 하더라도 당신들은 속은 것이다. 그 기만은 당신들이 자초한 것이다. 실제로 나는 당신들에게 어떤 약속도 하지 않았고, 당신들은 나의 약속을 통해 실제로는 행사할 수 없는 권리를 취득한 것일 뿐이다. 물론 내가 고의적으로 당신들을 속이고 용의주도하게 당신들에게 진리 대신 틀린 말을 했다면 나는 경멸당해 마땅한 사람이다. 하지만 설령 그렇더라도 단지 나 자신을 모욕하는 것이지 당신들을 모욕하는 것은 아니다. 그것은 오로지 나의 양심과 관계되는 문제이기 때문이다.

그렇다면 당신들이 말하려는 것은 객관적 진리이다. 객관적 진리란 무엇인가! 아, 군주의 전횡을 옹호하는 궤변론자들이여, 당신들은 개념의 정의 따위에는 관심도 없겠지만, 객관적 진리란 사물에 대한 우리의 표상이 사물 자체와 일치하는 것을 뜻한다. 당신들의 요구가 뜻하는 바는—당신들의 이름으로 이런 말을 하려니 창피하지만—나의 생각이 사물 자체와 일치하면 나는 그 생각을 전파해도 좋고 일치하지 않으면 그런 생각은 나 혼자 간직하고 있으라는 것이다.

사물에 대한 우리의 표상이 사물 자체와 일치하는 것은 오직 두 가지 방식으로만 가능할 것이다. 즉 사물 자체가 우리의 표상을 통해 실현되거나 우리의 표상이 사물 자체를 통해 실현되거나 할 수 있다. 인간의 인식능력으로 두 경우가 모두 가능하지만, 두 경우가 서로 긴밀히 얽혀 있어서 명확히 구별할 수 없기 때문에 아주 엄밀한 의미에서 객관적 진리는 유한한 존재인 인간의 이성과 상충한다는 것이 분명해진다. 그렇다면 우리의 표상은 결코 사물 자체와 일치할 수 없다. 바로 이런 의미에서 당신들은 우리에게 진리를 전파하라고 요구할 수 없다.

그렇긴 하지만 우리의 본성에 따라 사물이 우리 모두에게 이런저런 모습으로 현상하는 어떤 필연적 방식이 있을 것이고, 우리의 표상이 그런 인식 가능한 필연적 형식과 일치하는 한에는 우리가 사물을 객관적으로 인지할 수도 있을 것이다. 그렇게 인지된 대상은 비록 사물 자체는 아니어도 우리 인식능력의 법칙과 직관의 법칙을 통해 규정된 사물(현상)이라 할 수 있다. 이런 의미에서 우리의 인식능력의 필연적 법칙을 통해 옳게 인지된 모든 것은 객관적 진리라 할 수 있다. 감각세계에 적용할 수 있는 이러한 진리 외에도 무한히 더 고차원적인 의미에서의 진리가 있다. 우리는 먼저 지각을 통해 사물의 주어진 속성을 인식하지 않고, 옳고 그름에 관한 본래의 개념에 합당하게 가장 순수하고 자유로운 자기활동을 통해 스스로 그런 진리를 창출해야 한다. 옳고 그름의 개념에 합당한 것은 모든 사람의 정신에 참된 것으로 인식된다. 이런 유형의 진리는 대개 아주 쉽게 확실히 인식될 수 있다. 예컨대 양도 불가능한 인간의 권리가 존재하고 사상의 자유도 인간의 권리에 속한다는 영원하고 신성한 인간적 진리가 그렇다. 또한 우리의 권리를 지켜달라고 우리의 권한을 위임받은 사람이 우리를 억압하기 위해, 특히 사상의 자유를 억압하기 위해 그 권한을 사용한다면 지극히 잘못된 행동이라는 것도 그런 진리에 속한다. 이런 도덕적 진리에는 결코 예외가 없다. 이런 도덕적 진리에는 결코 이의를 제기할 수 없으며, 언제나 반드시 타당한 정의의 개념을 준수해야 한다. 당신들은 이런 진리를 소중히 여기지도 않고 속으로는 거부감을 느끼므로 이런 진리에 관해서는 언급하지 않는다. 이런 진리에 관해서는 다툼의 여지가 없기 때문이다. 그래서 당신들은 첫 번째 경우의 인간적 진리에 관해 말한다. 당신들은 올바른 지각과 사고의 필연적 법칙에서 추론하지 않은 어떤 것도 주장하지 말라고 명령한다. 당신들은 아량이 넓고, 현명하고 자애로운 아버지들이다. 당신들은 우리에게 언제나 바르게 관찰하고 바르게 추론하라고 명령한다. 당신들은 우리에게 오류에 빠지지 말고 오류를 전파하지 말라고 명령한다. 고결한 후견인들이여, 우리도 그러길 원하지 않는다. 당신들과 마찬가지로 우리도 그런 것은 싫다. 잘못이 있다면 단지 우리는 오류에 빠져도 그런 줄 모른다는 것이다. 그러니 당신들이 아버지처럼 우리에게 조언을 해주어서 확실하고 언제나 적용 가능하고 틀림없는 진리의 기준을 제시해 줄 수 있겠는가?

당신들은 그것도 미리 생각해 두었다. 이를테면 당신들은 이미 오래전에 논박된 낡은 오류를 전파하지 말라고 말한다. 논박된 오류라고? 누가 틀렸다고 논박되었단 말인가? 만약 그런 논박이 우리를 깨우쳐주고 만족시켜 준다면 어째서 우리가 그 오류를 다시 주장한단 말인가? 우리는 옳게 생각하는 것보다 잘못 생각하는 것을 더 선호한다고 주장하려는가? 우리가 지혜보다는 망상을 선호한다고? 우리가 오류를 오류라고 인정하는 것은 오류를 받아들이기 위해서라고? 우리가 선량한 후견인들을 괴롭히고 화나게 하려고 기발한 호기를 부려서 우리가 오류 여부를 잘 알지도 못하는 것들을 세상에 전파한다고 생각하는가?

그런 오류들은 이미 오래전에 논박되었노라고, 당신들은 자신의 명예를 걸고 우리에게 말한다. 당신들이 우리를 정직하게 대한다면 적어도 당신들 입장에서는 그런 오류가 논박되었을 것이다. 대지의 귀한 아들들이여, 당신들과 달리 통치자의 근심에서 벗어나 오랜 세월 진지한 탐구에 매진해 온 수많은 사람이 아직까지 발견하지 못한 것을 당신들이 발견했노라고 주장하려는가? 그러는 당신들은 과연 얼마나 오랜 세월 밤을 지새우며 진지한 탐구에 매진했는가? 아니면 당신들은 전혀 깊이 생각하거나 가르침을 받지도 않고서도 신적인 영감의 도움으로 그런 것을 발견했다는 말인가? 하지만 우리는 당신들을 잘 안다. 당신들과 아첨꾼들에겐 너무 재미없는 탐구를 우리가 대신해서 당신들의 진짜 생각을 말해 줄 수도 있었다. 당신들은 우리가 진리나 오류라 일컫는 것에 대해서는 말하지 않는다. 진리든 오류든 당신들이 관심이나 있는가? 당신들 중 과연 누가 그런 골치 아픈 탐구로 허송세월을 하며 나라의 희망을 망치겠는가? 미래의 통치를 궁리해야 희망이 솟구치지 않겠는가? 당신들은 신하들과 인간적인 교감을 나누었다. 당신들은 생각하는 일을 신하들에게 내맡겼다. 그렇지만 신하들은 당신들을 위해 생각하지도 않고 그들 자신을 위해 생각하지도 않는다. 당신들의 조정에서는 전혀 생각할 필요가 없기 때문이다. 신하들이 원하면 그저 심심풀이로 생각을 하긴 하겠지만, 그래봤자 아무런 성과도 거두지 못한다. 당신들은 신하들이 바라는 대로 하고 싶을 뿐이다. 당신들과 신하들의 마음속에 있는 이러한 집단의지가 진리를 결정한다. 당신들의 집단의지에 따르면 당신들이 진리이길 바라는 것이 곧 진리가 된다. 당신들이 오류이길 바라는 것이 곧 오류이다. 당신들이 왜 그러길 바라는가는 우리가 고민할 문제가 아니고 당신들이 고민할 문제도 아니다. 당신들의 의지 자체가 진리의 유일한 기준이다. 우리가 가진 금과 은이 당신들의 인장을 찍어야 가치가 있듯이 우리의 개념도 마찬가지다.

알다시피 가장 똑똑하고 우수한 사람들이 국가의 운영을 맡으므로 그 일을 위해서는 심오한 지혜가 필요하다. 그렇지만 내가 감히 문외한의 눈으로 국가 운영의 신비를 일별해 보고자 하니 어설픈 말을 하더라도 양해하기 바란다. 내가 과대포장을 하는 게 아니라면 내가 보기에 당신들이 노리는 몇 가지 이득이 있다. 당신들에겐 인신을 구속하는 것이 쉬운 일이다. 말하지 말아야 할 것을 말하지 못하도록 발에 족쇄를 채우고 양손을 사슬로 묶으면 된다. 굶주림이나 죽음으로 위협할 수도 있다. 그렇지만 당신들이 항상 족쇄나 사슬 또는 형리를 곁에 두고 부릴 수 있는 것은 아니고, 당신들의 염탐꾼들이 모든 곳을 감시할 수 있는 것도 아니다. 그렇게 철통같이 통치하려다 보면 인간적인 즐거움을 누릴 시간도 남아나지 않을 것이다. 그러니 굳이 족쇄와 사슬을 사용하지 않아도 당신들이 바라는 대로 따르도록 확실하게 단단히 예속시킬 수 있는 수단을 고안해야 한다. 그 확실한 수단은 자립적 활동의 첫 번째 원칙인 생각을 마비시키는 것이다. 당신들이 고해신부를 통해서든 종교칙령[18]을 통해서든 직간접으로 명령하는 것과 다르게 사고하는 것은 감히 하지 못하게 하는 것이다. 그러면 그는 당신들이 소유하고 싶은 기계가 되어 당신들이 마음대로 사용할 수 있게 된다. 나는 당신들이 즐겨 연구

---

18 1788년 7월 9일 프로이센이 포고한 종교칙령을 가리킨다. 개신교와 가톨릭 어느 쪽을 믿든 신앙의 자유를 허용하지만 성경과 교리에 대한 '계몽적' 해석은 금지하였고, 이를 위반할 경우 성직 박탈과 구속형에 처한다는 내용을 포함하고 있다. 종교칙령에 이어서 같은 해 12월 19일 검열칙령을 포고함으로써 프리드리히 2세의 관용정책은 엄격한 사상 통제로 선회한다.

하는 역사에서 초기 기독교 황제들의 지혜에 감탄한다.[19] 정권이 바뀌면 진리도 바뀌게 마련이다. 비교적 오래 존속했던 정권의 통치기간 동안에도 진리는 몇 차례 바뀌었다. 당신들은 이 원칙에 깃든 정신을 파악하긴 했지만―당신들의 통치술을 잘 알지 못하는 이 초보자가 혹시 틀리더라도 용서하기 바란다―아직은 깊이 체화하지 못했다. 다시 말해 동일한 진리를 너무 오래 유지하고 있는 것이다. 이것이 최근 통치술의 실책이다. 국민들은 이 새로운 통치술에 마침내 적응하고 있고, 그렇게 새 통치술에 대한 믿음이 익숙해지면 새 통치술이 옳다고 생각한다. 그렇지만 국민들은 순전히 당신들의 권위를 위하여 새 통치술을 믿어야 한다. 그러니 제후들이여, 위엄 있는 모범적 선례들을 그대로 모방하시라. 어제 믿으라고 명령한 것을 오늘은 폐기하고, 어제 배척한 것을 오늘은 복권시켜 권위를 세워주시라. 그래야 국민들은 오로지 당신들의 의지가 진리의 원천이라는 생각을 결코 저버리지 않는다. 예컨대 당신들은 삼위일체설을 너무 오래 고수해 왔다. 국민들은 당신들의 말을 믿긴 하지만, 이 믿음에 친숙해졌기 때문에 이미 오래전부터 당신들에게 감사할 줄도 모르고 삼위일체설을 그들 자신이 발견했다는 착각에 빠져 있다. 그래서 당신들의 명망을 배신하는 것이다. 그러니 1=1을 믿으라고 명령해 보시라. 물론 이 명령은 그 반대명제가 틀리다고 주장하기 위해서가 아니라 당신들이 이 진리를 원한다는 것을 보여주기 위해서다.

보시다시피 나는 당신들의 생각을 잘 안다. 그런데 내가 염두에 두는 국민들은 통제가 되지 않아서 당신들의 의중을 묻지 않고 당신들의 권

---

19 로마 황제들이 기독교를 허용하면서도 엄격히 교리를 통제하고 이단을 배척한 역사적 선례를 프로이센이 종교칙령으로 답습하고 있다고 비꼬는 말이다.

리가 정당한지 묻는다. 내가 뭐라고 대답해야 할까!

권리에 관한 질문은 뭐라고 답하기 불편한 질문이다. 내가 지금까지는 당신들과 의좋게 지내왔지만 유감스럽게도 이제부터는 당신들과 결별하지 않을 수 없다.

만약 우리가 어떤 진리를 받아들여야 할지를 확정할 권리가 당신들에게 있다면 당신들은 그 권리를 사회로부터 위임받은 것이고, 사회는 계약에 의해 그 권리를 갖는다. 그런 계약이 과연 가능할까? 사회가 그 구성원들에게 계약 조건으로 특정한 원칙을 믿으라고는 못 해도—왜냐하면 믿음은 마음속의 생각이기 때문에 결코 믿겠다고 확신할 수 없다—명시적으로 인정하라고(다시 말해 그 원칙에 위배되는 내용을 말하거나 글로 쓰거나 가르치지는 않겠다고 약속하라고) 요구할 수 있을까? 나는 이 문장을 가능한 한 부드럽게 표현하고자 한다.

그런 계약은 물리적으로는 가능하다. 만약 그런 불가침의 원칙이 확고하고 엄밀하게 규정되어 있어서 위배되는 언행을 한 사람이 논박할 수 없도록 그 원칙이 옳다는 것을 증명할 수 있다면—알다시피 그건 쉬운 일이 아니다—위배행위에 대해 당연히 처벌할 수 있다.

그런 계약이 도덕적으로도 가능할까? 다시 말해 사회가 그런 약속을 요구할 권리가 있고, 또 사회 구성원이 그런 약속을 할 권리가 있을까? 예컨대 그런 계약에서 양도 불가능한 인간 권리가 양도되는 것은 아닐까? 물론 어떤 계약에서도 그런 일이 일어나서는 안 되고, 만약 그런 일이 생긴다면 계약이 법에 위배되고 무효화될 것이다. 모든 사고 대상을 자유롭게 탐구하고 모든 가능한 방향으로 무제한적으로 탐구하는 것은 의문의 여지 없이 인간의 권리이다. 탐구자 자신 말고는 그 누구도 탐구 대상의 선택과 탐구 방향 및 범위를 정할 수 없다. 우리는 앞에서 이 점을 입증했다. 여기서 문제는 다만 탐구자 자신이 계약을 통해 탐구 범위를 제한하는 것이 허용될 수 있는가 여부이다. 윤리법칙이 명령하지는 않아도 허용해 주는 의사표시 행위의 권리를 스스로 제한하는 것은 허용된다. 이런 경우 자발적인 욕구 외에는 그 무엇도 어떤 행위를 하도록 강요할 수 없다. 윤리법칙이 그 자발적 욕구를 제한하지 않더라도 각자 스스로 설정한 법에 따라 자발적 욕구를 제한할 수 있다. 그런데 탐구자가 스스로 설정한 탐구 범위의 한계에 도달하면 무한한 것을 추구하는 이성의 본질상 그 한계를 뛰어넘으려는 지적 욕구가 발동한다. 그 어떤 절대적 한계도 인정하지 않는 것이 이성의 소명이다. 그럼으로써 비로소 이성은 이성답게 되고, 탐구자는 그러한 이성의 소명을 다할 때 비로소 이성적이고 자유롭고 자립적인 존재가 된다. 따라서 일체의 한계를 뛰어넘어 무한대까지 탐구를 계속하는 것은 양도 불가능한 인간 권리이다.

물론 스스로에게 그런 한계를 설정하는 계약을 맺는다고 해서 그것이 곧바로 동물의 상태로 떨어지는 것을 뜻하지는 않는다. 그렇지만 내가 어느 지점까지만 이성적 존재로 살고 (이것은 국가가 배타적 특권으로 행사하는 원칙이 실제로 인간 이성의 척도로 보편 타당할 경우에만 가능한데, 우리는 그 가능성을 인정하지만 여기에는 많은 어려움이 따른다) 그다음부터는 비이성적 동물이 되어도 좋다는 것을 뜻하는 것은 분명하다.

이제 제한된 결과물의 범위를 넘어서 탐구를 계속하는 양도 불가능한 권리가 입증되었다면 이와 동시에 다른 사람들과 공동으로 그 한계를 넘어설 권리의 양도 불가능성 또한 입증되었다. 왜냐하면 어떤 목적을 추구할 권리를 가진 사람은 다른 권리가 그를 방해하지 않는다면 목적을 위한 수단을 선택할 권리도 확보한 것이기 때문이다. 자기 발전을 위한 가장 탁월한 수단은 다른 사람으로부터 배우는 것이다. 따라서 누구나 자유롭게 제공된 가르침을 제한 없이 받아들일 수 있는 양도 불가능한 권리를 갖고 있다. 이 권리를 포기할 수 없다면 다른 사람이 가르침을 제공할 권리 또한 양도 불가능한 것임이 틀림없다.

사회는 구성원이 양도 불가능한 권리를 스스로 제한하겠다는 약속을 요구하거나 받아들일 권리가 없다. 그런 요구는 양도 불가능한 인간 권리에 위배되기 때문이다. 그 어떤 구성원도 그런 약속을 할 권리가 없다. 그것은 타인의 인격을 침해하며, 도덕적으로 행동할 가능성도 침해한다. 그런 약속을 하는 사람은 누구나 의무에 위배되는 행동을 하는 것이며, 이것을 깨닫자마자 자신의 약속을 철회하는 것이 곧 그의 의무가 된다.

오랜 어둠을 섬기는 어둠의 벗들이여, 당신들은 나의 추론이 대담하다고 깜짝 놀랄 것이다. 당신네 부류의 사람들을 놀라게 하는 것은 쉬운 일이다. 당신들은 내가 적어도 '물론 ……하는 한에는'이라고 까다롭게 단서조건을 붙이는 어투를 자제하길 바라고, 내가 당신들의 신앙서약이나 상징적인 서적(성경) 등을 다소라도 우호적으로 평가해 주길 바라고 있다. 설령 내가 그럴 수 있다 해도 당신들이 바라는 대로 하지는 않을 것이다. 왜냐하면 사람들은 언제나 당신들을 너무 깍듯이 예우했고, 당신들이 마음대로 흥정하게 해주었으며, 당신들의 가장 아픈 환부는 신중하게 피했고, 피부가 젖지 않게 당신들의 오점을 씻어주었기 때문이다. 그래서 당신들은 지금 아우성을 치는 것이다. 이제부터 당신들은 가식 없는 진리를 직시하는 데 서서히 익숙해져야 한다. 그렇지만 나도 당신들에게 아무런 위안도 주지 않고 떠나지는 않겠다. 당신들은 어째서 당신들의 시야가 미치지 않고 당신들이 가지도 않을 미지의 나라[20]

---

20 대혁명을 겪은 프랑스를 암시한다.

때문에 두려워하는가? 그곳을 다녀온 사람들에게 물어보시라. 도덕적인 거인에게 잡아먹히고 회의적인 바다괴물에게 잡아먹힐 위험이 그렇게 크냐고?[21] 이 대담한 세계일주 여행자들이 적어도 당신들만큼 도덕적으로 건전하게 당신들 사이에서 돌아다니고 있지 않은가? 누구나 능력껏 계몽하면 빛을 보게 될 것이다. 그런데 어째서 당신들은 그 계몽의 빛이 갑자기 들이닥치지 않을까 두려워하는가? 인간의 정신은 대개 단계적으로만 깨우칠 수 있다. 당신들은 당신네 시대의 한계 안에서 조금씩 나아가게 될 것이다. 당신들은 소수의 선별된 당파를 유지하면서도 대단한 업적을 쌓았다는 자기 확신에 차 있다. 물론 인간의 정신이 때로는 학문의 여러 분야에서 혁명적 발전을 이루어 급격히 약진하기도 한다. 그렇다고 당신들이 걱정할 필요는 없다. 당신들 주위가 환하게 밝더라도 그것은 다른 사람들을 위해 빛나는 것이니, 그런즉 당신들이 애지중지하는 추종자들과 당신들은 약시弱視여서 눈이 부실까 걱정할 필요 없이 희미한 박명薄明 속에서 편히 지내면 된다. 당신들 주위는 다행히 더 어두워질 것이다. 사실 당신들은 그것을 경험으로 익히 알 것이다. 수십 년 전부터 여러 학문 분야에서 계몽의 빛이 강해지면서 당신들의 머릿속은 이전보다 더 혼란스러워지지 않았는가?

제후들이여, 이제 감히 당신들에게 말한다. 당신들은 우리가 무한정 사상의 자유를 추구하면 이루 말할 수 없는 불행에 빠질 거라고 예언한다. 당신들이 마치 어린아이한테서 해로운 장난감을 빼앗듯이 우리에게서 사상의 자유를 빼앗는다면 오히려 우리에게 더 좋은 일이다. 당신들은 당신들이 감독하는 신문 필자들로 하여금 당신들과 다른 생각을 가

---

21 로베스피에르의 공포정치를 암시한다.

진 자들이 흥분해서 무질서를 부추긴다고 화염의 색깔로 호도하게 한다. 당신들은 원래 양순하던 민중이 타락하여 식인종처럼 격분해서 피에 굶주려 있다고 손가락질한다. 연극배우에게 열광하는 것보다 더 열렬히 처형을 요구한다고, 동료 시민들의 찢겨진 사지에서 아직 따뜻한 피가 뚝뚝 떨어지는데도 환호의 노래를 부르며 사지를 보란 듯이 들고 돌아다닌다고, 그들의 자식들이 피 흘리는 머리를 팽이처럼 굴리고 다닌다고 손가락질한다. 우리는 폭정과 광기가 결탁하여 바로 이 민중에게 제공한 피의 축제를 당신들에게 굳이 상기시키고 싶지 않다. 이 유혈극은 사상의 자유의 결과가 아니라 이전의 오랜 정신적 노예상태의 결과라는 것을 당신들에게 상기시키고 싶지 않다. 이제는 그 어느 곳도 무덤 속처럼 조용하지 않다고 굳이 말하고 싶지 않다. 만약 당신들이 한 가지 엄숙한 질문에 대답한다면 곧바로 우리는 당신들의 말을 모두 인정할 것이고, 후회하는 마음으로 당신들의 품에 우리 자신을 내맡길 것이며, 당신들의 자애로운 가슴에 기대어 우리를 위협하는 모든 불행으로부터 우리를 지켜달라고 당신들에게 애원할 것이다.

아, 듣자 하니 당신들은 우리 민족의 행복을 지키는 자애로운 수호신으로서 깨어 있어야 한다고 말한다. 당신들은 오로지 우리 민족의 행복을 지고의 목적으로 정성껏 추구해 왔다고 종종 확언했다. 그런데 당신들이 그렇게 숭고한 뜻으로 보살펴주는데 도대체 어째서 우리의 농경지에 물이 범람하고 우리의 농작물에 폭풍우가 몰아치는가? 어째서 땅에서 불길이 솟구쳐서 우리와 우리의 집들을 삼켜버리는가? 어째서 창검과 전염병이 당신들의 사랑하는 자식들을 수천 명이나 몰살하는가? 그러니 우선 폭풍우에 잠잠해지라고 명령하기 바란다. 그런 다음에 격앙된 생각을 품은 자들의 노여움을 잠재우기 바란다. 간절히 바라노니 우선 가뭄으로 메마른 우리의 들판에 비를 내리게 하고 상쾌한 햇볕이 들게 하라. 그런 다음에 우리에게도 축복의 진리를 제공하라.[22] 그런데 어째서 대답을 하지 못하는가? 당신들은 그렇게 할 능력이 없는가?

그래, 좋다! 정말로 그렇게 할 수 있는 사람, 황폐해진 폐허에서 새 세상을 일굴 수 있고 부패한 곰팡이에서 새 생명체를 탄생시킬 수 있는 사람, 화산으로 함몰한 땅에서 비옥한 포도밭을 일굴 수 있고 무덤 위에서 사람들이 기쁘게 살 수 있게 해줄 수 있는 사람이 있다고 치자. 만약 우리가 그런 사람에게 그의 근심걱정 중에 가장 사소한 근심거리가 될 우리의 근심을 털어놓고, 그의 신성한 인장印章으로 승인한 사상의 자유를 이행함으로써 우리에게 닥쳐올 고난을 경감하고 제거해 달라고 부탁한다면, 또는 우리가 그런 고난을 감수해야 한다면 우리 자신의 힘으로 그 고난을 우리의 정신을 고도로 함양하는 방향으로 승화시킬 수 있게 해달라고 부탁한다면, 그러면 당신들은 화를 낼 것인가?

제후들이여, 당신들이 우리를 괴롭히는 망령이 되길 원하지 않는다는

---

22 [원주] 《알게마이네 리터라투어 차이퉁》(*Allgemeine Literatur-Zeitung*) 10월호 (261번) 지면에서 당신들의 친구인 필자는 혁명을 자연현상과 비교하려 하지 않는다. 그렇지만 필자는 도덕적 근거 대신 감각세계에서 경험할 수 있는 현상을 제시하므로 그런 현상은 당연히 자연법칙의 지배하에 있다. 당신들은 그 필자가 이 문제에 관해 확신을 표명하는 전거를 제시하지 못할 테고, 나도 굳이 전거를 제시하지는 않겠다. 당신들은 그 친구에게 보다 철저히 철학 공부에 매진하라고 조용히 알아듣게 말할 수 있을 것이다. 그러면 그 친구가 보다 폭넓은 지식과 당당한 어조로 당신들의 관심사와 인류의 관심사를 지금보다는 훨씬 더 능숙하게 서술할 수 있을 것이다. 당신들이 친구와 아첨꾼을 구별할 수 없다면 철학보다 더 훌륭한 친구는 없다. 그러니 애초부터 아첨꾼으로 봉사해 온 거짓된 친구를 멀리하시라. 그런 거짓 친구는 누구나 써먹을 수 있어서 영악한 자의 수중에 들어가면 당신들이 거짓 친구를 동원하여 백성들을 옭아매듯이 당신들을 옭아맬 수 있다.

것은 좋다. 그러나 당신들이 우리의 신으로 군림하려는 것은 옳지 않다. 어째서 당신들은 과감히 결단하여 우리와 같은 처지로 내려와서 다 함께 평등한 사람들 사이에서 일인자가 되려 하지 않는가? 당신들은 세상을 통치하는 일에 성공하지 못한다. 당신들도 그 점을 알고 있다! 나는 마음이 너무 약해서 당신들이 지금까지 매일같이 저질러온 틀린 추론을 들춰내고 싶지 않다. 당신들이 계절마다 바꾸어온 거창한 계획을 들춰내고 싶지 않다. 당신들이 승리를 거두고 함께 귀환할 거라고 장담했던 병사들이 시체더미로 쌓여 있는 것을 지적하고 싶지 않다. 언젠가는 당신들이 위대하고 확실하다고 믿었던 계획의 일부를 우리와 더불어 조망하게 될 것이며, 당신들이 생각하지도 않았던 목적을 무모하게 맹목적으로 추구했다는 것을 깨닫고서 깜짝 놀라게 될 것이다.

당신들은 심각하게 잘못된 길에 빠졌다. 우리는 당신들의 손에서 행복을 바라지 않는다. 물론 당신들도 인간이라는 것은 안다. 당신들은 잘못된 생각으로 우리의 권리를 빼앗았으니 우리는 당신들이 우리의 권리를 지켜주고 되돌려 주길 기대한다.

나는 아무런 방해도 받지 않는 무제한적인 사상의 자유만이 국가의 안녕을 공고히 보장한다는 것을 당신들에게 입증해 보일 수도 있다. 나는 논박할 수 없는 근거로 그것을 당신들에게 명쾌하게 깨우쳐줄 수도 있다. 나는 역사적 사례를 통해 그것을 보여줄 수도 있다. 나는 당신들이 지켜보는 가운데 사상의 자유를 통해 번창한 크고 작은 나라들을 당장 적시할 수도 있다. 하지만 나는 그러고 싶지 않다. 나는 진리가 자연스럽고 신성하고 아름다운 모습 그대로 드러나길 바랄 뿐, 그 진리가 당신들에게 깜짝 선물로 안겨줄 재화로 진리를 예찬하고 싶지는 않다. 나는 재화로 진리를 예찬한 그 모든 사람보다 당신들에 대해 더 좋게 생각한다. 나는 당신들이 다음과 같이 진지하고 정직한 진리의 목소리를 기꺼이 들을 거라고 믿는다.

군주여, 당신은 우리의 사상의 자유를 억압할 권리가 없다. 그러니 당신의 권리가 아닌 것을 행해선 안 된다. 설령 당신 주위의 세계가 무너지고 당신과 당신의 국민들이 그 폐허 속에 파묻히는 한이 있어도. 당신이 존중하는 권리를 우리에게 준 사람이 세상의 몰락에 대비해서 당신을 위해, 그리고 폐허더미 아래 파묻힐 우리를 위해 걱정해 줄 것이다.

당신들은 우리로 하여금 지상의 행복을 기대하게 만들었는데, 만약 당신들이 정말로 우리에게 지상의 행복을 제공할 수 있다면 대체 그 지상의 행복이란 어떤 것일까? 당신들은 지상에서 제공되는 모든 기쁨을 누릴 수 있으니, 가슴에 손을 얹고 생각해 보라. 당신들이 누린 기쁨을 떠올려보라. 그런 즐거움을 얻고자 노심초사하고 그런 즐거움을 탐하느라 역겹고 성가신 일도 마다하지 않을 가치가 있던가? 우리를 위해 다시금 노심초사할 용의가 있는가? 아, 당신들이 우리에게 제공할 수 있는 모든 재화와 보물, 훈장과 화려한 장신구, 상업의 번창과 화폐의 유통, 넘쳐나는 식료품, 이 모든 것을 즐기려고 귀한 땀방울을 흘릴 가치도 없고, 당신들이 노심초사하고 우리가 감사할 가치도 없다. 그런 것들은 이성적 인간의 눈으로 보면 단지 우리의 활동을 위한 도구로서만, 우리가 추구하는 쉬운 목표로서만 약간의 가치가 있을 뿐이다. 우리가 지상에서 누려야 할 유일무이한 행복은 — 이것도 행복이라면 — 방해받지 않고 자유롭게 자립적인 활동을 하는 것이며, 노동과 노력과 힘을 들여서 자신의 목표를 향해 자력으로 활동하는 것이다. 물론 당신들은 흔히 우리에게 다른 세상, 즉 내세를 기약하라고 말하곤 한다. 그렇지만 당신들은 내세의 가치를 담보로 참고 견디는 인간의 미덕과 수동적인 감내를 요구한다. 물론 우리도 다른 세상을 내다본다. 그렇지만 당신들 생각과 달리 다른 세상은 지금 사는 세상과 명확히 구별되지 않는다. 우리는 이 세상에서 벌써 다른 세상의 시민권을 가슴속 깊이 간직하고 있으며, 당신들한테 그 시민권을 순순히 빼앗기지 않을 것이다. 그곳에서 우리는 이 세상에서 겪은 고통의 열매가 아니라 당당한 활동의 열매를 수확할 것이다. 우리는 이미 그 열매를 간직하고 있으며, 우리의 열매는 이런 기후보다는 햇볕이 더 따뜻한 곳에서 이미 무르익고 있다. 이 세상에서 그 열매를 맛볼 수 있도록 엄격한 노동으로 우리의 힘을 키우는 것을 허락하라.

제후들이여, 그러니 당신들은 우리의 사상의 자유를 제한할 권리가 없다. 당신들은 무엇이 옳고 그른지 판정할 권리가 없다. 당신들은 우리가 탐구할 대상을 지정하거나 제한할 권리가 없다. 당신들은 우리의 탐구 결과를 옳든 그르든 간에 누구에게나 어떤 방식으로든 우리가 원하는 대로 전파하는 것을 막을 권리가 없다. 사상의 자유에 대해 당신들이 책임질 의무도 없다. 당신들의 책무는 단지 지상의 목적에만 해당되며 계몽의 초지상적 목적에는 해당되지 않는다. 당신들은 계몽에 관해서는 극히 방관적인 태도를 취해도 무방하다. 계몽은 당신들이 걱정할 문제가 아니기 때문이다. 그렇지만 당신들은 마땅히 해야 할 책무보다 더 많은 것을 하고 싶을지도 모르겠다. 좋다! 당신들이 과연 무엇을 할 수 있는지 두고 보자.

제후들이여, 당신들이 고결한 사람들이라는 것은 사실이다. 그러나 당신들이 정말 신성함의 대표자인 것은 타고난 천성의 고결함 때문이거나 인류에게 행복을 선사하는 수호신이기 때문이 아니라, 신이 인간에게 부여한 신성한 권리를 지켜야 하는 고결한 소명 때문이다. 그러한 소명이 당신들의 어깨에 부과한 엄중하고 불가결한 임무가 너무나 많기 때문이다. 당신들은 고상한 생각을 한다. 수백만의 사람이 당신들에게 이렇게 말했노라고. "보라, 우리는 신의 후손들이다. 우리의 태생을 말해주는 신성한 징표가 우리의 이마에 새겨져 있다. 우리는 우리의 태생이 우리에게 부여한 위엄을, 그리고 아버지의 집에서 우리를 지상으로 내려보낼 때 우리에게 부여한 권리를 우리는 감히 주장하지 않겠다. 우리 수백만 명은 그런 주장을 하지 않겠다. 우리는 그런 위엄과 권리를 당신의 손에 맡긴다. 그 위엄과 권리는 태생적으로 당신의 신성한 권리이니 우리의 이름으로 그 권리를 주장하고, 우리가 진정한 아버지의 집으로 돌아갈 때까지 우리의 대부가 되어달라."

당신들은 나라의 관직과 작위를 나누어준다. 당신들은 재화와 훈장을 나누어준다. 당신들은 궁핍한 자를 후원하고 가난한 자에게 빵을 나누어준다. 그렇지만 그것이 선행이라고 한다면 억지스러운 거짓이다. 당신들은 선행을 베푸는 것이 아니다. 당신들이 주는 관직은 선물이 아니다. 만약 최적의 자격을 갖춘 사람에게 관직을 준다면 당신들이 져야 할 짐의 일부를 공민들에게 분담시키는 것이다. 만약 자격이 안 되는 사람에게 관직을 준다면 자격을 갖춘 사람과 사회의 몫을 빼앗는 것이 된다. 당신들이 수여하는 훈장은 당신들이 주는 것이 아니다. 덕을 쌓은 사람은 누구나 이미 훈장을 받을 자격이 있으며, 당신은 다만 그 덕을 사회에 알리는 고귀한 역할을 하는 것일 뿐이다. 당신들이 나누어주는 돈은 당신들의 것이 아니다. 그 돈은 필요한 사람들을 도와주라고 사회가 당신들의 손에 맡긴 재화이다. 사회가 당신들의 손을 빌려 나누어주는 것일 뿐이다. 당신들이 주는 빵을 받는 배고픈 사람은 만약 사회적 유대가 돈독해서 그가 자기 몫의 빵을 내주어야 할 궁지에 몰리지 않았더라면 자기 몫의 빵을 챙겼을 것이다. 그런즉 원래 그의 몫이었던 빵을 사회가 당신들의 손을 빌려 그에게 돌려주는 것일 뿐이다. 당신들이 명석한 지혜와 올곧은 양심으로 이 모든 일을 틀림없이 수행했다면 당신들이 해야 할 의무를 다한 것일 뿐이다.

당신들은 더 많은 역할을 하길 바란다. 좋다! 당신들의 공민들은 국가의 시민일 뿐 아니라 정신세계의 시민이기도 하다. 당신들은 정신세계에서 그들보다 더 높은 지위를 누리지 못한다. 정신세계에서는 당신들이 그들에게 어떤 요구도 할 수 없고, 그들 역시 당신들에게 어떤 요구도 하지 못한다. 당신들은 당신들 자신을 위해 진리를 탐구하고 간직할 수 있고 당신들 능력껏 즐길 수 있다. 그들도 당신들에게 진리를 주입할 권리가 없다. 당신들은 당신들 세계의 바깥에서 이루어지는 진리 탐구에 대해서는 조금도 신경 쓰지 말고 진행되는 대로 맡겨두면 된다. 당신들은 사회가 당신들의 손에 맡겨준 명망과 권력과 영향력을 계몽을 장려하는 일에 사용할 필요가 없다. 그런 일을 하라고 사회가 권력을 위임한 것은 아니다. 당신들이 이 분야에서 행하는 일은 순전히 선의로 필요 이상을 행한 것이다. 이런 방식으로 당신들은 실제로 인류를 위해 공헌할 수 있지만, 당신들은 원래 인류를 위해 해야 할 불가결한 의무가 있다.

당신들은 친히 진리를 공경하고 존중하며 그것을 알려도 좋다. 당신들이 정신세계에서는 우리와 동등하다는 것을 우리는 안다. 그리고 막강한 통치자가 진리를 존중한다고 해서 백성들 중 가장 미천한 자가 진리를 숭배하는 경우보다 진리가 더 신성해지지 않는다는 것도 안다. 또한 당신들이 진리에 순종하는 것은 진리를 드높이기 위함이 아니라 당신들 자신을 드높이기 위함이라는 것도 안다. 그럼에도 때때로 우리는 진리가 진리를 숭배하는 사람의 광채를 통해 새로운 광채를 발한다고 믿는다. 그렇게 믿을 정도로 우리 대다수는 늘 감각적으로 사고한다. 이러한 착각이 사라질 때까지 이 착각을 유익하게 활용하기 바란다. 백성들에게 당신들보다 더 숭고한 무엇이 있다고 믿게 하라. 당신들의 법보다 더 숭고한 법칙이 있다고 믿게 하라. 백성들과 더불어 공적으로 이 법칙에 머리를 숙인다면 백성들은 이 법칙과 당신들에게 커다란 경외심을 갖게 될 것이다.

진리의 목소리에 기꺼이 귀를 기울여야 한다. 그 무엇에 관한 진리이든 간에 말이다. 진리가 왕관보다 더 빛나더라도 두려워하지 말고 언제나 진리의 목소리가 가까이 다가오게 하라. 진리의 빛이 너무 눈부셔서 진리 앞에서 몸을 숨길 것인가! 당신들의 마음이 순수하다면 진리를 두려워할 까닭이 없지 않은가? 진리가 당신들의 결정을 용인하지 않으면 진리에 순종하라. 진리가 당신들의 과오를 입증하면 과오를 철회하라. 그렇다고 잃을 것은 없다. 당신들은 유한한 존재인 인간이니 과오를 범할 수도 있다는 것은 당신들이 굳이 고백하지 않더라도 익히 알고 있다. 그런 겸손함 때문에 명예가 실추되지는 않는다. 당신들이 강할수록 겸손함은 당신들의 명예를 드높여 줄 것이다. 당신들은 계속 조치를 취할 수 있다. 누가 방해할 수 있겠는가? 당신들은 뻔히 알고도 일부러 부당한 조치를 계속할 수 있다. 그렇다고 누가 감히 당신들 면전에서 비난하겠는가? 누가 감히 당신들의 실상이 어떻다고 큰 소리로 외치겠는가? 그렇지만 당신들은 자유의지로 결단을 내려서 스스로를 존중하고 정의롭게 행동할 수도 있다. 이처럼 정의의 법칙에 순종하여 당신들이 부리는 노예 중에 가장 미천한 자와 동등하게 스스로를 낮출 때 당신들은 유한한 인간이 도달할 수 있는 최고의 정신적 지위에 오르게 될 것이다.

당신들이 지상에서 누리는 숭고한 지위와 모든 외적 장점은 출생신분 덕분에 얻은 것이다. 만약 당신이 양치기의 오두막에서 태어났더라면 지금 왕홀을 잡은 당신의 손은 양치기의 지팡이를 잡고 있을 것이다. 이성적인 사람이라면 누구나 그 왕홀 때문에 당신들이 대표하는 사회를 존경하는 것이지, 정말 당신들을 존경하는 것은 아니다. 우리가 극진히 공경하고 경외심으로 예우해 주고 우리 자신을 낮추어 말하는 대상이 과연 누구인지 당신들은 아는가? 당신들 자신이 아니라 사회의 대표자를 존경하는 것이다. 짚으로 엮은 허수아비에게 왕의 곤룡포를 입히고 헝겊으로 기운 손에 왕홀을 쥐여주어 옥좌에 앉힌 다음 우리가 그 앞에 대령했다고 치자. 그러면 오직 신의 부름을 받은 왕들만이 발산하는 보이지 않는 위엄이 이 허수아비한테는 없노라고 우리가 아쉬워할 거라고 생각하는가? 그렇다고 우리가 허리를 덜 숙이고, 우리의 예우가 덜 외경스럽고, 우리의 말이 덜 공손할 거라고 생각하는가? 우리가 바치는 외경심 중 과연 어느 정도가 당신들 자신의 힘으로 얻은 것인지 탐구해 볼 생각조차 한 적이 없단 말인가? 당신들이 우리 중 누군가와 전혀 다를 바 없다면 과연 우리가 당신들을 어떻게 대할지 생각조차 해본 적이 없는가?

궁정의 신하들에게서는 정직한 답변을 얻지 못할 것이다. 그들은 왕이라는 직책이 아니라 오로지 당신과 당신의 인격만을 존경하고 사랑한다고 맹세할 것이다. 당신들이 그런 대답을 듣기를 좋아한다는 걸 그들은 익히 알기 때문이다. 현자賢者에게서도 정직한 대답은 결코 듣지 못할 것이다. 설령 궁정의 신하들이 알랑대는 그런 분위기에서 현자가 버티고 있다 해도 말이다. 현자라면 당신들의 질문에 사회의 대표자에게 대답하지, 당신들에게 대답하지 않을 것이다. 우리의 동료 시민을 대할 때 마치 거울 속을 보듯이 우리 자신의 인격적 가치를 발견하는 장점은 오로지 사적인 개인에게만 가능하다. 반면 제왕의 진정한 가치는 왕이 죽기 전까지는 누구도 큰 소리로 평가하지 않는다.

그럼에도 불구하고 대답할 만한 가치가 있는 이 질문에 대해 대답을 듣고 싶다면 당신 스스로 대답해야 할 것이다. 당신이 자만에 빠져 속임수 렌즈로 자신을 보지 않고 순수한 양심의 거울로 자신을 비춰 볼 때 당신이 스스로를 존중할 수 있는 수준과 비슷하게 시민들도 당신을 존중할 것이다. 지금 당신을 칭송하는 자가 당신이 왕관과 왕홀을 내려놓으면 당신을 비웃을 것인지 알고 싶은가? 지금은 당신 앞에서 황송하게 물러나는 자들이 당신에게 몰려와서 불손한 짓을 할지 알고 싶은가? 당신이 왕관과 왕홀을 내려놓으면 첫째 날에는 당신을 큰 소리로 비웃고, 둘째 날에는 차갑게 경멸하고, 셋째 날에는 당신의 존재 자체를 아예 잊어버릴지? 아니면 당신이 굳이 왕좌에 오르지 않아도 원래 위대한 사람이었노라고 당신이라는 인간을 존경할지? 당신 자신에게 그렇게 물어보라. 우리가 왕좌와 무관하게 당신이라는 인간 자체를 존경하길 바란다면 당신은 존경받을 만한 인간이 되어야 할 것이다. 그런데 인간이 자유롭게 진리와 정의에 순종하는 것보다 더 존경받을 만한 일은 없다.

자유로운 진리 탐구를 방해해선 안 된다. 당신들이 진리 탐구를 장려할 수는 있다. 그런데 진리 탐구를 장려하는 확실한 방편은 당신들 자신이 그 탐구에 관심을 보이고, 탐구 결과에 겸손하게 귀를 기울이는 것이다. 진리를 사랑하는 탐구자들에게 당신들이 해줄 수 있는 명예로운 보상은 간혹 그들이 다른 사람들을 위해 필요로 할 수는 있어도 그들 자신을 위해서는 전혀 필요하지 않다. 그들의 명예는 당신들이 서명하고

도장을 찍어서 생기는 게 아니다. 그들의 명예는 그들을 통해 깨우침을 얻은 동시대인들의 가슴속에 살아 있고, 등에 불을 밝힐 후세 사람들의 책 속에 살아 있고, 당신들이 수여하는 직책이 통하지 않는 정신세계에 살아 있다. 그들에 대한 보상은 ─'보상'이라는 말 자체가 어폐가 있으니 정확히 말하면 그들이 다른 사람들을 위해 시간과 노력을 쏟은 것에 대한 보상 ─사회가 그들 덕분에 누린 혜택을 검소하게 갚아주는 것으로 족하다. 그들에 대한 진정한 보상은 오히려 더 숭고하다. 그 진정한 보상이란 이전보다 더 자유로운 진리 탐구가 가능해지는 것, 그리고 그들의 정신이 널리 전파되는 것이다.

당신들이 굳이 나서지 않아도 탐구자들 자신이 그렇게 해낼 것이다. 그런데 경제적 보상은 행여 탐구자들에게 모욕이 되지 않아야 하고, 당신들에게도 명예로운 것이어야 한다. 다시 말해 자유인이 자유인에게 제공하는 보상이어서 받는 사람이 거절할 수도 있어야 한다. 또한 탐구자들을 매수하기 위한 보상은 절대로 하지 말아야 한다. 당신들은 진리에 복무하는 사람들을 돈으로 살 수 없다. 그들은 팔려고 내놓은 물건이 아니다.

진리의 탐구자들은 이 시대에 인류가 당면한 가장 첨예하고 절실한 요구를 추구해야 한다. 지배자의 입장이 아니라 자유로운 동료의 입장에서, 정신에 호령하지 않고 정신의 열매를 함께 즐기는 자세로, 지혜로운 손길로 탐구해야 한다. 강압은 진리의 적이다. 진리가 탄생하는 정신세계의 자유 속에서만 진리는 만개한다.

그리고 특히 제후들은 진짜 적이 누구인지 알아야 한다. 당신들의 신성한 권리와 인격을 모독하는 유일한 대역죄인이 누구인지 알아야 한다. 백성들을 무지몽매한 상태로 내버려두고 새로운 오류들을 백성들에게 퍼뜨리고 옛 오류들을 그대로 유지하라고 조언하는 자들, 모든 종류의 자유로운 탐구를 방해하고 금지하라고 조언하는 자들이다. 그들은 당신들의 왕국이 빛 속에서는 존속할 수 없는 암흑의 왕국이라 여긴다. 그들은 당신들의 요구가 어둠의 장막 아래서만 실행될 수 있다고 믿으며, 눈이 멀고 미망에 빠진 자들에게만 당신들의 통치가 먹힌다고 믿는다. 백성들에게 계몽을 전파하는 것을 막아야 한다고 왕에게 조언하는 자는 왕의 면전에서 이렇게 말하는 것이나 진배없다. "폐하의 요구는 건전한 인간 이성을 격분케 하니 건전한 인간 이성을 짓눌러야 합니다. 폐하의 원칙과 행동방식은 밝은 빛을 견디지 못하니 신하들에게 빛을 밝히지 못하게 해야 합니다. 그러지 않으면 신하들은 폐하가 사라지길 바랄 것입니다. 폐하는 사고력이 박약하니 백성들이 현명해지지 않게 해야 합니다. 그러지 않으면 백성들이 폐하를 무시할 것입니다. 암흑과 어둠이 폐하의 권세의 원천이니 암흑과 어둠을 널리 퍼뜨리도록 힘써야 합니다. 날이 밝기 전에 도망쳐야 합니다."

계몽의 빛을 널리 퍼뜨려야 한다고 조언하는 자들만이 진심으로 당신을 믿고 존중한다. 그들은 계몽의 빛이 전혀 해롭지 않다는 당신의 주장이 정당하다고 여기며, 조금이라도 더 계몽의 빛이 확산되면 그만큼 더 많은 혜택이 생긴다는 당신의 생각이 훌륭하다고 여기며, 당신이 계몽의 빛 속에서는 자신의 잘못을 직시해도 감당할 수 있을뿐더러 나아가 자신의 잘못을 직시해서 고치기를 바란다는 당신의 믿음이 고결하다고 여긴다. 그들은 당신이 신성神性과 마찬가지로 빛 속에서 거하여 모든 사람이 당신을 존경하고 사랑하기를 바란다. 오로지 그들의 말에만 귀를 기울여라. 그들은 칭찬과 보상 없이도 조언을 해줄 것이다.

제3부

계몽과 혁명

계몽은 인간 이성의 요청이다

안드레아스 림

개신교 신학자로 베를린 프리드리히 병원의 목사였던 안드레아스 림Andreas Riem, 1749~1814은 프리드리히 2세 치하에서 계몽사상을 전파하는 문필가로서 자유롭게 의견을 개진하면서 영향력을 행사하였다. 하지만 정통 교회와 교리를 비판하는 계몽사상을 통제하기 위해 1788년 7월 프로이센 당국이 종교칙령을 반포하면서부터 림은 정부와 갈등을 빚게 되었다. 곧이어 1788년 12월에는 사상통제를 강화하는 검열칙령이 반포되었다. 이런 상황에서 림은 1788년 초에 「계몽에 대하여: 계몽은 국가와 종교와 사회 전반에 위험한 것인가? 통치자와 정치인과 성직자를 위한 당부의 말」이라는 글을 발표하여 계몽사상을 적극적으로 옹호하였다. 여기에 소개하는 글은 이 글 중 일부이다. 원래 이 글은 익명으로 발표하였지만 필자가 림이라는 사실이 금세 밝혀졌다. 이로 인해 림은 목사직에서 사퇴해야만 했고, 결국 1793년에 프로이센에서 추방되었다.

이 글에서 림은 계몽이 일체의 야만과 편견을 타파하는 이성적 능력을 완성해 나가는 과정이라는 것을 일관되게 역설하고 있다. 개신교 신학자답게 그의 비판은 주로 지난 시대에 왕권을 농락했던 사이비 성직자들과 '교황의 우상'을 겨냥한다. 그렇지만 여전히 신앙의 자유를 박탈하려는 종교적 편견, 그리고 '아첨꾼 성직자들의 노예'가 되어 계몽을 박해하려는 왕들도 동시에 비판의 표적이 된다. 림이 이 글을 발표한 이후 종교칙령과 검열칙령을 반포한 프로이센 당국과 갈등을 빚은 것은 그런 이유 때문일 것이다. 이 글에서 림은 '백성이 군주에게 지켜야 할 의무'와 '군주가 백성에게 지켜야 할 의무'를 쌍무적인 관계로 보고 있고, 또 무조건 복종만 요구하는 군주는 독재자라고 단언함으로써 공화주의적 신념을 피력하고 있다. 그렇지만 "프로이센은 세상에서 가장 계몽된 나라"라고 보는 그의 현실 인식은 '계몽 군주'를 자임했던 선왕先王 프리드리히 대왕에 대한 향수로 인해 곧 닥칠 검열칙령의 사상통제를 간과하지 못하는 맹점을 드러낸다.

계몽은 인간 이성의 요청이다

만약 당신이 아프리카 해안 지역에서 야만적인 흑인 부족 무리 한가운데 있으면서 그들이 인간의 권리를 얼마나 거칠게 유린하는지 목격하고, 칭가[1] 같은 사나운 전사가 피에 굶주린 신앙의 제물로 바칠 전쟁포로들 주위를 빙빙 돌면서 춤을 추다가 제물의 두개골을 도끼로 내리쳐서 사방으로 뇌수가 튀고, 사나운 전사가 갈증에 못 이겨 이 불행한 제물의 피를 마시는 광경을 목격했다고 가정해 보자. 측은지심을 아는 유럽인이여! 당신이 이런 광경을 목격했다면 칭가 같은 야만적인 전사가 계몽되기를 바라지 않겠는가?

---

1 17세기에 앙골라를 침략한 포르투갈 군사를 무찔렀다고 전해지는 전설적인 여장부.

또한 어떤 영국 야만인이 흑인 노예를 철제 우리에 가두어서 우거진 숲속에 매달아 놓고 맹금류들이 며칠 동안이나 그 흑인 몸을 야금야금 파먹어서 지옥의 고문 같은 고통을 겪게 한다고 가정해 보자. 실제로 이런 일이 벌어졌다고 전해지는 캐롤라이나[2] 지방 사람들이 좀 더 계몽되고 인권을 존중하는 법을 배운다면 인류를 위해 좋지 않겠는가?

또한 이로쿼이[3] 부족 남자가 와이언도트[4] 부족 남자를 말뚝 기둥에 묶어놓고 서서히 불로 굽고, 이로쿼이 부족 여자들이 와이언도트 부족 남자의 피멍 든 살을 위에서 아래로 길게 칼로 베어내고 손톱과 발톱을 뽑으면서 서서히 고문을 가하는데, 이로쿼이 부족 사람들이 그렇게 여러 날 동안 고통을 가하면서 와이언도트 부족 남자가 너무 빨리 고문에 굴복했다고 불평한다고 가정해 보자. 이런 상황에서 이 사납고 야만적인 부족을 계몽하는 것 말고는 달리 무슨 좋은 방도가 있겠는가?

엄마의 가슴에 안겨 있는 아이는 본능적으로 엄마의 젖가슴을 찾는다. 자라면서 아이는 다시 낯선 대상을 향해 시선을 돌리고, 그의 부지런한 정신은 죽음이 그의 고귀한 노력의 종착점을 알려줄 때까지 지칠 줄 모르고 배움과 진리를 추구한다. 진리의 적들이여, 올바른 지식을 추구하는 정신적 욕구를 방해하고 질식시키는 것이 세상에서 의무로 강요될 수 있다면 그대들은 어찌하여 자식들을 짐승처럼 키우지 않는가? 그대들은 말한다. 진리를 추구하는 정신은 어느 정도까지만 계발되어야 한다고. 그리하여 진실 대신 선입견을 끼워 넣고, 현명함이 오히려 해로

---

2 미국의 캐롤라이나 지역을 가리킨다.
3 북아메리카 인디언의 일족.
4 북아메리카 인디언의 일족.

울 경우에는 진리를 추구하는 정신을 제지해야 한다고. 하지만 허위의 고약한 동의어인 선입견이 진리의 산물인 계몽보다 더 유익하다고 그대들 중 누가 증명한 적이라도 있는가? 과연 누가 지나치게 똑똑한 바보들에겐 너무 멀리까지 가지 못하게 한계를 그어야 한다고 주장하며, 이성을 오류로 가득 채우고 진리를 추구하는 이성을 타락시켜야 한다고 주장하는가? 과연 누가 진리는 해로운 것이라는 비방이 옳다고 입증할 수 있는가? 어째서 하느님이 우리 인간에게 이성의 척도를 이토록 풍요롭게 부여하셨는가? 인간을 불행에 빠뜨리기 위해서? 하느님이 우리 인간에게 사용해선 안 될 이성적 능력을 부여했단 말인가?

교육을 받지 못해서 불변의 습관처럼 굳어진 선입견에 사로잡혀 정신 능력을 자기 안에 가두어놓고 발전시키지 못하는 거친 인간에서부터 어리석은 고집에 빠져서 선입견을 고수하는 오늘날 유럽인에 이르기까지 이들보다 더 현명하고 더 계몽된 모든 사람과 종족들은 이들보다 더 높은 경지에 도달했고 근시안과 선입견에 빠진 이들의 부러움을 사고 있지 않은가? 그대들의 이성이 평범한 수준에 머문다면 그대들은 계몽된 민족들이 보기에 마치 계몽에 감탄하면서도 정작 예술과 학문에 계몽을 받아들이지 못하는 한심한 중국인들처럼 우스꽝스러울 것이다. 중국인들은 수천 년 전부터 천문 측량을 해왔지만, 그 측량 결과가 틀리다는 것을 다른 민족들이 깨우쳐주었음에도 불구하고 조상들로부터 물려받은 것을 그대로 고수하기 때문에 틀린 것을 개선하지 못하는 것이다. (……)

계몽이 절실히 필요했던 것은 유럽인들이 전반적으로 어리석었기 때문일까? 유럽 민족들이 야만인이고 유럽의 왕들이 폭군이었기 때문일까? 조국의 아버지들이 자식들을 교황의 우상으로 인도하고, 로마 조정의 맹신적 교리로 인도하고, 사악한 미신과 선입견으로 인도하기 때문일까? 다른 종교를 믿는 지방과 왕국들을 단죄하고자 십자군 전쟁을 벌였기 때문일까? 유럽 왕들의 사절단이 로마에서 그들이 섬기는 왕의 이름으로 속죄의 참회를 했기 때문일까? 로마제국의 수장이 힐데브란트의 창가에서 눈 속에서 맨발로 용서를 빌었기 때문일까?[5] 이도 저도 아니라면 계몽이라는 것은 불필요했던 것일까? 오, 지상의 왕들이여! 당신들은 사제들과 한편이 되고, 품위 없는 인간의 비관용 정신과 결탁했구나. 당신들은 무리 지어 이성을 공격하고 계몽을 공격하는구나. 계몽은 사이비 성직자들이 선대의 왕들을 전횡으로 옭아맨 족쇄를 풀어주었건만. 당신들의 위엄과 확고한 권위, 순수한 통치원칙, 왕권을 받쳐주는 든든한 기둥은 계몽의 이성 덕분이건만. 당신들을 진정한 군주로 세워준 것은 바로 계몽이 아니고 무엇이란 말인가? 로마에 있는 신성한 죄인[6]의 지배권을 박탈하여 왕들에게 범접하지 못하게 한 것은 바로 계몽이다. 계몽은 왕들의 생명과 품위를 안전하게 지키고자 불굴의 투쟁을 했고, 왕에 대한 백성들의 충성서약을 가로챈 종교의 편견을 퇴치하였다. 거짓된 광신도[7]가 왕의 자식들을 부추겨 왕을 박해할 때 계몽은 왕들을 그런 자식들로부터 지켜주었다. 계몽은 성직의 권위를 앞세워 으스대는 사이비 성직자들을 추방하였다. 사이비 성직자들은 왕의 신하인 주제에 감히 어전으로 몰려와서 왕들에 맞서서 배은망덕한 권리를 요구하였고,

---

5 힐데브란트(Hildebrand)는 로마 교황 그레고리오 7세(Gregorio VII, 재위 1073~85)를 가리킨다. 그레고리오 7세는 신성로마제국의 황제 하인리히 4세(Heinrich IV, 1050~1106)를 카노사에 유폐시키고 속죄하게 했다.
6 교황을 말한다.
7 교황을 말한다.

왕들의 궁성 한가운데서, 왕의 당당한 기사들이 모여 있는 한가운데서 감히 왕을 비방하였다. 그들은 왕의 신하들이 묻혀야 할 명예로운 묘지를 빼앗았고, 신앙생활의 자유를 박탈했으며, 나라의 운세를 북돋울 모든 것을 금지하고 탈취하였다. 어째서 당신네 왕들은 당신들에게 혜택을 안겨준 계몽사상을 박해하려 하는가? 어째서 당신들은 어리석은 조언자인 고해신부의 독단적 생각을 내치지 않고 쉽게 받아들여 당신들의 양심에 굴레를 씌우도록 내버려두는가? 통치자로 태어난 당신들은 어째서 아첨꾼 성직자들의 노예가 되려 하는가? 분명히 그들은 당신들의 건승을 도모하려는 게 아니라 온갖 간교한 기만의 수단을 동원하여 그들 자신의 위신만 추구하지 않는가? 아직도 죄의 사함이 사제들의 권한이라 믿는가? 만약 그렇다면 오로지 하느님과 자신의 양심에 따르는 고귀한 자유의 권리도 포기하라. 왕좌에 앉은 노예가 되어라. 미신과 편견의 족쇄를 차라. 그와 동시에 나라의 사표師表가 되는 고귀한 사람들의 존경도, 후세의 존경도 단념하라. 군주들의 장래는 밝지 않다.[8] 신하들을 학살한 샤를 9세의 왕권은 정의의 심판을 받았다.[9] 또한 신교도를 박해한[10] 루이 14세는 후세의 현명한 심판을 받았다. 사람들은 그를 루

---

8 이 글을 발표한 시점이 프랑스 대혁명이 있기 한 해 전이므로 전통적인 왕권이 새 시대의 도전에 직면해 있다는 뜻으로 이해할 수 있고, 또한 군주들이 후대에 좋은 평가를 받기는 어렵다는 뜻으로 해석할 여지도 있다.

9 프랑스의 왕 샤를 9세(Charles IX, 1550~74) 치하에서 가톨릭 진영이 신교도 위그노파를 대학살한 사건을 암시한다. 샤를 9세의 왕권이 추락하여 구교도와 신교도의 충돌을 막지 못한 것을 두고 이 글의 필자는 샤를 9세가 신교도 대학살을 묵인 방조하여 결국 수만 명의 신교도 '신하들'을 죽음에 이르게 한 것으로 해석하고 있다.

10 신교도에 대한 차별을 금지하고 신앙의 자유를 선언한 낭트칙령(1598)을 루이 14세(Louis XIV, 1638~1715)는 폐기하여 신교도 차별과 억압을 부추겼다.

이 대왕이라 부르기도 하지만, 그는 경기병과 교수대와 노예선을 동원하여 신교도를 다시 구교도로 개종시켰으니 가히 무법자라 불릴 만하다. 나약한 군주들은 아첨꾼들 사이에서만 빛이 나는 법이니, 죽음의 손길이 왕관을 거두어 가면 후세는 그런 군주들을 경멸하는 것이다. 펠리페 2세,[11] 그리고 그의 무자비한 폭정의 앞잡이로 악귀처럼 폭력을 휘둘렀던 알바 공작[12]은 수십만 명을 학살했다. 그러니 후세 사람들은 이들을 기억할 때 오명의 낙인을 찍을 수밖에 없지 않을까? 역사가 이들의 이름을 기억하는 한 영원한 치욕으로 남을 빌미를 스스로 제공했던 것이다. 신앙을 사랑하지만 국가의 훌륭한 시민인 그 누구도 박해하지 않는 왕이 다스리는 나라는 복되도다. 그리고 왕이 궁정의 사제들에게 자유로운 의견 개진을 허용하되 그 사제들과 다른 생각을 가진 사람도 더불어 보호하는 나라, 왕이 계몽을 애호하고 계몽을 억압하지 않는 나라, 왕이 때로는 맹수보다 더 위험한 어리석은 바보들보다는 이성적인 사람들을 통해 통치하는 나라는 복되도다. 요제프 2세[13]처럼 계몽을 장려하는 나라, 계몽에 힘입어 훌륭한 군주가 다스리고 정의로운 법과 고귀한 행

---

11 스페인 왕 펠리페 2세(Felipe II, 1527~98, 재위 1556~98)는 침략전쟁을 자주 일으켜 국고를 탕진했고 가톨릭을 맹신했다.

12 페르난도 알바레스 데 톨레도 알바(Fernando Álvarez de Toledo Alba, 1507~82). 권모술수에 능한 스페인의 장군이자 정치인으로, 당시 스페인 치하에 있던 네덜란드 총독으로 부임하면서 네덜란드인과 특히 신교도 탄압에 앞장섰다가 오히려 네덜란드 독립운동의 빌미를 제공했다. 괴테의 희곡『에흐몬트』(Egmont, 1788)에서 알바는 네덜란드 백성들이 믿고 따르는 지도자 라모랄 에흐몬트(Lamoral Egmont) 백작을 계략으로 체포하여 처형하며, 에흐몬트 백작의 고귀한 희생이 네덜란드 독립운동의 기폭제가 된다.

13 오스트리아의 황제 요제프 2세(Joseph II, 재위 1765~90)는 계몽정신에 입각한 개혁을 추진하였다.

동과 행복이 넘치는 왕국은 복되도다.

인간의 이성은 계몽을 필요로 한다. 이성적 힘의 계발, 이성적 사고의 촉진, 이성적 지식의 정화, 이성적 능력의 완성이 곧 계몽이다. 계몽이 없으면 인간 사고의 올바른 원칙은 존재할 수 없고, 인간 감성에 진리가 깃들 수 없으며, 올바른 판단력과 사고력의 개선과 철학적 원칙의 완성은 불가능하다. 계몽은 자연의 영역과 인간 지성의 영역에서 경이로운 성과를 낳았다. 계몽에 힘입어 우리는 천둥소리에 차분히 귀 기울일 수 있게 되었다. 진실로 계몽은 우리가 빛을 어떻게 이용할 수 있는가를 가르쳐주었다. 계몽을 통해 자연의 장엄한 사건은 숭고함을 부여받았으며, 만약 계몽을 통해 자연이 해명되지 않았더라면 미신을 신봉하는 자들에 의해 단지 천벌의 도구로 폄하되었을 것이다. 계몽에 힘입어 우리는 안전하게 항해하는 방법을 깨우쳤고, 사나운 폭풍우도 헤쳐나갈 수 있는 수단을 확보하였다. 계몽에 힘입어 우리는 대지의 수확물을 증대시키는 법을 배웠고, 농부는 보다 쉽게 생계를 유지할 수 있게 되었다. 계몽은 편견의 저항에 부딪쳤지만 편견을 정복했다. 그 과정은 점진적이지만 계몽은 그만큼 더 힘을 얻게 된다.

계몽은 어느 정도까지 가능한가? 계몽의 한계는 있는가 없는가?

이 문제는 중요하다. 계몽이 유익한지 해로운지, 계몽과 기만 중 어느 것이 더 좋은지에 관한 모든 판단이 바로 이 문제에 대한 논의에 달려 있다.

순수한 진리의 원칙에 따라 개념을 바로잡는 것이 곧 계몽의 핵심이라면 계몽에 한계를 설정하려는 사람은 죄를 범하는 것이다. 계몽의 영향력이 확산될수록 국가와 통치자는 더 행복해진다. 국가 운영과 종교 문제와 관련하여 이 점을 깊이 숙고해서 판단해 보자.

국가는 계몽을 통해 손해를 보는가, 아니면 이득을 얻는가? 종교는 계몽을 통해 손해를 보는가, 아니면 이득을 얻는가? 도대체 기만이 필요하며 유익한가?

국가는 계몽을 통해 손해를 보는가, 아니면 이득을 얻는가?

계몽은 기만과 편견에 맞서 싸운다. 이 싸움에서 계몽이 승리하면 국가는 무엇을 잃는가? 기만과 편견을 잃는다.

계몽의 힘으로 한 나라의 국부國父로 등극한 통치자에서부터 그의 신하들 중 ─계몽을 통해 덕을 갖추어야 할─ 가장 미천한 자에 이르기까지 모든 국민을 대상으로 이 문제를 탐구해야 한다.

무조건 복종만 요구하는 통치자는 독재자이다. 그런 독재자에겐 모든 것이, 나라 전체가 그의 소유물이다. 통치자는 신하들의 생각을 두려워해야 하지만, 독재자는 신하들의 생각을 마음대로 통제한다. 태국에서는 전제군주가 모든 것을 장악한다. 그의 전횡에 복종하는 신하들이 먹음직스러운 과일이 주렁주렁 열린 과일수를 보면 그 나무를 심고 수확을 기다리는 농부에게 이 열매는 모두 왕의 것이라고 말한다. 오스만족의 황제는 부유한 신하가 있으면 그의 보물을 탐하여 오랏줄을 든 벙어리들을 그에게 보내고, 그러면 신하는 순순히 목을 내민다. 오스만족의 황제는 어느 무슬림의 외동딸이 미인이라는 소문을 들으면 부모에게서 딸을 빼앗아 욕정을 채운다. 중국의 황제는 고관대작들을 당나귀에 태워서 모욕을 준다. 일본의 천황은 신하들에게 할복자살을 명한다. 스페인 왕은 신하들을 종교재판에 넘기고, 이들보다 세력이 약한 전제군주들도 신하들이 양심을 지킬 권리를 박탈한다. 그렇게 행동하는 군주들이 과연 계몽되었을까? 그들은 편견과 기만을 통해 행복해질까? 태국, 이스탄불, 중국, 일본의 황제들은 모두 살해되어 난도질당하거나 눈이 찔려 장님이 되거나 교수형에 처해지지 않았던가? 종교의 나쁜 선례를 답습했던 끔찍한 기만과 전횡은 모두 그런 최후를 맞았다.

나라를 아버지처럼 다스린 군주에게 백성들은 독재자의 백성들보다 덜 충성했을까? 그런 군주가 도입한 계몽된 국가 운영 원칙은 신하들의 사랑을 받고 백성들의 충성심을 고무하지 않았던가? 신하들은 그런 군주를 위해 죽는 것을 기꺼이 의무로 받아들이지 않았던가? 라바야크[14]가 앙리 4세를 살해한 것은 그가 계몽되었기 때문이었을까? 아니면 계몽된 신앙의 부재, 계몽된 신앙을 믿는 자들의 부재 때문이었을까? 프로이센의 군주 중 과연 누가 신하들의 배반이 두려워 호위병을 필요로 하겠는가? 프로이센의 군주는 마치 아버지가 자녀들과 함께 어울리듯 신하들과 더불어 자유롭게 산보할 수 있지 않은가? 의문의 여지 없이 프로이센은 세계에서 가장 계몽된 나라이다. 계몽의 수도 베를린에서는 군주의 생명이 안전하고, 모든 나라의 법률 중에서도 가장 지혜로운 법률을 통해 신민들의 안녕과 양심의 권리와 시민의 자유가 확고한 기반 위에 보장되어 있고 앞으로도 영원히 그럴 것이다! 여기서는 학문과 예술이 활짝 꽃핀다. 프로이센의 군주들은 유럽의 다른 제후들에게 시비

---

14 프랑수아 라바야크(François Ravaillac, 1578~1610). 프랑스의 가톨릭 광신도로, 앙리 4세를 가톨릭으로 개종시켜야 한다는 계시를 받았다는 망상에 사로잡혔다. 앙리 4세가 스페인령 네덜란드를 침공하자 이를 교황에 대한 반역이라 단정하고 그를 살해했다.

를 걸며 군림하려는 야심을 부리지 않고 우리 프로이센에서는 친숙한 의연한 자세로 명망을 누린다. 다른 나라의 왕과 조신들은 그들의 밀실에서 유럽에 영향력을 행사하려 든다. 그렇지만 프로이센의 군주들, 헤르츠베르크나 핑켄슈타인[15] 같은 조신들은 그런 허언을 하지 않고 행동으로 모범을 보여준다. 이들은 마치 천둥번개처럼 전국 방방곡곡을 누비고 다니기 때문에 사악한 자는 이들의 뇌성벽력을 두려워한다. 이들이 지나가면 악천후도 이 나라를 위한 축복이 된다. 바로 이것이 프로이센이다. 프로이센은 세상에서 태양처럼 빛난다. 그러니 다른 나라들은 프로이센의 왕을 두려워하며, 이 나라의 백성은 왕을 신처럼 받드는 것이다. 이 나라의 정의롭고 계몽된 조신들은 백성들의 권리를 헤아릴 줄 알고, 결코 오만에 빠지지 않고 자기보다 신분이 낮은 선량하고 현명한 시민들의 공적을 존중한다. 프로이센의 왕이 다스리는 백성은 지상에서 가장 자유롭다. 왕이 인권을 침해하지 않으면 이성적인 사람 누구나, 계몽된 사람과 계몽되지 않은 사람들까지도, 왕이 바라는 대로 생각하고 행동할 수 있기 때문이다. 프로이센은 계몽이 나라를 행복하게 해준다는 가장 확실한 증거이다! 아, 사이비 성직자들의 간계와 어리석음이 절대로 이 나라에서 활개 치지 못하기를! 그런 자들의 어리석음이 결코 이 위대한 이름과 명예를 더럽히지 않기를! 고귀한 프로이센이여, 이 나라의 수장이 모든 백성에게 관용을 베푸는 천상의 영광이 함께하기를!

계몽의 반대자들도 있다. 그들은 계몽이 무제한의 자유를 요구한다고 거짓말을 한다. 그것은 터무니없는 편견이자 어리석은 나약함의 징표

---

15 헤르츠베르크(Herzberg)와 핑켄슈타인(Finkenstein)은 프리드리히 2세 치하의 프로이센 각료들이다.

일 뿐이다. 사적 소유권의 도입은 소유권 분쟁을 해결하는 법률을 필요로 하였고, 다양한 사회계층의 요구는 각각의 요구를 대변하는 지도자를 필요로 하였다. 그 지도자들은 황제, 왕, 귀족, 민주주의자 등으로 일컬어진다. 그렇지만 여기서 명칭은 전혀 중요하지 않다. 요컨대 모든 사회는 그 수장과 입법자와 법의 집행자를 필요로 한다. 법을 지키고 수호하는 자들이 없다면 법이 무슨 소용이 있겠는가? 능숙한 뱃사공이 노를 젓지 않으면 나라의 안위가 어떻게 보장되겠는가? 법에 위배되는 그 어떤 행위도 하지 않으려는 자유보다 더 고귀한 자유가 있을까? 정의로운 시민은 결코 법을 위반할 생각을 하지 않는다. 법은 시민의 자유를 구속하는 폭군이 아니다. 정의로운 시민은 국가에 해가 되는 그 어떤 행위도 하지 않기 때문이다. 계몽은 법을 무시하는 고의적이고 해로운 경거망동을 규제해야 하는 무조건적 필요성을 직시하고 있으며, 천박한 결정론자만이 법에 위반되는 악행을 비호할 것이다. 그런 자가 계몽주의자인가, 아니면 무지몽매한 자인가? 거듭 말하거니와 나쁜 짓을 하지 않는 사람의 입장에서 보면 결코 법은 자유를 위협하지 않는다.

그런데 국가에 세금을 내는 것도 인간의 자유를 침해하는 것이 아닐까? 이 문제에 대한 계몽의 입장은 어떠한가? 그 대답은 이렇다. 이 나라의 시민이여! 만약 당신의 재산을 침탈하려는 자가 당신보다 힘이 세다면 어떻게 당신의 재산을 국내외의 적들로부터 당신 혼자 지켜낼 수 있겠는가? 만약 법이 없다면 어떻게 당신의 재산을 안전하게 지킬 수 있겠는가? 법이 있는 곳에서는 법을 제정하고 집행하는 사람들이 있어야 한다. 그리고 그들의 활동을 이끌어갈 수장이 있어야 한다. 당신을 지켜주는 수장과 관리들이 활동할 수 있도록 세금을 내는 것이 저렴한 비용으로 당신의 안위를 지키는 길이 아닌가? 그들은 자기 자신을 위해서가 아니라 나라를 위해 일하지 않는가? 당신을 지켜주는 수장이 왕의 위엄을 유지하지 못한다면 무슨 힘이 있겠는가? 당신과 마찬가지로 힘이 없고, 반대자들의 복종을 이끌어내고 만인의 존경을 받을 수 있는 권능이 사라지는 것이다. 당신의 재산을 지키려면 이웃 나라들의 질시와 정복욕에 맞설 만한 군대가 있어야 한다. 국민을 위해 일하는 나라의 수장과 관료와 군대를 책임지는 임무를 국민 아니면 누가 맡겠는가?

계몽을 비방하는 자들은 계몽이 위험하며 국가에 위험한 자유의 원칙을 지녔다고 비난한다. 그렇지만 계몽이 확산될수록 군주가 신민에게 지켜야 할 의무와 신민이 군주에게 지켜야 할 의무가 더욱 분명히 밝혀질 것이다. 그리고 군주와 신민이 고귀한 뜻으로 합심하여 나라 전체를 위해 일하도록 북돋울 것이다. 물론 계몽은 폭군에겐 순종하지 않을 것이며, 아직 성숙하지 못한 나약한 자에게는 단지 왕좌에 앉아 있다는 이유만으로 듣기 좋은 말을 하지는 않을 것이다. 그렇지만 계몽은 나약한 군주도 선왕들의 공덕을 유산으로 물려받고 있다는 것을 존중한다. 그리고 왕권을 모욕하지 않고 (진정한 계몽은 결코 왕권을 모욕하지 않는다) 군주의 조언자, 나라의 조력자가 될 것이다.

진정한 정치적 계몽과 거짓된 정치적 계몽

프리드리히 카를 폰 모저

모저는 프랑스 혁명의 직접적인 영향을 의식하면서 쓴 이 글 (1792)에서, 부적절한 곳에 너무 많은 계몽의 빛을 투여할 경우 실제로 해로울 수 있다고 주장한다. 신앙이 없는 계몽은 인간이 필요로 하는 안식과 위안을 없애버려 위험할 수 있다. 지금 통용되는 자연법 이론도 인간이 만들어낸 것이기 때문에 모저는 사람들이 자신의 열정에 따라 살도록 내버려두면 결국 전쟁을 야기하고 사회를 파멸시키는 결과를 초래할 거라고 말한다. 그는 또한 계몽주의자들이 종종 신앙을 묘사하는 데 사용하는 광신주의Schwärmerei가 오히려 계몽주의자들 자신에게 해당한다고 지적한다. 모저는 안드레아스 림에 비하면 신앙과 급진적 계몽의 양립 가능성에 대해 덜 낙담했지만, 요한 게오르크 하만에 비하면 더 비관적이었다. 모저는 급진적 계몽과 반동적 보수주의 사이의 중도적 길을 모색한다. 모저가 발간한 저널 《신新 애국논총》*Neues Patriotisches Archiv*이 "빛을 비추되 불을 지르지는 마라"라는 모토를 표방한 것은 그의 절충적 중도노선을 단적으로 말해 준다.

《반츠베크 소식》*Der Wandsbeker Bote*[1] 제5부 95쪽에는 일본 천황이 써서 보냈다는 다음 글이 실려 있다.

만약 계몽을 통해 아버지와 아들, 남편과 아내, 주인과 하인이 서로 더 돈독한 사이가 되고, 나의 신하들이 더 훌륭한 신하가 되고 내가 더 훌륭한 군주가 된다면 나는 기꺼이 계몽을 받아들일 것이다. 나는 유럽의 계몽주의자들이 이런 측면에서 얼마나 큰 성과를 거두었고 어떻게 그런 일을 시작했는지 무척 알고 싶다.

민중에 대한 억압에 비례하여 점점 커지는 정신적 권력이 있다. 보이지 않는 힘을 키우고 전파하는 그 정신적 권력은 온갖 현혹과 기만의 술수를 부리는 전제정권을 견제할 강력한 저항력을 추구할 뿐만 아니라 전제정권의 가장 깊은 토대를 뒤흔들고 전복할 위협으로 다가오고 있다.

전제정권의 전복과 더불어 집안의 주인뿐 아니라 집 자체와 거주민까지도 파멸시킨다 하더라도 그 정신적 권력은 결코 위협을 멈추지 않을 것이다. 그리하여 힘의 균형을 깨고 사악한 정권을 무너뜨리고 그 대신 오로지 선善으로 뭉치고 과오를 진리로 대체하는 권력을 세우려는 것이다.

여기서 전제정권이 해롭고 전횡적이고 있어선 안 될 권력을 뜻한다면, 그러한 전제정권에 맞서는 정신적 권력은 계몽이라는 말로 집약할 수 있을 것이다.

---

1 1770~75년에 마티아스 클라우디우스(Matthias Claudius, 1740~1815)가 반츠베크에서 발행한 잡지.

계몽이라는 말이 창조주의 손으로 빚어낸 이성의 신성한 선물로서 여전히 천상의 순수한 정결함을 간직하고 있다면 계몽이라는 말 대신에 철학이라는 말을 사용해도 무방할 것이다. 그렇지만 모든 정신의 왕국이 그러하듯 이 경우에도 구별이 필요하다. 선한 정신과 악한 정신이 존재하듯이 진정한 계몽과 거짓된 계몽이 존재한다(이러한 차이에 대해 자세히 검토한 이후로는 이러한 구별에 대체로 의견이 일치하고 있다).

　진정한 계몽이 수행하는 일은 모든 인류에게 빛과 진리와 성숙한 삶을 전파하고, 조화와 질서, 평온과 평화를 전파하는 것이다.

　잘못된 계몽이 하는 일은 깨우침 대신에 현혹을, 가르침 대신에 기만을, 화합 대신에 파괴와 불화를, 자유 대신에 파렴치를 전파하여 사람들의 머리를 혼란에 빠뜨리고 고소해하며, 사람들의 마음을 그릇된 길로 인도하는 것이다.

　자고로 어느 시대에나 진정한 예언자와 거짓된 예언자가 함께 존재했고, 진리와 지혜를 믿고 따르는 사람들도 있었고 사악한 유혹에 빠져서 기만당한 사람들도 있었다. 이와 마찬가지로 계몽주의자들 또한 진짜가 있는가 하면 겉만 번지르르한 가짜도 있다.

　'진리는 빛을 감당할 수 있어야 한다'라는 말은 진짜 계몽주의자와 가짜 계몽주의자가 똑같이 흔히 하는 말이지만, 그 의도와 용법은 판이하다. 좋은 경찰이라면 가리개를 씌우지 않은 등불을 들고 불이 잘 붙는 장소, 예컨대 짚과 건초가 널린 곳이나 외양간 등을 드나들지 못하게 금지할 것이다. 또한 등불을 들고 화약고에 들어가는 것은 생명의 안전을 위해 어디에서도 허용되지 않을 것이다. 불을 밝힌다는 핑계로 온 집을 다 태워버릴 정도로 많은 불을 집 안에 들인다면 그것은 범죄행위일 것이다. 또한 백주대낮에 햇빛을 더 밝게 하겠다고 등불을 켠다면 어리석은 짓일 것이다. 그리고 무덤 속에 누워 있는 고인이 볼 수 있도록 하겠다며 공동묘지에 불을 밝히는 것도 어불성설이다. 오늘날 일부 계몽주의자들이 벌이는 온갖 작태는 그처럼 얼토당토않게 불을 밝히고 돌아다니는 형국이다.

그처럼 계몽의 빛을 경솔하게 남발하는 행위에 대해 그들은 변명하기를, 대담무쌍하고 가차 없는 가르침을 통해 진리는 더욱 엄선되고 정화되어 공고해진다고 주장한다. 그런데 식구들이 모두 정직한 어느 집안에서 자녀가 자신의 정직함을 증명하기 위해 아버지를 사기꾼이라고 손가락질한다면 과연 그런 일을 정직한 집안이라고 감내해야 할까? 조정의 신하가 방방곡곡을 돌아다니며 생각이 단순한 농부에게 이 나라의 왕은 바꿔치기를 한 가짜이니 복종하지 말고 반란을 일으키라고 선동한다면, 과연 그런 사태를 방치해야 할까? 위폐범이 위조화폐를 만들어 유통시켜서 화폐 감식관에게 진짜 화폐와 가짜 화폐를 구별할 수 있게 해주었다고 해서 과연 그 위폐범의 죄가 사면될 수 있을까?

진리와 자유의 명분을 앞세워서 모든 것을 원천적으로 파헤쳐도 무방하고 또 그래야 마땅하다는 믿음이 횡행한다면 세상에 어떤 왕의 권좌도 안전하지 못할 것이며, 어느 가정의 가장도 안전하지 못할 것이다.

또 다른 예를 들어보자. 베를린 또는 상수시 궁전에 이탈리아인이 찾아와 진짜 독약毒藥을 제조하는 능력을 보여주고서, 궁정 약사들에게 제조기술을 가르쳐줄 테니 독점 판매권을 달라고 요청한다면 과연 그의 청을 들어주는 것이 온당할까? 아니면 인류의 적이자 집안의 평화와 안녕을 해치는 자를 그의 제조기술과 더불어 꼼짝 못 하게 가두어야 하지 않을까? 그런데 이것은 단순한 가정이 아니라 실제로 있었던 이야기다.

1750년대에 어떤 독약 제조업자가 슈톨베르크 백작Graf Stolberg , 1691~1771
을 찾아와서 자신을 방랑 기사라고 소개하고서 독약 제조기술을 동물
실험으로 입증해 보였다. 그자는 백작에게 자신을 프로이센의 선왕[2]에
게 천거해 달라고 요청했지만, 명민한 백작은 그자를 종신징역형에 처했
던 것이다. 나는 1756년에 프랑크푸르트 암 마인에 있는 라인벡[3] 씨 댁
에서 슈톨베르크 백작이 좌중에게 이 이야기를 하는 것을 직접 들은 적
이 있다. 이제 프로이센의 재상에서부터 법학 교수에 이르기까지 모두
에게 물어보시라. 독약을 팔겠다고 돌아다니는 자가 자신이 직접 독약
을 만들지는 않았고 다른 사람들에게 이 독약의 성분과 효능을 연구해
해독제를 만들 기회를 주었다며 둘러댄다고 해서 과연 그런 자가 죄를
면할 수 있겠는가?

  건전한 이성과 순수한 마음을 지닌 사람은 진정한 계몽이 그 본질과
내용상 어느 곳에서나 모든 신분의 사람에게 유익하게 활용될 수 있고
혜택과 축복을 가져다준다는 데 동의한다. 현명하고 어진 군주라면 분
명히 그런 계몽을 기꺼이 반길 것이며, 계몽을 열성적으로 옹호하는 민
중의 벗이 계몽을 칭송하는 것만큼이나 계몽의 가치에 감사할 것이다.
현명하고 어진 군주는 몸소 나서서 계몽의 빛이 더 널리 전파될 수 있
도록 힘쓸 것이다.
  그렇지만 진리와 기만을 명확하게 구별할 수 있을 만큼은 계몽의 명
암이 아직 분명히 구별되지 않고 있는 실정이다. 그리하여 계몽의 효과

---

2 프로이센의 프리드리히 대왕(1712~86)을 말한다.
3 프랑크푸르트의 와인 제조업자.

적 활용과 악용, 진짜 화폐와 위조화폐가 아직은 너무 뒤섞여 있어서 그 위험과 기만성을 우려하지 않을 수 없고, 두려워하지 않아도 될 일을 두려워하지 않을 수 없으며, 방심하지 않고 깨어 있는 정신으로 신중을 기하지 않을 수 없다.

이 문제에 대한 나의 정직한 고백을 간단히 말하자면 이렇다. 신앙에 기반을 두지 않은 모든 계몽, 피조물이 창조주에 의지하고 있다는 믿음에서 출발하지 않은 계몽, 창조주가 피조물인 인간에게 선의와 배려를 베풀고 있다는 믿음에서 출발하지 않은 계몽, 창조주의 뜻과 명령과 넓은 세상을 보살피는 섭리에 대해 의무와 사랑, 경외심과 감사로 순종하지 않는 계몽은 인간을 독단과 오만과 격정에 사로잡히게 하고, 타락한 천사 루시퍼의 자만을 부추긴다. 그런 인간은 자기가 누구에게도 의존하지 않는 유아독존의 주인인 양 행세하며 자의적인 자연법을 만들려 하고, 타락과 패륜과 악덕을 부추길 뿐 아니라 모든 시민사회의 와해와 해체를 초래하며, 사람들 사이의 불화를 조장해서 결국 철학의 이름으로 시작된 일이 야만적인 살인으로 종지부를 찍게 될 것이다.

신학적 계몽과 철학적 계몽, 그리고 정치적 계몽을 비롯한 모든 계몽은 적어도 인간의 한시적이고도 영원한 행복과 보조를 맞추지 않으면 수상쩍은 것이다. 종교적 계몽이든 정치적 계몽이든 간에 모든 계몽은, 만약 지금 세상의 교육 수준에 맞게 인간이 필요로 하는 위안과 진리의 빛, 삶의 지침과 안식을 박탈하거나 거꾸로 인간의 정신적 능력에 맞게 이용하고 관리할 수 있는 수준보다 더 많은 것을 제공하려 한다면 결국 인간에 대한 기만과 현혹일 뿐이며, 이성적이고 정직한 인간의 행위가 아니라 미신이나 전제정치만큼이나 나쁘고 위험한 것이다.

진리는 중용에 있다. 이 중용의 길을 찾는 사람, 이 중용의 길을 올바르고 분명하게 제시할 수 있는 사람은 축복받을 것이다.

내 생각에는 진정한 계몽이 무엇인가 하는 문제에 대해 긍정적인 원칙을 보편적 기준으로 제시하고 어느 범위까지 계몽이 되어야 하는가를 명확히 구획하고 분명히 명암을 가리기보다는 오히려 무엇이 진정한 계몽이 아닌지 부정적으로 답하는 것이 더 적절해 보인다. 우리 인간이란 얼마나 나약하고 근시안적이고 파편적인 존재인가! 50년, 100년, 200년 전까지만 해도 감히 생각도 못 하고 바라지도 못하고 입에 담을 수도 없었던 금기사항이 지금은 모든 연단에서 공공연히 설파되고 있다. 10년 전까지만 해도 국왕 모독죄로 기소되었을 법한 발언들, 마치 울리히 후텐Ulrich Hutten이 데시데리위스 에라스뮈스Desiderius Erasmus에게 "도망치시오!"라고 했듯이 몸을 사려야 했던 발언들을 지금은 모든 연단에서 주장하고 있으며, 황제와 제후들의 특명으로 버젓이 인쇄해서 유포하고, 모든 나라의 수장이 인정하고 신봉하고 예찬하고 있으며, 좋든 싫든 그에 따라 행동하고 있다. 우리는 언제, 어디서, 어떻게, 누구에 의해 계몽의 빛이 밝혀지기 시작했는지 추정할 수 있다. 그렇지만 언제, 어디서, 어떻게 계몽의 빛이 종지부를 찍을 것인지는 모든 사태가 전반적으로 뒤바뀐 이후에나 깨닫게 될 것이다.

모든 세기는 그 시대만의 지혜와 어리석음, 진리와 과오를 동시에 갖고 있다. 때로는 위대한 진리의 전파로 시작된 세기가 그 진리보다 더 큰 과오로 끝나기도 한다. 흔히 그 반대의 경우도 있어서 미로 속에서 길을 잃고 헤매다가 마침내 바른길을 찾아가기도 한다. 이 시대가 애지중지하는 이념도 아마 그런 운명을 겪을 것이다. 지금 그 이념은 프랑스의 거대한 국영시장에서 영리한 고객들과 어리석은 고객들에게 널리 팔리고 있으며, 그 숭배자들과 추종자들은 그 이념을 철학적·정치적 어음처럼 감언이설로 강매하려 하고 있다.

계몽이 혁명에 끼치는 영향에 대하여

요한 하인리히 티프트룽크

요한 하인리히 티프트룽크Johann Heinrich Tieftrunk, 1760~1837는 칸트 철학의 계승자로 칸트의 저서를 처음으로 편찬했으며 1792년부터 할레대학 교수를 지냈다. 그는 『통치술과 입법에 대하여』Über Staatskunst und Gesetzgebung, 1791라는 저서에서 독일 군주들이 폭력혁명을 방지하려면 신중한 개혁을 추진해야 한다는 견해를 피력했다. 1794년에 익명으로 발표한 다음 글에서도 정의와 진리를 추구하는 이성의 원리인 계몽을 혁명의 원인으로 보는 시각을 비판하고 계몽을 옹호하는 한편, 계몽적 개혁을 통해 폭력혁명을 방지해야 한다는 논지를 펴고 있다.

우리는 지금 계몽의 세기에 살고 있다. 이것이 우리 세기의 영광이 될 것인가, 아니면 치욕이 될 것인가? 또한 우리는 혁명의 시대에 살고 있다. 지금 여러 나라의 안녕을 해치고 있는 것은 계몽인가? 이 문제와 관련하여 모든 신분의 사람이 계몽을 옹호하는 학자들을 비판하고 있다.

203

계몽을 옹호하는 학자들이 계몽을 통해 민중의 불만을 고조시키고 있다는 것이다. 또한 국가의 안녕을 해치는 원칙을 민중 사이에 유포하고 있다고 한다. 민중의 신앙을 타락시켜서 무절제와 전반적인 윤리의 타락을 야기하였다는 것이다. 그러니 우리 시대에 매일같이 반역정신을 야기하는 모든 악덕에 대해 책임을 져야 한다는 것이다. 요컨대 계몽이 곧 혁명의 원천이라는 것이다.

이로써 사람들은 인간 지식의 모든 진보를 불신하게 만들고, 계몽 개념을 온갖 종류의 혐오스러운 부차적 개념과 연결하려 한다. 그리하여 이제 이단, 자유사상, 자코뱅주의, 그리고 모든 존엄한 가치를 파기하려는 작태를 계몽이라 일컫는다. 이제 계몽은 반역죄로 간주된다. 그러므로 이제 계몽 개념을 보다 엄밀히 규정해야 한다. 그런 다음에야 계몽이 우리 시대의 사건에 어떤 영향을 주는가 하는 문제를 제대로 따져볼 수 있다. 계몽이라는 것은 인간이 스스로 사고할 수 있는 능력의 진보를 뜻하며, 또한 윤리에서의 진보를 뜻한다. 이를 위한 노력은 인간의 이성적 본성의 요청이며, 우리가 우리 자신과 인류를 위해 반드시 지켜야 할 지고의 의무이다. 그 과정에서 인류가 소중히 여기는 신성하고 존엄한 진리, 시민사회의 안녕을 담보하고 윤리와 종교에 대한 존중심을 담보하는 신성하고 존엄한 진리는 결코 침해될 수 없다. 왜냐하면 결국 그것은 참이라고 추정되기 때문이다. 내가 스스로 사고할 수 있는 능력을 연마하고 보다 명확하고 체계적인 인식을 위해 노력하면 할수록 나는 인간으로서 그리고 국가의 시민으로서 나의 소명에 그만큼 더 부응하는 것이다. 실천이성은 나에게 지고의 윤리법칙을 부과한다. 그리고 그 윤리법칙을 통해 실천이성은 나를 종교의 가장 중요한 근본진리로 인도한다. 자연에 대한 관찰에 몰입할수록 자연의 위대한 창조주에 대한 나의 외경심과 사랑과 존중심이 더더욱 커진다. 분별 있는 인간 정신은 인간의 인식능력 바깥에 있는 비밀을 감히 캐내려 하지 않는다. 그런데 불행하게도 프랑스에서 국가가 전복되고 훌륭한 전통을 자랑하는 유구한 법의 정의와 권위가 파괴되었다고 해서 어떻게 계몽을 비방하고 최선을 다하는 이성을 비방할 수 있겠는가? 어떻게 국가 전복을 통해 야기된 잔혹한 범죄행위의 원인이 계몽 때문이라고 간주할 수 있는가? 사람들은 오랜 법질서의 파괴를 인류를 침해한 행위라 간주한다. 이성은 모든 법과 정의의 원천이고, 이성이 없다면 정의에 관한 개념 파악조차 할 수 없다. 그렇다면 이성의 원칙에 입각한 계몽이 정의를 파괴했다고 간주하는 것은 법과 정의의 원천인 이성을 부정하는 것이 아닌가? 계몽으로 인해 특정한 진리를 상실할까 두려운 나머지 계몽을 제한하려는 자는 자신의 행위가 무엇을 뜻하는지도 모르는 것이다. 어쩌면 그런 자는 자신이 추구하는 진리 자체에 대한 불신을 드러내는 것일 뿐이다. 어쩌면 그런 자는 사기꾼일지도 모른다.

계몽은 군주의 권리에 대한 복종심과 존중심을 불어넣으며, 여기에는 정당한 근거가 있다. 계몽은 사람들에게 시민사회의 법이 없으면 삶을 안전하게 유지할 수도 없고 즐길 수도 없다는 것을 가르친다. 그리고 법이 그들의 행복을 지켜주는 가장 중요한 바탕이라고 가르친다. 우리가 휴식, 직업 활동의 기회, 사회생활에서 얻는 기쁨, 풍족한 생필품, 그리고 정신의 함양과 자녀교육을 위해 필요한 모든 것을 누릴 수 있는 것은 국가의 덕분이라고 가르친다. 그리고 이 모든 것은 우리의 삶에 필수불가결한 요소이며, 만약 군주와 신민들 사이의 관계 및 사회체제가 제대로 정립되지 못한다면 그 모든 것의 배분이 최악의 타락한 방식으로 마구잡이로 진행될 것이다. 따라서 사람들은 자유가 세심한 이성의 규칙과 국법에 의해 제한되는 것이 개인과 공동체의 번영을 위해 불가결하다는 것을 인식한다. 그러므로 이성적인 사람이라면 누구나 국가가 시민들에게 부과하는 모든 부담과 제한을 기꺼이 받아들이지 않을 수 없다는 것을 안다. 왜냐하면 그런 부담과 제한 없이는 사회의 안녕을 뒷받침하는 우월한 가치인 선善을 실현할 수 없고, 그러한 선은 국법을 엄정히 준수할 때만 비로소 가능하기 때문이다.

계몽되지 않은 대중은 온갖 부류의 기만적 광신주의자들의 노리개가 된다. 광신주의자들은 지배욕과 이기심 등 자신들의 야욕을 채울 수 있는 온갖 것을 신의 명령이라고 말하며 무지몽매한 사람들에게 속임수를 쓴다. 그런 사기꾼들은 군주의 태도가 자신의 사리사욕에 부응하지 않으면 천국과 지옥을 들먹이며 자신의 이득을 천국의 영광으로 둔갑시켜서 폭력을 써서라도 군주의 법도를 파괴한다. 그리하여 이제는 진부한 성경 구절만 들먹여도 어리석은 대중이 불과 칼로 무장하여 군주에게 대들 지경이 되었다. 이제 신을 경배한다는 명분을 내세워 나라의 수장에 대한 복종을 거부하고 있다. 그렇지만 나라의 수장은 신의 이름으로 적법한 공권력을 행사하지 않는가! 이제 신을 경배한다는 명분을 내세워 수많은 동포를 ― 소수의 야욕에 찬 인간들의 이해관계를 위해 합법적인 군주를 배반하지 않는다는 이유로 ― 교수형에 처하는 일이 벌어지고 있다. 그리하여 이제는 바로 다음 순간도 예측할 수 없을 만큼 파렴치한 만행과 반인륜적 범죄가 시시각각으로 자행되고 있다. 이 모든 사태의 원인은 다름 아니라 계몽이 이루어지지 않았기 때문이며, 이로 인해 가장 훌륭한 군주의 왕권조차 위협받고 있다. 무지와 미신의 시대였던 중세에는 수백 년 동안 왕권을 뒤집는 반란이 잇따르지 않았던가? 중세의 역사가 우리에게 남긴 것은 신하들이 군주에 맞서 일으킨 반란,

광적인 내전과 노략질, 온갖 종류의 학살과 잔혹한 만행이 아니었던가? 요컨대 모든 시대를 통틀어 역사가 우리에게 보여준 혁명의 사례들은 다름 아니라 계몽의 부재로 인해 야기되었다.

만약 프랑스에서 진정으로 계몽이 이루어졌더라면 혁명은 아예 일어나지도 않았을 것이며, 설령 혁명이 일어났다 해도 더 나은 방식으로 진행되었을 것이다. 진정한 계몽은 한 명의 위대한 문필가가 주장하는 내용을 그대로 모방하고 맹신하는 방식이 아니라, 자발적인 사고로 습득한 지식을 통해 이루어진다. 한 나라의 국민 전체가 계몽되기 위해서는 그런 지식이 소수의 개인뿐 아니라 대다수의 국민에게 공유되어야 하며, 특히 국민교육을 담당하는 계층이 그런 지식을 공유해야 한다. 그렇지만 프랑스에서 일반 국민과 성직자들 사이의 괴리는 너무 커서 마치 미신을 믿는 자와 불신자 사이만큼이나 서로 소원하기 때문에 일반 국민들은 계몽될 여지가 없었다. 계몽된 사람은 곧잘 합리적으로 따지려 들게 마련이고, 계몽이 전반적으로 자유롭게 진술한 의사표현을 하게 해주는 것은 사실이다. 그렇다고 계몽이 민중의 반란을 야기할 거라고 우려한다면 터무니없는 어리석은 생각일 것이다. 왜냐하면 세상에서 옳고 그름, 이익과 손실을 따지는 것 때문에 사람이 격한 감정에 휩쓸리지는 않기 때문이다. 이성과 이성의 올바른 사용이야말로 예로부터 일체의 격렬한 감정을 다스리는 효과적인 수단으로 인정받아 왔다. 심사숙고를 할 때는 격한 감정에 빠지지 않으며, 격한 감정에 빠지지 않고서야 격분할 리가 없다. 감정에 휩쓸리지 않고 나랏일에 대해 차분히 사색하는 사람이 반란을 꾀할 리는 없다. 실로 엄청난 힘을 동원하지 않는다면 예로부터 고된 노역과 봉사에 익숙한 국민의 인내심이 여간해서는 폭발하지 않을 것이다. 엄청난 긴장과 분노가 들끓어 전 국민에게 확산되기 전까지는 여간해서 군주에 대한 반란이 일어나지는 않을 것이다. 인간에 대한 이해가 조금이라도 있는 사람이라면 가공할 격정 없이는 반란이 일어날 수 없다는 것을 확고한 진리로 여길 것이다. 그리고 온 국민이 군주에게 반란을 일으킬 정도로 격렬한 감정은 오로지 두 가지 힘의 작용으로만 가능하다는 것을, 다시 말해 광신주의를 통해서 또는 인간적 인내심의 한계를 넘어서는 국민에 대한 억압을 통해서만 가능하다는 것을 잘 알 것이다. 계몽된 국민이라면 결코 일체의 자기애와 이성을 무시하고 군주에게 반란을 일으키는 극단적인 행동은 하지 않을 것이다.

그렇긴 하지만 혁명 이전 시기에 거의 유행처럼 번졌던 계몽에 대한 그릇된 환상이 부분적으로 프랑스 혁명에 영향을 끼쳤던 것도 사실이다. 인간의 행복과 미덕을 존중하는 문필가라면 누구나 그런 환상에 맞서서 진정한 계몽의 가치를 옹호해야 마땅할 것이다. 그리고 인간의 존엄에 상응하는 모든 가치를 비웃고 의심하고 속단하는 허영심에도 맞서야 한다. 특히 독일의 문필가들이 그런 역할을 해주기를 바라 마지않는다. 그리하여 독일의 독자 대중은 지난날 프랑스의 선례가 구미에 맞는 유일한 노선인 양 자유로운 삶의 원칙과 그릇된 악덕을 그대로 답습하는 추종의 자세를 떨쳐버려야 할 것이다.

자립적 사고를 통해 단련되고 인류에 부응하는 이성이 악의 근원이 된다는 것은 있을 수 없는 일이다. 그렇지만 감각적 욕구의 노예로 전락하고 악덕의 도구로 전락한 이성은 기만을 일삼아서 의도가 수단을 무조건 정당화한다고 주장한다. 그런 이성은 오로지 자기 자신을 목적으로 앞세워서 자기 주위의 모든 것을, 심지어 다른 사람의 인간적 존엄까지도, 자기 목적을 위한 수단으로 간주한다.

생각하는 사람이라면 계몽을 통해 사회생활이 단지 일방적 전횡이나 우연적 합의가 아니라 의무라는 것을 깨우친다. 인간은 어떤 이유에서든 사회의 동료 구성원들로부터 완전히 고립될 때는 자기 연마와 윤리적 성숙의 기회를 박탈당하고, 그리하여 자신의 척도와 지고의 신성한 척도에 합당한 인간적 품위를 유지할 수 없게 된다. 사람들이 서로 사회적 관계로 결합할 때 비로소 도덕이 활발히 살아나고, 도덕이야말로 인간적 유대의 기반이자 목적이라는 것을 계몽은 가르쳐준다. 계몽된 사람은 도덕법칙이 모든 사회의 전제조건임을 확신하며, 훌륭한 시민이 되기 위해서는 먼저 선한 인간이 되어야 한다는 것을 확신한다. 도덕은 사회가 없으면 활동 무대를 상실한다. 따라서 도덕을 지켜야 할 의무감 때문에 인간은 사회생활을 받아들이지 않을 수 없게 된다. 인간은 이성의 법칙에 따라 자유를 표현해야 하고, 따라서 보편적 도덕법칙에 따라 행동해야 한다. 마음속에 그런 필요성을 느끼지 못하면 결코 안정된 인간 사회가 존립할 수 없다. 그렇게 되면 사람들은 짐승과 다름없이 우발적 욕구에 사로잡혀 제멋대로 행동할 것이며, 의무 따위는 안중에도 없을 것이다. 그렇지만 인간이 이성을 자각하고 이성이 추구하는 법칙에 따라 행동하기 이전에 이성은 일찌감치 작동하며 이성의 자발적 힘이 작용하는 흔적을 볼 수 있게 해준다.

따라서 계몽된 사람은 국민들이 최고의 도덕심을 함양해서 고결한 인간이 되도록 하는 것을 국가의 최고 목적으로 간주하며, 이로써 이기심을 원천봉쇄한다. 이기심은 인간 사회의 무질서와 국가를 전복하는 반란을 부추기는 원흉이다. 이기심은 사람들이 언제나 행복만을 최고의 목표로 삼고 윤리적인 문화를 무시하거나 또는 오로지 이기적인 행복만을 위해 추구하는 모든 사람의 마음속에 강하게 작용하는 보편적 과오이다. 그렇기 때문에 이기적 행복을 추구하는 일체의 계산이 보편적인 문제에 직면하면 결국 무용해지는 것이다. 나라 전체의 안녕이 달려 있는 문제에서야말로 그런 이기심을 부릴수록 사태는 더욱 악화된다. 그런 경우 개인의 이익 추구는 공동체 전체에 해악을 끼친다. 고금의 역사에서 우리는 그러한 사례를 얼마든지 찾아볼 수 있다.

그렇지만 우리가 국가를 인류을 증진하는 체제로 간주한다면 우리 자신의 이익과 상충하는 법규도 경외심과 존중심을 갖고 준수할 것이다. 계몽된 사람은 그 어떤 국가도 완벽할 수 없다는 것을 확신하고, 완벽한 국가의 이상에 도달하기 위해서는 무한히 요원한 완벽함에 점진적으로 접근하는 길밖에 없다고 확신한다. 그리고 완벽함에 도달했다고 자부하는 국가는 금방 다시 하강할 수밖에 없다는 것도 확신한다. 마찬가지로 인간의 고결함도 오로지 점진적으로 향상될 수밖에 없으며, 따라서 민중의 항거와 반란은 아무리 나쁜 형태의 정부도 개선할 수단이 될 수 없다. 국가가 현저히 수준 높은 완벽함에 도달하기까지는 실로 오랜 준비가 필요하다. 그런즉 불멸의 요제프 황제[1]가 훌륭한 의도에도 불구하고 목표를 제대로 달성하지 못한 원인은 무엇일까? 요제프 황제가 고도의 통찰력, 그리고 국가를 중흥시키기 위한 숭고한 결단력을 겸비했다는 것은 누구도 부인하지 못할 것이다. 또한 요제프 황제는 무엇이 잘못되었는가를 정확히 짚었고, 자신의 결단을 실행하기 위한 적절한 수단도 갖고 있었다. 요제프 황제는 백성이 고결한 성품을 기르고 행복해지기를 바랐다. 그래서 청소년 교육과 국가재정을 개선하는 데 주력하였고, 오류를 없애고 편견을 몰아내고자 힘썼다. 황제의 뜻은 더없이 숭고하고 위대했지만 백성들이 아직 준비가 한참 부족하다는 것을 황제는

---

1 오스트리아의 계몽 군주.

깨달았다. 수많은 백성이 아직 우유를 마셔야 할 정도로 소화력이 부실했지만, 황제는 그런 백성들에게 기름진 음식을 권했다. 게다가 황제는 너무 서둘렀다. 황제는 백내장을 앓는 환자에게 눈부신 햇살을 똑바로 보게 했으니 그 환자의 눈이 밝아지긴커녕 오히려 안 좋아진 것이 당연하지 않겠는가? 요제프 황제는 여러 세대를 거쳐야 가능한 일을 혼자 완수하려 했고, 그런 식으로 자신의 멋진 계획을 너무 서둘러 실행하려 했다.

정부는 완벽한 국가체제와 입법체제의 이상을 향해 점진적으로 쉬지 않고 나아가야 한다. 인류의 본래적 가치와 목표에 바탕을 둔 국가체제는 국가의 모든 시민을 그 자체로 목적으로 간주해야 하고, 보편적인 안녕을 추구하는 법을 제정해야 한다. 그러한 법은 법의 근거를 밝힐 의지와 능력이 있는 모든 사람에게 자발적인 복종을 유도할 것이며, 도덕과 자연법[2]의 기준에 따라 시행될 것이다. 지혜를 모아 제정된 법은 정의에 의해 집행될 것이다. 이러한 완벽한 국가체제의 이상을 향해 나아가는 일은 당연히 무한히 지속되어야 한다. 그리고 아무리 그러한 이상을 추구해도 여전히 이상은 요원할 수밖에 없다. 바로 그렇기 때문에 이성적인 사람이라면 폭력적인 혁명을 통해 단숨에 이상을 실현할 수 있을 거라는 망상에 빠져서는 안 된다. 또한 인간의 초감각적 본성에 의해 규정되는 선善의 이상이 너무 숭고하여 쉽사리 성취할 수 없다고 해서 용기를 잃고 위축되어서도 안 된다. 인간의 이상적인 위대함과 완벽한 국가체제를 실현하는 일이 요원하다고 해서 소심해져서도 안 된다. 인간의

---

2 근대의 자연법(Naturrecht) 개념은 일반적으로 인간의 존엄에 바탕을 둔 보편타당한 가치규범을 가리킨다.

위대함과 완벽한 국가체제를 실현하는 일이 끝없이 노력해야 하는 과제이기 때문에 오히려 우리의 영혼은 더 큰 용기와 숭고한 뜻으로 충만해야 한다. 여기서 우리는 인간의 삶이 원대한 목적에 부응하여 광대하게 뻗어나갈 수 있다는 교훈을 배워야 한다. 또한 국가가 완벽한 국가체제의 이상에 미처 도달하지 못했다면 그만큼 더 꾸준히 완벽을 기해야 한다는 교훈을 배워야 한다. 인류의 위대한 이상과 지상에서 이룩해야 할 국가체제는 끝없이 완성해 갈 영원한 과제로 인식해야 한다. 국가도 인간도 결코 답보상태에 머물러서는 안 되며, 단지 현재의 상태를 유지하는 데 그치지 않고 갈수록 더 큰 완벽함을 추구해야 한다.

우리가 늘 명심해야 할 것은 인류가 끊임없이 발전하고 있으며 이성적인 활동을 통해 점점 더 향상될 수 있다는 것이다. 마찬가지로 국가도 내적 역량과 외적 여건에 맞게 부단히 발전해 간다. 국가가 발전의 최고 정점에 도달해서 더 이상 나아갈 필요도 없고 오로지 자기만족에 빠져서 자신의 힘에 감탄하고 이미 이룩한 것을 즐기는 상태는 있을 수 없다. 이미 모든 것을 이룩했노라고 허황된 망상에 빠지면 흔히 개인은 비참하게 몰락하고 국가는 패망한다. 굳건히 서 있다고 자만하는 자는 넘어지지 않게 조심해야 한다! 인간은 부단한 활동을 통해서만 발전할 수 있고, 부단한 근면과 경각심을 통해서만 자신을 유지할 수 있다는 것은 무엇보다 유념해야 할 진리이다. 한가롭게 즐기는 답보상태가 아니라 활동적인 전진을 통해서만 목적을 달성할 수 있다.

도덕성을 함양하기 위한 노력을 자신의 소명으로 느끼는 사람은 그러한 노력 속에서 부단한 활동의 대상을 확보한다. 도덕성은 그 특성상 인간에게 주체적인 자기개발을 요구하며, 재능과 역량을 개발하고 활용할 것을 요구한다. 개발의 대상은 바로 인간 자신과 그를 둘러싼 자연환경이다. 따라서 도덕성은 인간 자신과 자연환경의 지속적이고 전반적인 개발이 증진되기를 요구한다. 감각세계는 인간의 정신적 본성에서 유래하는 이러한 규칙과 아주 정확히 일치하기 때문에 인간이 주체적 활동을 통해 정립한 바로 그 규칙에 따라 그 작동체계가 유지된다. 자연이 활동을 중단하고 정체상태에 빠지면 전반적인 쇠퇴와 오염을 유발하고, 결국 자연사물의 완전한 파괴를 초래할 것이다. 반면 부단한 활동과 운동을 통해 대기와 바다는 정화되고, 수많은 피조물이 대지의 품 안에서 또는 그 바깥에서 숨을 쉬며, 식물은 푸르고 인간은 생명을 유지하며, 만물은 성장하고 정해진 목표를 향해 성숙한다.

계몽은 폭력적인 혁명을 방지할 수 있는 유일한 방도를 군주에게 제시한다. 그 방도는 항상 국민의 소양과 보조를 맞추는 것이다. 군주에게 더 영광된 길은 항상 일정한 간격으로 앞서가면서 완벽한 모범을 보여주는 것이다. 점진적인 발전을 위한 싹은 모든 사람의 영혼 속 깊숙한 곳에 단단히 자리 잡고 있다. 자신의 본성을 어느 정도 간파한 사람이라면 누구나 이러한 소명을 알아차린다. 그 소명은 인류의 본성에 바탕을 둔 것이며, 확고한 법칙으로 인간에게 과제를 부여한다. 그리고 지혜로운 조물주가 심어놓은 것을 인간이 파괴하지는 못한다. 창조의 목적을 무효로 돌리고 창조의 숭고한 과업을 계속 중단시키는 것은 인간의 능력으로는 못 할 일이다. 도처에서 여러 민족이 차례로 각성하여 잠에서 깨어나고 꾸준한 활동을 통해 동물적 야만의 한계를 떨쳐낸다. 현명한 정부가 그들보다 앞서가면서 약자들에게 우애의 손길을 내밀어 준다면 참으로 다행한 일이다.

국민들이 활발하게 정신적으로 각성하여 온 나라에 문화가 확산된다면 그 민족의 진보는 더욱 증진되고 더욱 빨리 목표에 도달할 수 있을 것이다. 이러한 발전 과정은 숱한 우여곡절을 거치고, 때로는 가로막히다가도 때로는 신생의 기운으로 약진할 수도 있다. 그렇지만 목표는 언제나 한결같아서 꾸준히 도덕성을 추구하며, 이를 바탕으로 나라의 안녕을 실현하는 방향으로 나아간다. 인간의 존엄이라는 고결한 가치는 이미 유럽에서 수시로 싹을 틔우고 융성해서 찬란한 열매를 거둔 적이 있고, 지구상의 다른 지역에서도 분명히 그런 각성이 이루어질 것이다. 이를 위한 수단과 방도가 아직 탐구되지 않은 미지의 영역에 묻혀 있다 하더라도 예정된 섭리가 그 길을 제시해 줄 것이다.

계몽된 군주라면 국민의 도덕성을 함양해야 할 정부의 목표를 결코 간과하지 않을 것이다. 군주가 공표한 모든 법은 이성적일 것이며, 내적 필연성과 보편성을 확고하게 담보할 것이다. 계몽된 군주는 자신의 원칙에 따라 국민 모두의 안녕을 위해 힘쓸 것이다. 군주는 국민의 문화적 수준을 향상시키고, 모든 역량을 활발하게 발휘하게 할 것이다. 군주는 학문과 예술을 장려하고 산업과 농업을 발전시킬 것이다. 군주는 나라의 시민들이 활동하는 모든 분야를 고르게 발전시키고, 시민들이 누리는 모든 권리와 시민들이 이행해야 할 모든 의무와 시민들이 감당해야 하는 모든 부담이 적절한 균형을 이루도록 힘쓸 것이다. 그렇게 해서 군주는 모든 폭동과 비극적 반란을 사전에 방지하는 대책을 틀림없이 강구할 것이다.

따라서 진정한 계몽은 폭력적인 혁명을 조장하는 것과는 전혀 거리가 멀고, 오히려 반대로 폭력혁명에 성공적으로 대처할 수 있는 유일한 방도이다. 계몽된 신민들은 그들 자신의 이성을 통해 서로 결속하여 올바른 질서에 순응하고 법률을 준수하며 국가의 공권력을 존중할 것이다. 또한 각자의 직업과 활동범위 안에서 의무를 충실히 이행하고, 자기 자신과 동포를 위해 할 수 있는 모든 것을 수행할 것이다. 또한 계몽된 군주는 국가체제와 입법을 통해 도덕성의 고결한 싹이 국민들 사이에 활짝 피어나도록 힘쓰는 일을 신성한 의무로 여길 것이다. 군주는 백성들의 아버지이니 그가 하는 말은 자애로 넘치고 그의 행동은 정의로 무장될 것이다. 가장 현명한 사람들이 군주의 뜻을 집행하고, 그들의 양심이 곧 그들의 명예가 될 것이다.

그러므로 군주와 신민을 서로 결속해 주는 것은 곧 사랑이며, 자발적으로 법률에 순종하는 정신이 이들을 결속해 준다. 그렇게 하면 그 어떤 왕권 모독도 반란도 일어날 수 없으며, 공포심과 위협도 없어진다. 폭력적인 행동은 오로지 범죄로 이어질 뿐이며, 격분은 악행을 낳을 뿐이다. 현명한 군주는 국민을 고결하고 행복하게 해주는 창조주의 역할을 해낼 것이다.

민중의 혁명권에 대하여

요한 벤야민 에르하르트

의사이자 정치철학자인 요한 벤야민 에르하르트Johann Benjamin Erhard, 1766~1827는 프랑스 대혁명을 열렬히 옹호한 독일의 자코뱅주의자로, 1793~94년의 자코뱅 독재를 지지했고 남부 독일에 프랑스 혁명에 동조하는 공화국을 수립할 계획을 세웠다. 혁명을 통해 인권이 신장된다면 혁명은 도덕적으로 정당하다는 입장에서 민중의 혁명권을 옹호한 에르하르트는 인권을 '계몽을 선양할 권리'로 이해하였다. 그렇지만 혁명이 민중이 '미성년 상태'에서 벗어날 수 있는 유일한 출구라고 보지는 않았고 점진적 개혁의 가능성도 인정했다. 예컨대 민중이 인권을 자각하고 위정자가 민중의 인권을 존중한다면 양쪽이 합심하여 정의로운 국가체제를 만들어갈 수 있다는 것이다. 그의 『민중의 혁명권에 대하여』*Über das Recht des Volks zu einer Revolution*, 1795는 출간되자마자 라이프치히·뮌헨·빈 등지에서 금서가 되었다. 에르하르트는 남부 독일에서 공화국을 수립하려는 계획이 무산되자 문필활동을 중단하고, 의사의 직분에 충실한 여생을 보냈다.

프리드리히 실러Friedrich Schiller는 에르하르트가 주장한 정치적 혁명
을 비판하는 한편, 미적 교육을 통해 인간성 자체의 전인적 완성
을 추구하고 또 미적 유희 상태의 자유가 정치적 자유보다 더 높
은 가치임을 주장하기 위하여 『인간의 미적 교육에 관한 서한』1795
을 집필하였다.

민중의 혁명이라 함은 민중이 힘으로 성년의 권리, 즉 자립적 주체의
권리를 확보하고 귀족층과 민중의 법적인 주종관계를 철폐하려는 시도
이다. 앞에서 우리는 혁명 개념을 국가의 근본체제의 변혁이라 정의하였
다. 이제 혁명의 주체를 명시함으로써 혁명 개념은 보다 엄밀히 규정되
었다. 체제의 변화는 혁명을 일으키는 사람들을 위해 단행되며, 따라서
민중의 혁명이란 국가의 근본체제를 민중을 위해 변혁하는 것 이외의
다른 목적을 가질 수 없다. 여기서 우리는 민중의 혁명과 민중을 단지 수
단으로 동원하는 혁명을 구별해야 한다. 후자의 경우에는 민중이 무지
한 상태에서 또는 기만을 당해서 심지어 자신에게 불리한 혁명에 동원
될 수도 있다. 그 경우에는 민중이 혁명을 일으켰다고 할 수 없고, 단지
혁명에 이용되었을 뿐이다. 또한 법적 권리의 변화를 추구하는 민중의
혁명은 단지 통치자에게 복종하기를 거부할 뿐 정권의 변화는 시도하지
않는 저항과 혼동되어서도 안 되고, 단지 개별적으로 억압적 악법이나
관습 또는 정부의 전횡을 철폐하려는 저항과 혼동되어서도 안 된다. 혁
명이라는 것은 혁명과 상충하는 실정법의 존폐 여부가 기준이 되는 게
아니고, 스스로 책임져야 하는 도덕성을 최고의 판단기준으로 삼아야
한다. 따라서 민중의 혁명을 논할 때도 법적인 차원에서 판단해서는 안
된다. 일반적으로 혁명은 혁명을 통해 인권을 확보할 수 있을 때만 도덕

적으로 용인되며, 민중의 혁명도 마찬가지이다. 민중에게 집단적으로 귀속되는 인권은 다름 아닌 계몽의 권리이다. 여타의 인권은 모두 개인적이며, 그것이 혁명에 끼치는 영향 측면에서 보면 민중의 계몽에 좌우되기 때문이다. 그런데 민중이 미성년 상태에 머물러 있는 것은 민중 자신의 잘못 때문이고, 그런 한에는 미성년으로 취급받는 것에 대한 복수를 위해 저항하는 것은 정당하지 않다. 민중은 자신의 나태함을 극복함으로써 자신의 잘못을 만회해야 한다. 따라서 민중은 자립적 주체로 성숙하기 위해 필요한 수단을 요구할 수 있다. 만약 민중이 스스로를 계몽하려는 것을 누군가가 방해한다면 그에 맞서 봉기할 권리가 있고, 만약 그런 방해가 체제에 기인한다면 그 체제를 철폐할 권리가 있다. 단지 귀족이라는 이유만으로 취득된 것이 아닌 귀족층의 모든 재화와 특권을 폐지하려는 변혁은 혁명으로 정당화될 수 없다. 왜냐하면 그런 재화와 특권 자체는 인권을 침해하지 않으며, 인권의 행사와 모순되는 특권만이 인권을 침해하기 때문이다. 만약 민중의 노동이 너무 과중해서 인간답게 살 수 있는 시간조차 허용되지 않고, 모든 시간과 노력을 바쳐 짐을 나르는 짐승처럼 고된 삶을 지속해야 한다면 민중은 혁명을 일으킬 권리가 있다. 그렇지만 민중은 그 권리를 행사하기가 용이하지 않을 것이다. 그리고 인간이 정의감과 더불어 신앙심도 있다면 귀족층은 안전할 것이다. 신은 신앙의 길을 통해 그런 사람들을 노역으로부터 벗어나게 해줄 것이다.

민중에게 혁명은 언제나 정치적으로 가능하다. 그리고 계획적인 혁명의 적법성을 확보하려면 혁명의 정치적 가능성이 어느 정도나 요구되는가 하는 문제를 민중은 일절 고려하지 않는다. 따라서 민중은 반드시 정당성을 확보하지 않고서도 언제나 혁명을 관철할 수 있다. 그렇지만 민중이 정당한 근거 없이 항거하는 일은 쉽게 일어날 수 없다. 왜냐하면 민중이 일치단결하지 않고서는 집단적으로 항거할 수 없고, 일치단결은 혁명의 필연성에 대한 명확한 통찰을 통해서만 가능하기 때문이다. 또한 혁명의 필연성에 대한 명확한 통찰은 민중이 혁명의 정당성에 대한 자각을 공유할 때만 가능하다. 철학자들은 지금까지 혁명의 원칙에 대한 합의를 이루지 못했고, 민중에게 그것을 기대할 수도 없다. 일치단결하기 위해서는 보편타당한 원칙에서 출발해야 한다. 민중이 일치단결해서 행동하려면 인간의 도덕적 본성 또는 정의감에서 출발해야 한다.[1] 내가 아는 한, 역사에서 민중이 단지 혁명에 이용당하지 않고 자립적으로 혁명을 일으킨 사례를 찾아보긴 어렵다.

민중의 구성원 각자가 자립적 성숙을 위해 부단히 정진한다면 모든 민중이 혁명을 준비한다고 할 수 있다. 그런데 국가체제가 다양한 수준으로 자립적 성숙을 추구하는 민중의 요구에 부응해서 혁명을 방지하고 국가체제가 점진적으로 부지불식간에 정당한 도덕적 형태를 갖추는

---

1 [원주] 인간의 도덕적 본성은 민중에게 지금까지 언제나 보편타당한 원칙이었다. 이 원칙만으로는 불충분하다는 것을 밝히려면 철학에서 또는 변론술(Sophistik)에서 매우 기민한 대응이 필요하다(일부 철학자들이 주장하고 이미 입증되었듯이 철학이 문자 그대로 사변적 철학에만 그친다면 철학은 아무것도 아니기 때문이다). 인간의 도덕적 본성은 단지 말로 그쳐서는 안 되고 인간이 마음속으로 확신하고 밖으로 드러내야 하며, 그래야 철학자들이 이의를 제기해도 확고한 믿음이 되기 때문이다. 철학자들, 특히 최근에 몇몇 철학자가 자유와 도덕성에 관해 발표한 견해를 살펴보면 민중이 자유와 도덕성을 함께 구현하기는 어렵다는 이들의 주장이 통하지 않을까 우려된다. 많은 사람들은 적어도 자유를 (자유가 없으면 도덕성은 공허한 말에 불과하다) 느끼기 어렵다고 생각하기 때문이다. 도덕적 자유에 의문을 제기하는 주장이 철학에서 분명한 결론으로 논증되지 못했다면, 철학자들이나 소피스트들이 도덕적 자유에 대한 신조를 민중 사이에 감염(Kontagion)시키는 방식으로 전파하는 것이 가능할지도 모르겠다.

경우도 가능하다. 민중의 미성숙이 그들 자신의 잘못 때문이라는 말이 타당하듯이, 혁명이 정부의 잘못 때문이라는 것도 타당하다. 그 경우 정부는 성숙한 민중의 요구에 부응하지 않았고, 민중이 각성한 수준만큼 인권을 존중하지 않았기 때문이다. 또한 계몽이 귀족층에서는 퇴조하고 민중의 계몽은 향상되는 경우도 생각해 볼 수 있다. 이 경우 민중은 도덕적 정당성을 상실한 법제도에 항거하여 국가체제를 전복할 수밖에 없다. 비록 민중이 시민적 자유를 확보할 만큼 성숙하지 못해도 그런 혁명은 가능하다. 이 경우에는 한 국가가 몰락하는 것이 당연하다. 이런 경우에는 대개 자기 나라 정부를 더 이상 존중하지 않고 그렇다고 더 나은 정부를 수립할 능력도 없다면 한 민족이 다른 민족의 지배를 받게 된다. 이처럼 통치자들의 계몽 수준이 신민들의 계몽 수준보다 떨어질 때 한 나라가 몰락한 사례는 역사에서 어렵지 않게 찾아볼 수 있다. 그런데 통치자들의 계몽 수준이 신민들의 계몽 수준보다 떨어지는 불균형 상태는 민중의 우민화를 통해서가 아니라 위정자들이 커다란 지혜를 발휘해야만 극복될 수 있을 것이다. 왜냐하면 아무리 제왕의 간교함이 민중을 마소처럼 우민화하려 해도 인간의 마음속에는 마치 선지자 모세의 계시처럼 일체의 인간적 간교함을 무력화하는 신성한 생각이 살아 있기 때문이다. 이 경우 조정의 온갖 계략은 인간의 도덕적 본성이 실현하는 기적에 굴복하게 된다. 만약 위정자들과 민중의 계몽 수준이 언제나 일치한다면 민중의 혁명은 결코 일어날 수 없으며, 기껏해야 위정자들이 민중을 동원하는 혁명만 가능하다.

위정자들이 민중의 계몽을 가로막지 않고 위정자들 자신의 계몽 수준이 더 높다고 자만하지 않는다면 민중의 혁명은 일어날 수 없다. 그렇지만 그런 상태가 언제까지고 지속될 수는 없다. 왜냐하면 비록 지혜와 학문의 진보에는 한계가 없긴 하지만 그래도 인간의 어리석음이 온전히 극복되어서 계몽이 완성되었다고 간주할 만한 단계가 도래하기 때문이다. 그 단계란 인간의 권리를 온전히 깨우친 단계이다. 물론 그런 단계에서도 인간이 완전한 성숙에 도달하려면 아직 한참 멀었고, 여기서부터 비로소 진정한 자기 연마가 시작되긴 하지만, 이제는 인간이 자신의 품위를 깨닫고 인간적 품위에 걸맞게 행동하려 애쓴다. 이 단계에서 아직 사람들은 인류에게 중요한 대상을 모두 인식하지는 못해도 인식하기 위한 빛은 충분하다. 아직 모든 것을 통찰하지는 못해도 능력이 닿는 대로 통찰하기 위한 계몽은 충분히 이루어진 상태이다. 그리고 계몽의 빛이 오류를 극복해서 오류를 범하지 않을 만큼은 충분히 계몽되었다. 인간이 계몽을 통해 저절로 도덕적 선을 체현하지는 못해도 선을 알아볼 줄 아는 능력은 갖추게 된다. 계몽은 도덕이 인간을 이끌어주는 길을 밝게 비춰준다. 이것은 계몽이 도달할 수 있는 가장 높은 단계여서 자립적 인간으로 더욱 성숙할 수 있기를 바란다 해도 이 단계를 뛰어넘을 수는 없다. 민중이 이런 단계에 도달하면 두 가지 일이 벌어진다. 위정자들이 민중의 계몽 수준보다 더 떨어져서 그들의 권리를 상실하게 된다. 다른 한편 위정자들도 민중과 대등한 계몽 수준에 도달할 수 있다. 그런 경우 위정자들이 민중을 미성년 취급해서 강압적으로 다스리려 하면 부당하다. 그렇지만 민중이 인권을 자각하고 위정자들이 민중의 인권을 존중하면 폭력적인 혁명은 필요하지 않다. 이 경우에는 양측이 합의해서 도덕적인 국가체제를 수립하고 정의를 구현한 법을 준수하며 시민으로서 함께 평화롭게 살아갈 수 있다. 위정자들이 민중과 대등한 계몽의 수준으로 진보하여 항상 정의롭게 행동하고 그들이 장려한 계몽에 부응하여 민중을 대한다면 그런 나라는 행복하다. 그런 나라에서는 다른 나라에서 혁명을 통해 일어난 일이 지혜로운 진화를 통해 일어난다.

온갖 혁명을 계몽의 과업으로 삼으려는 문필가들은 혁명과 반역을 적절히 구별하기만 한다면 실제로 옳은 주장을 하는 것이다. 혁명을 관철하려는 사람들이 언제나 상대적으로 더 계몽된 사람들이긴 하지만 반드시 더 선한 사람들이라고 할 수는 없기 때문이다. 계몽이 폭력으로 혁명을 관철할 수 있고 또 그래도 무방하다고 생각한다면 그건 잘못된 생각이다.

위정자들에게 해를 끼치지 않고 그들을 보호하면서 계몽을 할 수 있다고 생각하는 사람들은 정의롭게 행동할 각오가 되어 있는 위정자와 전적으로 도덕적인 체제를 갖춘 정부가 계몽을 통해 잃을 것이 없고 득이 크다는 진리를 신뢰한다. 또한 그들은 위정자들과 정부가 이러한 진리를 그들에게 혜택이 가도록 해석하고 정의로운 생각으로 통치하도록 설득할 수 있다고 믿는다. 인권을 존중하는 귀족이라면 결코 계몽을 두려워할 필요가 없고, 의무를 다해 통치하는 군주도 계몽을 두려워할 필요가 없다. 그런데 전에는 귀족에게 기대했던 고결한 품성과 군주에게 기대했던 은총을 지금도 귀족과 군주의 의무라고 요구한다면 귀족과 군주는 계몽을 통해 그런 덕목을 상실하는 셈이다. 그렇지만 정의로운 귀족과 양심적인 군주라면 일체의 고루한 격식을 떨쳐내고 시민들과 대등한 존재로 함께 어울릴 수 있는 진정한 기쁨을 통해 그러한 상실을 보상할 수 있다. 그런 기쁨은 예컨대 후견인이 피후견인에 대한 후견권을 거두고 그를 소중한 친구로 삼을 때의 기쁨에 견줄 수 있다. 계몽된 민중은 민중과 귀족의 차이가 (그 차이가 곧 시민사회의 성립 근거이자 결과이기도 한데) 계몽의 원천이라는 것을 결코 잊지 못할 것이다. 시민사회가 없으면 교육이 불가능하기 때문이다. 도덕의 관점에서 보면 계몽의 가치에 관해서는 논란의 여지가 없다. 자신에게 이득이 되는가 하는 관점에서 보면 두 개의 상반된 입장으로 갈라질 수 있다. 그렇지만 계몽의 옹호자든 반대자든 간에 양쪽 모두 일방적인 이득을 취할 여지는 거의 없다. 계몽은 일방적으로 주거나 받는 것이 아니기 때문이다. 계몽을 방해하는 것처럼 보이는 장애물조차도 인간의 나약함이나 간계를 인식하는 데 기여하여 결국 일단 성취된 계몽을 내내 유지할 수 있게 해준다. 인류는 미래에 대한 예측에 따라 목표를 향해 부단히 정진하며, 그 누구도 여기까지만 달성하고 더 앞으로 나아가지 말자고 하지 않는다!

사람들이 어떤 일을 출발점으로 삼아 목적을 도출할 수 있다면 시민사회의 목적은 곧 계몽이다. 행복을 국가체제의 목적으로 삼으려는 모든 시도는 지금까지 실패했고 실패할 수밖에 없었다. 행복을 성취하려면 반드시 인간이 자신의 힘으로 행복을 일구고 또 다른 사람들도 행복하게 해줄 수 있어야 한다. 남의 도움으로 얻은 행복은 행복과 모순된다. 그런 행복은 행복과 양립할 수 없는 종속적 의존관계의 산물이기 때문이다. 계몽의 목적은 민중을 행복하게 하는 것이 아니라 정의롭게 하는 것이다. 국가체제는 행복이 아니라 정의를 진작시켜야 한다. 혁명을 통해 달성할 수 있는 것은 행복이 아니라 정의이다. 귀족처럼 잘 살기를 바라는 민중은 계몽된 것이 아니라 질투심에 빠졌을 뿐이다. 계몽된 민중은 인간의 품위에 어울리게 대우받기를 바란다. 귀족층을 쓰러뜨리려는 민중은 계몽된 것이 아니라 복수심에 사로잡혔을 뿐이다. 계몽된 민중은 자신을 최고의 품위로, 도덕적 존재의 품위로 향상시키며, 이 단계에서 다시 추락할 수 없고, 더 많은 사람들이 그런 수준으로 향상되기를 바란다.

계몽은 인류의 목표이고, 인류는 이 목표를 달성할 수 있으며, 조만간 달성하게 될 것이다. 인간은 누구나 계몽을 촉진할 수 있다. 인간은 자신의 품위를 저버리지 않으며 자신의 재능을 가치 없는 일에 허비하지 않는다. 인간은 매사에 자신에게 유익한 것이 무엇인가를 따진다. 인간은 운이 따르지 않아서 자신에게 결여된 것을 추구하는 법을 배우고, 자신의 힘으로 할 수 있는 일을 추구한다. 인간은 사람들을 행복하게 해주겠다는 자만심을 떨쳐내고 사람들을 정의롭게 대해야 한다는 엄중한 의무를 이행하기 위해 노력한다. 만약 중요한 진리를 발견했다고 생각되면 어떻게 그 진리를 발견했고 어째서 진리라 여기는가를 다른 사람들이 검증하도록 제시한다. 기만적인 겸손을 가장하거나 오만에 빠지지 않고 과연 다른 사람들도 진리라고 생각하는지 여부에 대한 판단을 다른 사람들에게 맡긴다. 설령 진리를 발견하지 못했더라도 인간의 양심은 자신이 진실하게 살았다는 것을 입증해 준다! 그러면 민중이 계몽하도록 도와줄 수 있고, 민중이 모든 혁명 중에 가장 바람직한 혁명을 이루도록 도와줄 수 있을 것이다. 그 혁명이란 시민적 심성의 원천과 목표가 이기심과 오만이 아니라 정의와 사랑이 되도록 하는 것이다.

계몽은 혁명을 야기하는가?

요한 아담 베르크

요한 아담 베르크Johann Adam Bergk, 1769~1834는 칸트 철학을 계승한 급진적 재야 학자로, 칸트 윤리학에 기초한 정치철학과 종교철학, 그리고 대혁명 이후 프랑스의 정치체제에 관한 저술을 주로 발표하였다. 1795년에 발표한 이 글에서 베르크는 정치적 정당성을 확보한 혁명은 반란이나 폭동과는 구별되어야 한다고 전제하고, 혁명은 개개인이 정부 당국에 저항하거나 다수가 공권력에 불복하는 행위가 아니라 특정한 체제의 근본원칙을 힘에 의해 전면적으로 변혁하는 것을 가리킨다고 정의한다. 그리고 군주가 인권을 지속적으로 침해하고 억압할 때 국민들이 도덕적 계몽, 즉 정의에 대한 각성에 도달하면 필연적으로 혁명이 일어난다고 본다. 이처럼 베르크는 도덕적 계몽에 기초한 혁명의 정당성을 옹호하고 있다. 반면 정치체제가 도덕적 계몽과 보조를 맞추고 정부가 항상 국민의 보편의지를 존중하고 따르며, 파렴치하고 경솔하게 권리를 모독하지 않고 시대정신을 통찰해서 이행하고 통치할 줄 안다면 혁명을 피해 갈 수 있다고 본다.

계몽이 혁명을 야기한다는 비난이 너무 거세고 널리 퍼져 있어서 이런 비난의 진상과 정당성 여부를 검토할 필요가 있어 보인다. 이런 비난이 부당하다고 주장하고 계몽의 순수함을 옹호하려는 문필가들이 있는 반면 계몽을 더욱 맹렬히 공격하면서 지식과 신앙과 의사표현의 독립성을 추구하는 모든 이성적 활동 자체를 격렬히 비판하는 이들이 있다. 그 결과를 살펴보면 그 두 가지 입장 가운데 어느 쪽이 옳은지, 또는 양쪽 모두 잘못된 주장을 하고 있는지 여부를 파악할 수 있을 것이다.

우리가 해야 할 첫 번째 일은 우선 계몽의 개념을 명확히 규명하는 것이다. 계몽의 기본 특성은 다른 사람의 견해에 구속되지 않는 자립적 활동과 자유이다. 우리의 모든 지식과 믿음은 우리 스스로 탐구하고 노력했을 때만 비로소 우리 자신의 것이 되고 우리의 정신에 어울리는 형식을 취하게 된다. 따라서 계몽은 우리의 모든 소양과 능력을 사고와 행동에서 자유롭게 자립적으로 사용함을 뜻한다. 그런데 우리의 정신 활동은 표상을 통해 모든 사고와 행동의 토대가 되고, 모든 표상은 질료Materie와 형식Form으로 이루어져 있다. 따라서 계몽 역시 질료적·물질적 계몽과 형식적 계몽의 이중적 측면을 지닌다.

형식적 계몽이란 무엇인가? 형식적 계몽은 인간의 모든 소양을 개발하고 발전시켜서 그 본래의 목적에 맞게 유익하고 숙달된 능력을 함양하여 자립적으로 사용할 수 있게 해준다. 이런 측면에서 계몽은 문화와 같은 뜻이다. 인간 정신의 본래적 소양과 활동영역이 다양한 만큼 이런 의미에서의 계몽은 매우 다양한 영역을 포괄한다. 인간은 세 가지 소양을 타고났다.

첫 번째 소양은 감각적 쾌락을 추구하는 동물적 본능이다. 이런 소양과 관련해서는 아주 지속적이고 다양하고 안락한 감각적 즐거움까지도 승화시켜서 즐길 줄 아는 사람이 가장 계몽된 사람이라 할 수 있다. 이런 단계의 문화에서 인간은 매우 수동적인 태도를 취한다. 왜냐하면 감각적 즐거움을 위한 모든 소재를 자신의 의지와 무관하게 주어지는 감각적 자극을 통해 (내적 자연과 외적 자연을 아우르는)[1] 자연으로부터 받아들이기 때문이다.

두 번째 소양은 사고활동으로 표현되는 이성적 능력이다. 이성적 능력은 감각적 소재를 받아들일 때는 여전히 동물적 본능에 구속되지만, 그러면서도 언제나 감각적 소재를 자립적 활동을 통해 자유롭게 가공한다. 이성은 감각적 자극과 충동적 감정에 구속되지 않고 각성된 의식으로 활동하며, 지각활동을 주재하는 주인으로서 사고의 모든 대상에 이성의 특성을 부여하여 무조건적 통일성과 완전성을 각인한다. 이 경우 인간은 어떤 대상을 다루든 자신의 이성을 사용할 용기와 힘을 가질 때 최고도의 계몽에 도달한다. 따라서 그럴 때 인간은 본래적인 의미에서 스스로 사고하는 사람이 된다. 다시 말해 자유를 통해 자기만의 고유한 정신의 형태를 확보하지 않은 어떤 판단에도 얽매이지 않는다.

인간을 자연의 필연적 구속으로부터 완전히 해방하여 자유의 왕국으로 인도하는 세 번째 소양은 인격적 소양이다. 인격적 소양은 두 가지 행동으로 나타나는데, 하나는 실천적 이성이고 다른 하나는 자유의지이다. 인격적 소양은 일체의 내적 구속과 외적 구속에서 벗어나 자신의 순수한 활동을 통해 스스로 자기 자신을 규정한다. 인격적 소양은 자기 자신에게 법칙을 부과하고, 자유의지로 그 법칙을 따르거나 거스를 수

---

1 내적 자연은 본능적이고 원초적인 자극과 욕구를, 외적 자연은 외부로부터 다가오는 다양한 형태의 자극을 가리킨다.

도 있다. 이 경우에는 자신의 모든 행동에서 스스로 부과한 법칙을 의식하면서 행동하는 사람이 가장 계몽된 사람이라 할 수 있다. 그런 사람은 자신의 삶에서 모든 우연을 극복하며, 외적인 자극과 내적인 자극에 휘둘려 수동적인 태도를 보이지 않는다. 그런 사람은 자기만의 개성이 있다. 다시 말해 언제나 일관된 원칙에 따라 자유롭게 행동하고 모든 것을 자립적 활동에 종속시킬 수 있는 능력과 각성된 의식을 갖고 있다.

계몽의 질료적 측면은 계몽이 특정한 대상과 관련됨을 가리킨다. 우리가 다루는 감각적 대상과 초감각적 대상은 무수히 많기 때문에 계몽의 질료적 측면 역시 매우 다양하다. 사람들은 자신의 인식과 행동의 범위 안에서 그런 대상을 실험하고 가공한다. 따라서 흔히 특정 학문 분야에서는 이해가 깊고 편견이 없지만 다른 분야에서는 맹신과 미신에 빠지는 일이 벌어지기도 한다. 예컨대 매사에 과감히 독자적으로 사고하지만, 신학이나 종교 문제에 관해서는 일체의 자유로운 사고를 포기하는 경우가 그렇다.

이제 본론으로 들어가 과연 계몽이 혁명을 야기하는가 하는 문제를 본격적으로 살펴보기로 하자. 우선 나는 혁명을 감각적(물리적) 개념이나 정신적 개념으로 보지 않고 도덕적 개념으로 보고자 한다. 여기서 말하려는 도덕성은 내면의 양심 문제가 아니라 정치적 정당성, 즉 정치적 행위의 정당성에 관한 것이다. 또한 정치적 정당성과 관련된 혁명은 반란이나 폭동과는 구별되어야 한다. 따라서 여기서 말하려는 혁명은 개개인이 정부 당국에 저항하거나 다수가 다양한 형태의 공권력에 불복하는 행위가 아니라, 특정한 체제의 근본원칙을 힘에 의해 전면적으로 변혁하는 것을 가리킨다. 그렇다면 이러한 변혁의 원인은 무엇인가? 내가 보기에 그 원인은 이중적인데, 하나는 외적인 요인이고, 다른 하나는 내적인 요인이다. 외적인 요인이 아무리 작용해도 내적인 요인이 결합되지 않으면 외적인 요인 자체가 혁명을 야기하지는 않는다. 그것은 생명이 없는 물체에 아무리 외적인 자극이 가해져도 기껏해야 물체의 위치가 바뀌는 정도 이상의 변화는 일어나지 않는 것과 같은 이치라 하겠다. 모든 외적 요인과 내적 요인은 감각적 쾌감이나 사고활동 또는 정의와 관련되어 있다.

국민들이 단지 감각적 욕구에만 쏠려 있다면 그들이 아무리 억압당하고 생활형편이 어렵고 사고와 활동이 아무리 제한되고 양심이 짓밟혀도 그런 국민은 결코 혁명을 시도할 수 없을 것이다. 설령 그들 사이에서 소요사태가 일어난다 하더라도 공권력이 대처하면 그들은 바로 물러나서 안위를 찾고 수치스러운 인내를 감내할 것이다. 그들의 삶 전체는 단지 감각적인 안락만을 추구하기 때문이다. 그들에게 막강한 영향력을 행사하는 유일한 본능은 두려움과 희망이다. 그래서 그들은 비겁하고, 게으르고, 억압과 전횡에 길들어 있다. 그들의 선한 수호신이 불의에 항거하라는 작은 신호만 보내도 지상에서 부지하는 목숨을 잃지 않을까 두려워한다. 하지만 그들에게 영향을 주는 모든 요인은 금방 사라지고 가변적이어서 그들은 이전까지 당해 온 모든 고통을 한순간에 망각하며, 나태함과 감각적 도취에 빠져서 당장의 고통을 마비시키고 틀어막으려 한다. 먹고사는 문제만 해결되면 다른 모든 것은 참고 견디는 민족들의 사례는 역사에서 익히 알려져 있다. 터키인과 아시아와 아프리카의 모든 종족은 이런 문화 수준에 머물러 있다. 그래서 그들은 물질적 생존 자체가 위협받고 파탄에 이르기 전까지는 양도 불가능한 권리에 대한 온갖 침해를 묵묵히 감내하는 것이다. 그들이 종종 반란을 일으키고 노예들의 도움으로 폭군을 권좌에서 몰아내고 다른 폭군이 권좌를 차지하는 일은 있어도 정치적 권리를 위한 혁명은 결코 일어나지 않는다.

혁명을 유발하는 두 번째 요인은 사고와 표현의 자유를 억압하는 것이다. 이러한 억압이 혁명적 변혁을 야기할 수 있을까? 그러한 억압은 사고활동 대상에 한정되고, 사고활동은 인간의 내면에서 진행되며 따라서 일체의 물리적 폭력에서 벗어날 수 있다. 그리고 지성적 계몽의 단계에 도달한 국민은 생각의 표현이 간섭을 받는다고 해서 도덕적 부자유를 느끼지는 않는다. 또한 그들은 과도한 도덕적 격분에 빠지거나 온갖 물리적 폭력과 죽음까지도 불사하지는 못한다. 따라서 자신들의 실력행사가 아무리 부당하게 억압을 당해도 의무와 법을 존중하기 때문에 결코 봉기를 일으키지는 않을 것이다. 그들은 사고에 단련되어 있지만, 도덕적 계율은 너무나 엄격하고 무섭도록 신성하며 재판관처럼 진지하기 때문에[2] 그들의 마음을 사로잡지 못한다. 프랑스 혁명 이전에 유럽의 대다수 민족이나 국가들은 바로 그런 단계의 계몽에 도달해 있었다. 그런데 프랑스 혁명을 거치면서 상당수 국가들은 확고부동한 새로운 문화를 과감히 받아들였다. 이 새로운 문화는 생기와 용기를 북돋우고, 대담한 성격의 인물을 배출하고, 엄격히 정의를 고수한다. 이제 도처에서 이러한 행동 또는 조치가 과연 옳은지 그른지 따져 묻고, 누가 어떤 권리를 갖고 있는지 묻는다. 독일에서는 한 철학자[3]가 학문과 사상 분야에서 프랑스 혁명만큼이나 막강한 영향력을 행사하고 있으며, 그는 인간이 생각하고 행동하는 모든 영역에서 이루 헤아리기 힘든 변화를 초래해 인류를 위해 지대한 공헌을 하게 될 것이다. 단지 사변적 계몽만 달성한 국민은

---

2 자코뱅의 공포정치를 가리킨다.
3 칸트를 가리킨다.

기껏해야 영특하고, 교활하고, 세련되고, 이기적이고, 언제까지고 비겁할 뿐이다. 그래서 그들은 물리적 폭력과 생명의 위협에 대한 두려움 때문에 양도 불가능한 권리에 대한 온갖 침해를 묵묵히 받아들이며, 불의에 대한 항거를 통해 현실적 권리를 확보할 능력이 없다.

이제 마지막으로 한 민족이 세 번째 소양을 연마하고 그 소양이 단련을 통해 강인한 힘과 지속성을 확보한다면 그 민족은 인간의 권리에 대한 그 어떤 침해도 인간의 의무에 위배된다고 당당히 천명할 것이다. 이제 그들에게 감각적·물질적 생활은 인간의 의무를 지상에서 완수하기 위한 조건으로서만 가치가 있다. 그들은 온전한 권리 행사가 방해를 받으면 인간의 의무를 다하기 위해 목숨까지도 바친다. 감각적 즐거움을 위축시키고 사고활동을 제한하려는 그 어떤 규정도 자주와 자유와 평등이라는 외적 권리를 제약할 때는 결코 용인되지 않는다. 따라서 한 민족이 도덕적 계몽 단계에 도달하면 정의와 불의에 관한 보편타당한 법칙에 따라 당당히 두려움 없이 판단하며, 그리하여 인간의 권리가 지속적으로 침해되면 혁명이 일어날 수밖에 없다. 국민들은 자신의 의무와 권리를 숙지하며, 자신이 무엇을 해야 하고 할 수 있는지 분명히 안다. 따라서 국민의 대다수가 부당한 권리 침해에 대한 도덕적 거부감을 해명하지 못하고 자신의 감정을 명확히 개념화하고 숙고해서 깨우치지 못한다 하더라도 불의를 겪으면서 정의와 불의에 대한 예민한 감수성을 길러온 국민은 아주 작은 자극만 받아도 혁명을 일으키게 된다.

따라서 도덕적 계몽은 온갖 외적 고통과 압박이 야기하는 모든 혁명의 전제조건임을 알 수 있다. 도덕적 계몽을 통해 비로소 국민은 혁명을 위해 마음의 준비를 하고, 강인하고 당당하고 끈기 있고 대범하게 뜻을 모을 수 있게 된다. 감각적 즐거움과 사변을 추구하는 시대에는 불굴의 용기가 생기지 않는다. 그런 시대에는 감각적 즐거움과 사고활동의 대상이 워낙 다양하기 때문에 사람들의 생각도 천차만별로 다양할 수밖에 없다. 따라서 감각적 즐거움을 억누르고 전횡이 사고를 억압해도 뜻을 하나로 모으고 대다수가 참여하는 일은 기대할 수 없다. 반면 도덕적 계몽이 이루어지면 (이성의 형식 자체가 통일성을 담보하므로) 정의에 관해 의견이 통일되고, (감각세계를 극복한 상태이기 때문에) 힘과 용기가 생기고, (무한히 지속되는 열정이 항상 밝은 전망을 열어주기 때문에) 그 어떤 위험에도 굴복하지 않는다. 이렇게 볼 때 모든 혁명의 토대는 외적 억압과 도덕적 성숙이다. 외적인 제도와 체제가 양심의 요구와 합치되지 않으면 국민들은 자신을 억압하고 인간의 존엄을 모욕하는 불의를 느끼고 인식하며, 그러면 혁명은 불가피해진다. 그렇지만 정치체제가 도덕적 계몽과 보조를 맞추고 정부가 항상 국민의 보편의지를 존중하고 따르며, 파렴치하고 경솔하게 권리를 모독하지 않고 시대정신을 통찰해서 이행하고 통치할 줄 안다면 혁명을 피해 갈 수 있다.

국민들 사이에 단지 감각적 문화와 지적 문화만이 융성하는 동안에는 정치체제의 원칙을 변혁할 생각은 하지 않는다. 그렇지만 다양한 인간관계와 상호갈등을 계기로 인간의 도덕적 본성이 깨어나고 그로 인해 윤리 감각이 예민하게 활성화되면 정치체제를 개혁하고 정치적 권리를 보장하는 통치형태를 도입함으로써 혁명을 방지할 수 있다. 특정한 분야에서 지식의 증대를 가져오는 물질적 계몽 자체는 정치적 변혁으로 이어지지 않는다. 그런 차원의 계몽에서는 인간 자체가 완전히 도외시된다. 예컨대 자연과학자, 천문학자, 신학자, 법학자들이 인간 사회에서 정의로운 정치체제에 관해 무슨 관심을 기울이겠는가? 이들에겐 언제나 해당 분야에서 유익한 지적 욕구가 깨어 있고 활발하지만, 이들의 생각은 개별적인 학문 분야의 발전과 유익한 성과에만 몰입해 있다. 이들이 인간에 대해 무슨 관심을 갖겠는가? 이들은 모두 인간의 숭고한 활동 가능성을 학문적 탐구에서 억누르거나 아예 배제하지 않는가? 인류의 의무와 권리에 대해 그들과 얘기하다 보면 그들은 마치 다른 세상에서 온 사람의 말을 듣는 것처럼 여기며, 우리의 생각은 그들에게 낯설고, 우리의 요구는 그들에게 우아한 허구나 열광적인 애착 정도로 들린다. 어째서 그럴까? 그들 자신이 온전한 인간이 아니기 때문이다. 왜냐하면 인간은 자신의 모든 소양을 온전히 발전시킬 때만 ─인간을 인간의 가치와 자연의 궁극 목적에 합당한 기준 이외의 다른 어떤 기준에도 종속시키지 않을 때만 ─자연의 이치에 거스르지 않고 온전한 인간이 되기 때문이다. 인간에겐 인간과 관계되는 모든 것이 가치 있고 소중하며 바로 자신의 문제로 다가온다. 인간이 윤리적 감각을 예민하게 연마하고 활성화하는 까닭은 단지 정의를 이해하기 위해서만이 아니라 정의의 법칙에 따라 행동하고 세상에서 정의를 구현하기 위해서이다. 그런데 자기 분야의 지식에만 몰입하는 계몽된 사람들은 무엇보다 자기 자신에 대해 가장 무지하지 않은가? 그들에게 인간의 본성과 활동 가능성은 완전히 낯선 세계가 아닌가?

이제 다음과 같은 질문을 던져볼 수 있을 것이다. 인간이 자신의 모든 소양을 계발하려는 (형식적) 계몽을 제지하는 것은 부당하지 않은가? 내 생각이 틀리지 않다면 이것은 인간이 과연 온전한 인간이 될 권리가 있는가 하는 질문과 동일하다. 이 질문에 대해 윤리법칙은 그 어떤 예외도 없이 인간은 온전한 인간이 되어야 한다고 명령할 것이다. 인간은 자신의 모든 소양과 능력을 계발하여 실제로 활용해야 한다. 그럴 때만 윤리 법칙의 준수가 용이해지고, 양심에 따르려는 생각이 촉진될 것이다. 그런데 이런 의미에서의 계몽을 과연 제지할 수 있을까? 사람들은 함께 모여서 살아가게 마련이고, 그런 한에는 이해관계의 충돌로 인해 서로 부대낄 수밖에 없다. 하지만 그렇게 해서 사람들은 더욱 단련되고, 갈수록 더 크고 지속적인 숙련을 쌓게 된다. 인간은 본성적으로 계몽을 하지 않을 수 없다. 따라서 일단 국민 사이에 계몽이 뿌리를 내리면 계몽을 근절한다는 것은 인류를 멸종시키는 것보다 더 어려운 일이 된다.

그런데 지금 상황에서 사람들 사이에 계몽을 가장 널리 확산시키는 것은 누구인가? 오로지 정의의 문제에 관심을 쏟는 시대적 사건들, 그리고 문필가들이다. 문필가들은 그런 역할의 수행을 자신의 의무라 여기고 인류의 교육을 위해 애쓰며, 인류의 문화적 발전을 촉진한다. 그래서 비이성적 사고와 편견, 지배욕과 무지, 비윤리적 행태는 모든 올곧은 문필가를 공격해 왔으며, 그들의 의도를 비방하고 그들의 개성을 비난하고 그들의 양심을 매수하려 했다. 문필가들이 양심의 의무를 다하기 때문에 그들이 해로운 존재라고 아우성을 쳤던 것이다. 하긴 그런 비난이 맞는 말이긴 하다. 하지만 문필가들은 과연 누구를 파멸시키려 하는가? 당연히 진리와 미덕의 파멸을 추구하는 것은 아니다. 문필가들은 진리를 추구하며, 힘닿는 대로 영향력을 확장해서 미덕을 실행하고자 애쓴다. 문필가들은 온갖 종류의 오류와 일체의 편견과 악덕에 대해 전쟁을 선포해 왔으며, 바로 그런 점에서 인간의 의무를 다하고 있다. 따라서 문필가들은 의무감에서 혁명을 도모한다. 그들은 이성을 밝히고, 윤리 감각을 활발히 살아나게 하고, 인류에게 의무와 권리를 계몽하고, 독자들의 머리와 가슴을 풍요롭게 하고자 애쓴다. 그것이 곧 그들의 의무이다. 이제 그들은 사물을 보는 관점을 바꾸고 확장하며, 사람들에게 마땅히 해야 할 의무와 권리의 요구사항을 가슴에 일깨워 준다. 이로써 문필가들은 인간적 요구와 합치되지 않는 것을 부당하다고 천명하는 시민들의 압박이 계속되면 필연적으로 혁명을 준비하고 촉진한다. 인간에게는 진리와 정의를 추구하는 충동이 있으며, 따라서 인간은 사회의 모든 제도를 진리와 정의의 법칙에 합당하게 만들고자 노력한다. 자신의 뜻대로 바꿀 수 있는 제도가 자신의 생각과 어긋나는 특성을 갖고 있다면 인간은 자유를 행사할 수 있는 모든 것을 자신의 통찰과 계몽에 합당한 형태로 바꾸려 애쓴다. 따라서 정치체제가 부당하고 불합리하다고 확신하는 사람들은 정치체제의 형태를 바꿀 때까지 쉬지 않고 열심히 노력한다. 그러니 문필가들이 혁명을 야기하고 촉진한다는 명예로운 비난을 굳이 부인한다면 오히려 진실에 어긋나지 않겠는가? 우리는 그들이 의무와 양심을 저버리고 행동하거나 진리를 왜곡하지 않기를 바란다. 그들이 비겁하고 저열하게 진리에 대한 봉사를 포기하길 바라지 않는다. 그들이 진리를 저버리길 바란다는 것은 인간의 본분을 팽개치고 마음대로 하라는 말이나 진배없지 않은가? 그런 요구는 이성에 대한 모욕이자 인류에 대한 능멸이며, 비겁하고 이기적인 미성년에게나 어울린다. 계몽이 혁명의 원인이라고 비난받는 것은 당연하며, 문화를 일구고 혁명적 변혁에 기여하는 문필가들에게도 그 책임이 있다. 그렇지만 그들이 사회의 안녕을 해치고 사회에 해를 끼치고 불행을 가져온다는 이유로 국가가 그들을 박해하고 추방하거나 침묵을 강요해서는 안 된다. 손해를 입느니 차라리 불의를 감내하고 불행을 겪느니 차라리 양심을 버리겠는가? 그런데 여기서 말하는 사회의 손해와 불행은 무엇을 뜻하는가? 편견과 이기심을 해치는 것? 만약 그렇다면 그대가 바라는 행복은 부당한 것이다. 하지만 사회 구성원 전체의 행복이 달려 있다면? 온 세상의 안녕을 걱정할 필요는 없다. 그대 자신이 무엇을 바라는지도 모르지 않는가! 그대가 마땅히 행해야 할 한 가지는 분명하다. 정의를 행하는 것이다. 문필가들이 그들의 길을 가도록 해야 한다. 그들은 사람들의 어리석음과 나태함을 막아주는 소금이다. 그들이 부당한 짓을 한다면 그들의 양심이 불량한 탓이다. 그들은 문필가로서 자신의 생각과 신념을 말해야 할 의무를 다하는 것이다. 만약 그대가 그들의 활동을 가로막으려 든다면 그대는 자신의 의무의 분수를 넘어 월권을 행사하는 것이다. 그것은 인간의 권리를 모욕하는 것이기 때문이다. 그대의 가슴속에 깃든 신성한 양심 앞에 떳떳이 나설 용기가 있는가? 그렇다면 그대의 양심을 걸고 자신의 행동을 심판하라! 그리고 인간이 되라!

옮긴이 해제

칸트의 계몽 개념에 대하여

임홍배

I. 논의의 발단

칸트의 「계몽이란 무엇인가 하는 문제에 대한 답변」은 1784년 12월 《베를린 월간 학보》에 발표되었다. 1783년부터 1796년까지 간행된 《베를린 월간 학보》는 '계몽의 벗들'이라는 계몽적 지식인들의 모임이 주축이 되어 계몽에 관한 논의를 주도한 매체였다. '계몽의 벗들' 모임은 열두 명의 회원으로 구성되었고, 매월 1~2회씩 회원들의 자택에서 비공개 토론모임을 가졌는데, 모이는 날이 수요일로 정해져 있어서 일명 '수요회'라고 불리기도 했다. 이 모임의 구성원 중에는 프로이센 재무 장관 카를 아우구스트 폰 슈트루엔제Carl August von Struensee, 프로이센 국법Landrecht을 기초한 법학자 에른스트 페르디난트 클라인, 프리드리히 빌헬름 2세의 주치의 요한 카를 빌헬름 뫼젠, 계몽 철학자이자 출판가 프리드리히 니콜라이Friedrich Nicolai, 신학자 요한 요아힘 슈팔딩Johann Joachim Spalding과 요한 프리드리히 칠너, 프로이센 왕립극장장 요한 야코프 엥겔Johann Jakob Engel 등이 포함되어 있었다.(Birtsch 1987, 95쪽) 그리고 이들이 주축이 되어 발행한 《베를린 월간 학보》 창간호 표지 안쪽에는 프리드리히 대왕 치하에서 교육부 장관을 지내면서 검열을 완화하고 언론의 자유를 장려했던 카를 아브라함 체들리츠Karl Abraham Zedlitz, 1731~93의 초상화가 삽화로 실렸다.(Hinske 1981, 4쪽) 이렇게 볼 때 '계몽의 벗들'과 그들의 기관지 격인 《베를린 월간 학보》는 계몽 군주를 자임한 프리드리히 대왕의 신임이 두터운 고위 관료와 학자들이 계몽에 관한 토론과 계몽사상의 전파를 선도한 구심점이었다고 할 수 있다. 이 모임과 매체의 성격에 비추어볼 때 그들이 주창한 계몽 담론은 소수의 지식인이 주도한 '위로부터의 계몽'의 성격을 띤다고 추정할 수 있다. 그러나 뒤에서 살펴보겠지만 칸트가 생각한 계몽 개념은 원칙적으로 '위로부터의 계몽'을 배제한다.

《베를린 월간 학보》에서 계몽이란 무엇인가 하는 토론이 시작된 직접적인 계기는 전통적인 교회결혼을 둘러싼 찬반 논쟁이었다. 《베를린 월간 학보》 1783년 9월호에 이 잡지의 공동 발행인 요한 에리히 비스터가 익명으로 「성직자들이 더 이상 혼례성사를 집전하지 말 것을 제안함」이라는 글을 발표하였다.(같은 책, 95~106쪽) 이 글에서 비스터는 계몽된 사람들에게 교회에서 치르는 혼례성사는 번잡한 허례허식이므로 폐지해야 한다고 주장했다. 이에 대해 같은 잡지 12월호에 쵤너가 비스터의 주장을 비판하는 반박문을 발표하였다.(같은 책, 107~116쪽) 이 글에서 쵤너는 결혼은 신성한 성사이므로 교회의 축복을 받아야 하고, 이를 통해 자유분방한 시류에 편승하는 풍기문란과 도덕적 타락을 막아야 하며, 그것이 '계몽'의 사명에 부합한다고 주장하였다. 교회결혼을 반대하는 주장과 옹호하는 주장이 똑같이 '계몽'의 이름으로 제기된 것이다. 이에 쵤너는 '계몽'의 이름으로 야기되는 혼란을 비판하면서 무엇보다 '계몽'

에 대한 분명한 개념 규정이 절실하다고 역설했다. "계몽이란 무엇인가? 우리는 계몽을 시작하기 전에 우선 진리란 무엇인가 하는 문제만큼이나 중요한 이 문제에 답해야만 할 것이다! 그런데 나는 이 문제에 대한 답을 어디서도 찾지 못했다!"(같은 책, 115쪽)

챨너의 이러한 문제 제기에 이어서 뫼젠은 1783년 12월 17일 '베를린 수요회' 모임에서 「시민들의 계몽을 위해 무엇을 할 것인가?」라는 제목의 글을 발표했다. 이 발표문 서두에서 뫼젠은 독일 전역을 계몽의 빛으로 비추는 것이 '수요회'의 목표임을 환기한다.

우리의 의도는 우리 자신과 동료 시민들을 계몽하는 것이다. 베를린 같은 대도시의 시민들을 계몽한다는 것은 어렵지만, 일단 난관을 극복하고 나면 계몽의 빛이 다른 지방에까지 퍼지고 나아가 온 나라를 비추게 될 것이다. 여기에서 점화된 작은 불꽃이 시의적절하게 우리의 조국 독일 전역에 퍼진다면 얼마나 다행한 일이겠는가.(이 책의 9~10쪽)[1]

이어서 뫼젠은 이러한 목표를 이루기 위해 탐구해야 할 과제를 다음과 같이 제안한다.

1. 계몽이란 무엇인가를 엄밀히 정의하자.
2. 계몽에 대한 이해와 우리의 사고방식, 우리 국민들의 (또는 적어도 우리 독자층의) 윤리와 편견 등에서 결함과 취약점이 무엇인가를 정의하고, 이들을 어떻게 계몽할 수 있을지 탐구하자.

---

1 다음부터 이 책 본문에서의 인용은 쪽수만 표시하기로 한다.

3. 우선 가장 해로운 편견과 오류를 척결하고, 가장 절실하게 널리 공유
   되어야 할 진리를 선양하자.
4. 40년 이상이나 사상과 표현의 자유, 출판의 자유가 허용되어 다른 어
   느 나라보다도 자유로운 분위기가 조성되었고 우리 젊은이들에 대한
   교육이 꾸준히 개선되었는데도 어째서 우리 독자 대중의 계몽은 기대
   만큼 성취되지 못했는가?(10쪽)

뢰젠이 이러한 탐구 과제를 제시한 데 이어서 바로 이듬해 멘델스존
과 칸트가 계몽에 관한 글을 발표하였고, 당대 유수의 학자와 지식인들
이 계몽에 관한 논의에 동참하게 되었다. 뢰젠이 "계몽이란 무엇인가를
엄밀히 정의하자"라고 제안한 데서도 알 수 있듯이, 18세기 당시 계몽은
시대정신을 집약하는 첨예한 화두였지만 계몽에 관한 생각은 매우 복잡
다기했다. 그런 이유에서 우선 이 책의 제1부에서는 계몽이란 무엇인가
하는 개념 정의를 시도한 대표적인 글들을 소개하고자 했다. 그런데 계
몽은 단지 개념적 정의의 차원에 국한되지 않고 국민대중의 이성적 각
성을 추구하는 실천적 과제와 직결되어 있다. 따라서 계몽사상을 전파
하기 위해서는 표현과 언론의 자유를 확보해야 한다. 앞의 인용문에서
뢰젠은 당시 프로이센에서 사상과 표현의 자유가 허용되어 자유로운 분
위기가 조성되었다고 했지만, 절대왕정 체제 하에서 언론의 자유가 기대
만큼 주어졌을 리 만무하다. 특히 1780년대 후반에 이르러 프로이센의
검열통제가 강화되면서 언론의 자유는 심각하게 침해되었다. 제2부에서
는 이런 맥락에서 사상과 언론의 자유를 논한 대표적인 글들을 수록하
였다. 다른 한편 진취적인 이성적 각성과 사회개혁을 추구하는 계몽정신
은 1789년 프랑스 대혁명이 터진 이후 혁명의 문제와 연동되는 첨예한

쟁점으로 부상하게 되었다. 제3부에서는 이런 시대적 배경 속에서 계몽과 혁명의 상관성을 논한 대표적인 글들을 수록하였다.

이 책에 수록된 각각의 글에 대해서는 글마다 첫머리에 간략한 해제를 달아 독자의 이해를 돕고자 했다. 이하의 해제에서는 칸트가 구상한 계몽 개념의 주요 논지를 당대의 역사적 맥락에서 살펴보고, 특히 이성의 공적 사용 개념이 현대의 민주주의 원리와 관련하여 어떤 현재적 의미를 갖는지 생각해 보고자 한다.

II. 계몽의 과제: 자율적 주체의 형성

글 서두에서 칸트는 계몽을 다음과 같이 정의하고 있다.

> 계몽이란 인간이 스스로의 잘못으로 초래한 미성년 상태로부터 벗어나는 것이다. 미성년 상태란 다른 사람이 이끌어주지 않으면 자신의 지성을 사용할 수 없는 무능력 상태를 말한다. 이러한 미성년 상태의 원인이 지성의 결핍 때문이 아니고 다른 사람의 지도를 받지 않고서 지성을 사용할 결단력과 용기의 결핍 때문이라면 미성년 상태는 스스로의 잘못으로 초래한 것이다. 과감히 알려고 하라! 자기 자신의 지성을 사용할 용기를 가져라! 이것이 계몽의 슬로건이다.(28쪽, 강조는 원문)

우선 칸트가 '계몽되지 않은 상태'를 '미성년 상태'Unmündigkeit에 비유하는 것을 눈여겨볼 필요가 있다. 미성년은 부모나 친권자의 동의 없이는 온전한 인간적 권리를 행사할 수 없다. 또한 미성년은 자신의 말과 행동에 대해 책임지지 못한다. 요컨대 미성년 상태란 오로지 타인의 지도와 감독, 보호와 후견에만 의존하고 자율적 주권과 책임을 포기한 예속 상태를 가리킨다. 그러한 예속 상태를 극복하고 자신을 스스로의 주인으로 만들어가는 자율적 주체 형성의 요청과 과정이 곧 계몽이다. 그런 폭넓은 의미에서 계몽은 미셸 푸코Michel Foucault가 말하듯 '우리 자신의 역사적 현존재에 대한 부단한 비판'을 통해 '자율적 주체 형성'을 추구하는 '철학적 에토스'라 할 수 있다.(Foucault 1990, 45쪽) 따라서 계몽은 단지 '지식'과 '앎'의 문제에만 국한되지 않고 자신의 삶 전체를 바꾸어가는 항구적 실험의 성격을 띤다.

여기서 중요한 것은 미성년 상태인 것이 지적 능력이나 지식의 부족 때문이 아니라 스스로 사고하고 판단하려는 결단과 용기의 부족 때문이며, 그런 한에는 미성년 상태가 '스스로의 잘못으로 초래한' 자기 책임이라는 것이다. 이것은 일반적으로 더 많은 지식을 가진 선각자가 무지한 대중을 각성케 하고 지식을 전파하는 것을 계몽이라 여기는 통념을 허물어뜨리는 발상의 전환이다. 단지 무지를 타파하는 것으로 이해되는 그런 통념적 계몽관은 '문외한'과 '전문가'의 구별을 전제하고 '전문가'가 '문외한'을 인도하는 것을 계몽의 과제로 설정한다. 예컨대 계몽에 관한 논의를 촉발한 신앙의 문제에 관해 평신도가 성직자의 인도를 따르는 것은 당연하지 않을까? 그래야만 스스로 사고할 때 범하기 쉬운 자의적 판단과 오류를 피할 수 있지 않을까? 그러나 칸트는 다른 어떤 사안보다 '후견인'(성직자)의 권위가 확고한 신앙의 문제에 관해서도 스스로 사고하기를 포기하고 성직자의 인도에만 의존하는 것은 부당하다고 본다. 『실용적 관점에서의 인간학』1797에서 칸트는 이렇게 말한다.

평신도들이 신앙의 문제에 관해 자신의 이성을 사용하지 말고 성직자의 이성, 즉 타인의 이성을 따라야 한다는 주장은 부당하다. 신앙의 문제는 도덕의 문제로 간주되어야 하기 때문이다. 도덕에 관해서는 누구나 자신의 행동과 의무에 대해 책임져야 하며, 성직자가 위험을 무릅쓰고 대신 책임질 수 있다고 생각해선 안 되며, 그럴 수도 없다. 그렇지만 이런 문제에 관해 사람들은 자신의 이성을 사용하기를 포기하고 성직자들이 정해 놓은 원칙에 수동적으로 순응함으로써 더 큰 안위를 찾으려는 경향이 있다. 그런데 그렇게 하는 이유는 자신의 이해력이 모자란다고 느끼기 때문이 아니라 (모든 신앙의 핵심은 도덕이라는 것을 누구나 금방 깨우치기 때문에 이해력 자체가 관건은 아니다) 잘못된 신앙 때문이다. 다시 말해 한편으로는 자신의 죄를 타인에게 전가할 수 있기 위해서이며, 다른 한편으로는 특히 신앙의 핵심적인 문제, 즉 진정으로 마음을 고쳐먹는 일이 무조건 숭배하는 것보다 더 어렵기 때문이다.(칸트 2014, 232쪽, 강조는 인용자)

자율적 사고를 포기하고 타인의 권위에만 의존하는 미성년 상태가 '스스로의 잘못으로 초래한' 것인 이유가 여기서 분명히 드러난다. 미성년이 자신의 잘못을 책임지지 못하듯이, 평신도가 성직자의 인도에만 의존하는 것은 자신의 죄를 타인에게 전가하려는 무책임의 소치이며, 진심으로 양심을 지키는 일이 무조건적 맹신보다 어렵기 때문이다. 물론 신앙의 문제를 도덕과 양심의 문제로 간주하고 자신의 이성을 사용한다는 것이 칸트가 말하듯 쉬운 일은 아니다. 신앙의 문제에 관해 이성적으로 사고하는 것은 흔히 수백 년에 걸쳐 확립된 교회의 교의 및 권위와 충돌할 수 있기 때문이다. 그럴 경우 이성적 사고는 신앙 자체에 대한 도전으로 단죄될 공산이 크다. 뒤에서 살펴보겠지만, 실제로 1788년 프로이센이 종교칙령을 반포하여 성경과 교의에 대한 '자의적'

해석을 법으로 금지한 것은 바로 그런 이유에서다. 그렇기 때문에 스스로 사고하려는 모험은 결단과 용기를 요구한다. 칸트가 거듭 강조하는 것은 스스로 사고하려는 시도에서 지식의 많고 적음이 문제되지는 않는다는 것이다. 칸트에 따르면 심지어 아무리 풍부한 지식을 갖춘 사람도 지식의 활용 면에서는 오히려 가장 계몽되지 않은 경우가 허다하다. 「올바르게 사고한다는 것은 무엇을 뜻하는가?」1786에서 칸트는 이렇게 말한다.

> 스스로 생각한다는 것은 진리의 최고 기준을 자기 자신에게서 (다시 말해 자신의 이성에서) 찾는다는 것을 뜻한다. 언제나 스스로 생각한다는 원칙이 계몽이다. 이것을 이해하려면 계몽을 지식으로 간주하는 사람들을 떠올려 보는 것으로 족하다. 스스로 생각한다는 원칙은 자신의 인식 능력을 사용할 때 부정적 원칙이며, 흔히 매우 풍부한 지식을 갖춘 사람이 지식의 활용 면에서는 오히려 가장 계몽되지 않은 경우가 허다하기 때문이다. 자기 자신의 이성을 사용한다는 것은 어떤 생각을 받아들이는 모든 경우에 있어서 그 생각을 받아들이는 근거 또는 규칙이 이성 사용의 보편적 원칙으로 삼기에 타당한가 여부를 자기 자신에게 물어보는 것을 뜻한다. 누구나 자기 자신에게 이것을 시험해 볼 수 있다. 그리고 이 시험을 통해 미신과 맹신이 사라지는 것을 확인하게 될 것이다. 비록 미신과 맹신을 객관적 근거에 의해 논박할 수 있는 지식이 한참 모자란다 하더라도 말이다.(Kant 1977, 283쪽, 강조는 인용자)

스스로 생각하는 것이 '부정적' 원칙이라는 것은 자신의 지식을 활용할 때 보편타당한 이성적 사고에 어긋나는 지식의 활용은 스스로 배제하는 자기검증의 원칙을 뜻한다. 따라서 지식이 풍부한 사람이 지식의 활용 면에서 오히려 가장 계몽되지 않은 경우란, 예컨대 단지 외부의 강압이나 권위에 무조건 순응하거나 자신의 이해관계에 따라 지식을 사용하는 것이다. 지식이 많을수록 오히려 그런 유혹에 빠질 공산도 크기 마련이다. 그처럼 보편타당한 이성적 원칙에 위배되는 지식의 사용을 칸트는 '미신'과 '맹신'이라 비판한다. 여기에서 중요한 것은 비록 그런 미신과 맹신을 논박할 지식이 부족하다 하더라도 누구나 자기 자신에게 지식의 올바른 사용을 시험해 볼 수 있으며, 이러한 시험을 통해 미신과 맹신을 능히 극복할 수 있다는 것이다.

이처럼 칸트는 원칙적으로 지식이 모자라는 사람도 얼마든지 미성년 상태를 극복하여 계몽적 자각에 도달할 수 있다고 역설한다. 그러나 실제 현실에서 대다수의 사람들은 성인이 된 이후에도 평생토록 정신적 미성년 상태에 안주한다. 칸트는 그 이유를 미성년 상태에 안주하는 것이 편안하기 때문이라며, 스스로 생각하기를 포기하는 이들의 '게으름' 과 '비겁함'을 지적한다.

> 만약 나의 지성을 대신하는 책이 있고, 나를 대신해서 양심을 지켜주는 성직자가 있고, 나를 대신해서 건강을 지켜주는 의사가 있다면 나는 굳이 스스로 노력할 필요가 없다. 나는 비용을 지불할 능력만 있으면 스스로 생각할 필요도 없다. 다른 사람들이 나를 대신해서 성가신 일을 도맡아 줄 것이다.(28~29쪽, 강조는 인용자)

스스로 생각하는 대신 책에 쓰여 있는 지식에만 의존하고, 나의 양심에 따라 판단할 문제를 성직자의 권위만 믿고 따라 생각하며, 건강한 삶을 지키려는 노력 없이 의사에게만 의존하는 것이 편안하다는 것이다. 칸트는 이렇듯 '성가신 일'을 스스로 떠맡지 않는 이들의 '게으름'을 문제 삼는다. 그렇지만 여기서 칸트가 표본적으로 예시하는 지식생산자와 성직자와 의사에게 의존하는 경우는 근대 이래 체계적으로 분화된 사회에서 사회 구성원들이 거의 예외 없이 필요한 '비용'을 지불하고 삶을 유지해 나가는 전형적인 방식을 보여준다. 다시 말해 사회 구성원이라면 누구나 그러한 분업체계에 편입되어 '성직자'나 '의사'가 하지 못하는 또 다른 대리자의 역할을 수행한다. 그렇기 때문에 이러한 삶의 방식 자체를 거부하기란 어렵다. 따라서 타인의 권위에 의존하는 '게으름'에 못지 않게 그런 비주체적 삶을 편안하게 받아들이도록 조장하는 사회체계에도 문제가 있다. 칸트가 미성년 상태에서 벗어나기를 두려워하는 '비겁함'을 설명하는 대목에서 그 점은 더 분명히 드러난다.

마치 호의라도 베풀듯이 그들에 대한 감독을 떠맡은 후견인들은 (모든 여성을 포함하여) 대다수의 사람들이 성년으로 나아가는 행보를 버거울 뿐 아니라 아주 위험하다고 여기도록 조장한다. 후견인들은 먼저 그들이 돌보는 가축들을 어리석게 만들고, 이 온순한 피조물들이 그들을 가두어놓은 보행기 바깥으로 한 걸음도 벗어나지 못하도록 주도면밀하게 단속해 놓은 다음에 그들이 자력으로 걸음을 옮기려 할 때 닥쳐올 위험을 보여준다. 사실 그런 위험은 그다지 크지 않다. 왜냐하면 몇 번 넘어지고 나면 결국 걷는 법을 배울 것이기 때문이다. 하지만 그렇게 넘어지는 사례를 보여주기만 해도 그들은 지레 겁을 먹고서 대개는 더 이상 어떤 시도도 하지 않고 단념하게 된다.(29쪽, 강조는 인용자)

미성년들을 '인도'하는 수준을 넘어 아예 '감독'하는 후견인들은 미성년들을 '가축들'이나 '온순한 피조물'로 취급하면서 '보행기' 바깥으로 나오지 못하도록 주도면밀하게 단속하기까지 한다. 이러한 비유에서 분명히 알 수 있듯이, 대다수의 사람들이 미성년 상태에서 벗어나기를 두려워하는 것은 그들에 대한 체계적인 관리와 감독이 이루어지기 때문이다. 그리고 미성년을 가두어놓은 울타리를 벗어나려는 시도에 부단히 경고와 위협이 가해지는 상황은 미성년과 후견인의 관계가 예속과 지배의 권력관계임을 분명히 보여준다. 따라서 자기 자신의 지성을 사용할 용기를 가지라는 계몽의 슬로건은 결국 그러한 권력관계를 어떻게 극복할 것인가 하는 실천적 요청을 함축한다.

칸트는 개개인이 그처럼 체계적으로 관리되는 억압 상태로부터 벗어나기는 어렵다고 말한다.

> 개개인이 거의 천성처럼 굳어버린 미성년 상태로부터 스스로 벗어나기란 어려운 일이다. 심지어 개개인은 미성년 상태를 점차 좋아하게 되며, 한동안은 자신의 지성을 사용할 수 없게 된다. 한 번도 자신의 지성을 사용하려는 시도가 허용되지 않았기 때문이다. 개인의 타고난 재능을 이성적으로 사용하게 하는, 아니 오히려 잘못 사용하게 만드는 교의教義와 규칙들, 이런 기계적 도구들은 미성년 상태를 온존시키는 족쇄들이다. 하지만 그런 족쇄를 벗어던지는 사람도 아주 좁은 도랑조차 자신 있게 건너뛰지 못하는 것은, 그런 자유로운 운동에 익숙하지 않기 때문이다. 그래서 자신의 정신을 스스로 작동시켜서 미성년 상태로부터 벗어나 확고한 걸음을 내딛는 데 성공하는 사람은 극소수에 불과하다.(29~30쪽, 강조는 인용자)

미성년 상태를 조장하고 유지하는 일상적인 관리감독 체계가 작동하는 사회적 환경에서 미성년 상태는 '제2의 천성'처럼 내면화되어 "미성년 상태를 점차 좋아하게" 될 정도로 친숙해진다. 미성년 상태에서 벗어나려는 시도 자체를 허용하지 않는 '교의와 규칙들'은 비단 교회가 신도들을 관리하는 수단일 뿐 아니라 넓은 의미에서 국가가 시민사회를 관리하는 '기계적 도구들'이다. 뒤에서 칸트는 국가가 사회 구성원들을 공민의 의무에 복종하도록 강제하는 '기계적 장치'를 언급하고 있다. 따라서 위 인용문의 맥락에서도 '기계적 도구들'은 그런 의미에서 체계적 관리와 통제의 수단, 즉 국가기구 전반을 가리킨다. 그런데 공권력을 근간으로 하는 물리적 장치뿐 아니라 지식의 생산체계 자체가 국가적 필요에 따라 작동한다는 것이 칸트의 중요한 통찰이다. 대학의 지식생산 체계를 다룬 『학부들의 논쟁』*Der Streit der Fakultäten, 1798*에서 칸트는 대학에서도 마치 '공장'처럼 돌아가는 분업에 의해 지식 생산이 이루어지며, 대학에 고용된 학자들은 '정부의 도구'로서 '정부의 필요'에 의해 움직인다고 말한다.(Kant 1975, 17쪽 이하) "정부는 국민에 대한 강력하고 지속적인 영향력을 행사하기 위한 수단을 확보하는 데만 관심이 있으며, 대학에 임용되어 가르치는 이들은 바로 그런 수단이다."(같은 책, 19쪽) 지식생산의 중추적 역할을 담당하는 학자들조차 결국 국민들의 미성년 상태를 온존시키려는 '기계적 도구들'로 기능하는 것이다. 그런 한에는 국가적 요구에 종속된 학문적 활동은 미성년 상태의 극복을 지향하는 계몽의 원칙에 위배된다. 실제로 그들의 지식 생산 방식 자체가 기성의 권위에 순응한다는 점에서 반계몽적이다.

(대학 교수로 있는) 성경 신학자들은 이성에 근거해서가 아니라 성경에

근거해서 교의를 만들어낸다. 법학 교수는 자연법에 근거해서가 아니라 국법에 근거해서 법리를 만들어낸다. 전공 의사들은 인체의 생리에 근거해서가 아니라 의학 교본에 근거해서 환자들에게 적용할 처방을 만들어낸다.(같은 책, 23쪽)

이처럼 이미 확립된 지식체계에만 근거해서 만들어내는 '교의'와 '법리'와 '처방'은 기존 질서를 변호하고 유지하는 도구적 수단일 뿐이다. 그런 지식 생산에 종사하는 이들은 '자기 자신의' 지성을 사용하여 '스스로 사고하기'를 포기한 점에서 그들 자신이 미성년 상태에 갇혀 있다. 비단 무지한 대중뿐 아니라 대학에서 가르치는 학자들조차도 고립된 개인으로서는 미성년 상태에서 벗어나기 어려운 것이다.

III. 이성의 '공적' 사용과 '사적' 사용

칸트는 고립된 개인과 달리 '공중公衆'은 스스로를 계몽할 수 있다고 말한다.

그런데 공중이 스스로를 계몽하는 것은 오히려 가능하다. 사실 공중에게 자유를 허용하기만 한다면 공중은 거의 틀림없이 스스로를 계몽할 수 있다. 공중 가운데는 — 심지어 수많은 대중의 후견인으로 등용된 사람 중에도 — 언제나 스스로 생각하는 사람들이 몇 명은 있게 마련이어서 이들은 미성년의 굴레를 스스로 떨쳐내고, 모든 인간이 자신의 고유한 가치와 스스로 생각해야 한다는 사명감을 합리적으로 존중하는 정신을 주위에 확산시킬 것이다.(30쪽, 강조는 인용자)

여기서 칸트가 말하는 '공중'Publikum 개념은 18세기에 들어와 서적 보급의 급속한 확대로 광범위하게 형성된 독자층을 가리키며, 나아가 그들이 의견을 개진하면서 여론을 형성해 나가는 공동체 내지 '공론장' Öffentlichkeit의 의미까지 포괄한다. 그런 공론장에서는 스스로 생각하는 사람들이 미성년의 굴레에서 벗어나 자유롭게 발언하고, 이를 통해 계몽의 정신을 확산시킬 수 있다는 것이다. 이로써 칸트는 공론장에서 이루어지는 자유로운 의사소통을 계몽의 필수적 요건으로 설정하고 있다. 칸트가 「계몽이란 무엇인가 하는 문제에 대한 답변」이라는 글을 발표한 것도 그런 의미에서 독자들이 의사소통에 적극 참여하기를 호소하는 실천적 성격을 띠며, 그런 점에서 칸트 자신이 "계몽의 역동적 모델" (Deligiorgi 2005, 58쪽)을 구현하는 과정에 참여하고 있는 셈이다. 그런데 공중이 스스로를 계몽하는 것이 가능하려면 공중에게 '자유'가 허용되어야 한다. 다시 말해 자유로운 의사소통을 위해 생각과 표현의 자유가 보장되어야 한다. 그러나 칸트 당대의 현실에서 생각과 표현의 자유는 법이 정해 놓은 시민적 의무의 강제와 대립할 수밖에 없었다. 「올바르게 사고한다는 것은 무엇을 뜻하는가?」에서 칸트는 이렇게 말한다.

생각의 자유는 시민적 의무의 강제와 대립한다. 말과 글로 표현하는 자유는 국가권력에 의해 박탈당할 수도 있지만 생각의 자유는 국가권력이 박탈할 수 없다고 사람들은 말한다. 그렇지만 우리가 서로 생각을 주고받는 다른 사람들과 더불어 생각하지 않는다면 과연 얼마나 올바르게 생각할 수 있겠는가! 그러므로 사람들이 자신의 생각을 공개적으로 주고받을 수 있는 자유를 박탈하는 외적 강제는 생각의 자유도 박탈하는 것이라 할 수 있다. 생각의 자유는 우리가 시민으로서 짊어져야 하는 온갖 속박에도 불구하고 우리에게 남아 있는 유일한 지혜의 보고寶庫이며, 우리가 이런 상황이 강요하는 온갖 악에 맞서 조언을 구할 수 있는 유일한 지혜의 보고인 것이다.(Kant 1977, 280쪽, 강조는 인용자)

인용문의 두 번째 문장은 국가권력이 생각의 자유는 존중하면서 표현의 자유는 제한해도 무방하다는 통치자의 입장을 대변하는 것이다. 그러나 이에 맞서 칸트는 공개적으로 서로 생각을 주고받는 표현의 자유야말로 올바른 생각에 도달할 수 있는 전제조건임을 강조하고 있다. 서론에서 언급한 대로 계몽 군주를 자임한 프리드리히 대왕 치하에서 검열 정책이 완화되어 폭넓게 언론의 자유가 확보되었다고는 하지만, 전제군주정 체제에서 여전히 표현의 자유는 시민적 의무의 이행과 양립하기 어려운 실정이었다.

이러한 딜레마 상황을 해결하기 위해 칸트는 이성의 '공적' 사용과 '사적' 사용을 구별한다.

　자신의 이성을 공적으로öffentlich 사용한다는 것은 누군가가 학자의 입장에서 독서계의 모든 공중이 지켜보는 앞에서 이성을 사용한다는 것을 뜻한다. 이성의 사적privat 사용이란 자신에게 맡겨진 시민적 직책 또는 관직의 범위 안에서 자신의 이성을 사용하는 것을 뜻한다. 그런데 공동체의 관심사와 직결되는 여러 업무에 관해서는 공동체의 일부 구성원들로 하여금 단지 수동적 태도만 취하게 하는 어떤 기계적 장치가 필요하다. 그래야만 정부는 인위적인 합의를 통해 구성원들을 공적인 목적을 위해 이끌 수 있고, 적어도 공적인 목적을 저해하지 않도록 막을 수 있는 것이다. 이런 경우에는 당연히 따지는 것이 허용되지 않으며, 복종해야만 한

다. 그런데 이러한 기계장치의 일부분이 자신을 전체 공동체의 구성원 또
는 심지어 세계시민사회의 구성원으로 간주하는 경우에는 글을 통해 본
래적 의미에서의 독자층에게 호소하는 학자의 자격으로 따져볼 수 있으
며, 그렇다고 해서 그가 부분적으로 수동적 구성원으로서 종사해야 하
는 업무가 방해받지는 않는다.(31~32쪽, 강조는 원문)

여기서 칸트가 말하는 이성의 '공적' 사용과 '사적' 사용이라는 개념
구별은 칸트 당대와 오늘날의 일반적인 어법이 충돌한다. 국가에 봉사
하는 '관직'의 의무에 합당하게 자신의 이성을 사용하는 것을 이성의
'사적' 사용이라 일컫고, 반면 그런 관직의 의무에서 벗어나 단지 '식자'
의 한 사람으로서 자유롭게 자기 생각을 개진하는 것을 이성의 '공적'
사용이라 일컫기 때문이다. 여기서 '사적'이라는 말은 이성의 '보편타당
한' 사용과 대비되는 '특수한 기능적' 사용이라는 의미로 이해할 수 있
다. 다시 말해 이성의 '사적' 사용은 도구적 이성을 가리킨다. 그런 경우
공동체의 구성원은 '단지 수동적 태도만 취하게 하는 기계적 장치'의 일
부로 기능하며, 이성 사용의 보편타당성 여부를 따져서는 안 되고 국가
의 명령과 관직의 의무에 무조건 복종해야 한다. 그런 의미에서 이성의
사적 사용에서 생각과 표현의 자유는 엄격히 제한된다. 반면 이성의 '공
적' 사용에서는 생각과 표현의 자유가 전적으로 허용되어야 한다는 것
이 칸트의 입장이다. 칸트는 몇 가지 사례를 언급한다. 예컨대 성직자는
자신이 속한 교회의 공식 교의가 허용하는 범위 안에서 강론을 해야 한
다. 장교는 상관의 명령에 무조건 복종해야 하며 명령의 옳고 그름을 따
질 수 없다. 그리고 시민 개개인은 자신에게 부과된 세금을 반드시 납
부해야 한다. 그런 의미에서 이성의 사적 사용은 '아주 협소하게 제한되

어도' 무방하다. 그렇지만 성직자도 '학자'의 입장에 서면 자신의 교회가 표방하는 교의에 내재하는 문제점을 독자 대중 앞에 공공연히 발표할 수 있다. 마찬가지로 장교 역시 '학자'의 입장에 설 때는 병역 의무의 문제점에 관해 공개적으로 발언할 수 있다. 시민 역시 '학자'의 입장에 서면 현행 조세제도의 문제점에 관해 자유롭게 의견을 개진할 수 있다. 여기서 '학자'의 입장이란 학문에 종사하는 이들을 가리킨다기보다는 그어떤 신분이나 직업상의 제약에 얽매이지 않고 대중 앞에서 자기 생각을 표현할 수 있는 가능성을 가리킨다. 그래서 병역 의무와 납세 의무등 국가의 시민이라면 누구에게나 해당되는 사안을 예시한 것이다.

여기서 중요한 것은 이성의 공적 사용은 항상 자유롭게 보장되어야 한다는 것이다. 만약 '후견인들의 후견인' 격인 군주가 생각과 표현의 자유를 허용하지 않는다면 그것은 군주 자신마저 기존의 고정관념과 편견을 고수하는 '미성년 상태'에 갇히고 마는 불합리한 처사라는 것이다. 칸트의 이러한 주장은 우선 생각과 표현의 자유는 국가의 공민으로서 부담해야 하는 온갖 의무의 강제로부터 벗어나야 한다는 요청으로 이해할 수 있다. 나아가, 국가의 요구에 따르는 이성의 '사적' 사용은 특수한 도구적 기능에 불과한 반면, 국가의 명령과 시민적 의무가 과연 정당한가 여부를 따질 수 있는 이성의 '공적' 사용은 이성의 '사적' 사용에 비해 훨씬 우월한 보편타당성을 확보한다. 이로써 이성의 '공적' 사용과 '사적' 사용이라는 개념 설정은 국가의 명령체계에 대해서도 비판적으로 문제를 제기할 수 있는 이성의 보편타당한 사용을 촉구하는 전복적 효과를 가져온다.(Laursen 1996, 253쪽 이하)

칸트는 '관직'에 합당한 직무의 수행과 표현의 자유가 양립할 수 있다고 본다. 그렇지만 현실에서 그러한 이중적 역할은 대개는 상충하게 마련이며, 당사자는 딜레마에 직면하게 된다. 예컨대《베를린 월간 학보》에서 공개적인 논쟁이 되었던 교회결혼의 존폐 문제도 그렇다. 교회의 공식 교의를 따르는 성직자의 입장에서는 신도들의 교회결혼을 유지하는 것이 '의무'이지만, 학자의 입장에서 이성적으로 판단하여 교회결혼을 허례허식이라 생각할 수도 있을 것이다. 만약 학자의 입장에서 교회결혼의 폐지를 주장한다면 성직에서 파면당할 위험도 감수해야 한다. 이런 딜레마 상황을 극복할 수 있는 진정한 계몽의 길은 무엇인가? 이 질문에 대해 칸트는 공론장에서 사회적 합의를 통해 점진적인 개혁이 이루어져야 한다고 본다. 교회가 '불변의 교의'를 제정하여 모든 교회 구성원에게 항구적인 감독권을 행사하는 것은 부당하며 가능하지도 않다는 것이다. 심지어 제국의회 같은 최고 권력기구가 그런 '불변의 교의'를 인준한다 하더라도 그것은 항구적 계몽을 추구하는 '인간 본성에 어긋나는 범죄'가 된다.

한 시대가 담합하여 그다음 시대가 (특히 아주 긴요한) 인식을 확장하고 오류를 정화하여 계몽을 진전시키는 일을 하지 못하게 서약할 수는 없는 노릇이다. 그것은 인간 본성에 어긋나는 범죄가 될 것이다. 인간 본성의 본래적 소명은 바로 계몽의 진전에 있다. 따라서 후손들은 그러한 협약을 부당하고 불법적인 것으로 간주하여 파기할 권리가 있다. 어떤 국민에게 법으로 제정될 수 있는 모든 사안의 시금석은 과연 국민 스스로가 그러한 법을 받아들일 수 있을 것인가 하는 문제다. 어쩌면 그러한 법도 더 나은 법이 제정되기를 기대하면서 일정한 질서를 도입하기 위하여 특정한 짧은 기간만 통용될 수 있을 것이다. 그와 동시에 모든 시민에게, 특히 성직자에게 학자의 자격으로 글을 통해 공적으로 현행 제도의 결함에 관해 자유롭게 의견을 개진하도록 허용할 수 있다. 그러는 동안 이 사안의 성격에 관한 통찰이 공적으로 충분히 진전되고 검증되어서 (비록 만장일치는 아니어도) 의견의 일치가 이루어짐으로써, 개선된 인식에 따라 판단하여 변화된 종교제도를 채택하기로 합의한 신도들을 보호하기 위한 청원을 왕에게 제출할 때까지는 현행 질서가 그대로 유지될 것이다. 그렇다고 예전 제도를 고수하려는 사람들을 방해해서도 안 될 것이다.(34~35쪽, 강조는 인용자)

여기서 칸트는 실정법과 교회법을 병치해서 논하고 있다. 실정법에서 입법의 타당성을 가늠하는 기준은 국민의 보편적 의지이다. 그리고 국민의 보편적 의지는 '모든 시민'이 공개적으로 자유롭게 의견을 개진할 수 있는 공론장에서 '의견의 일치'를 추구하는 과정을 통해 확인된다. 모든 시민이 참여하는 공론장은 입법의 정당성을 확보하기 위한 기초가 된다. 그런 점에서 칸트가 구상하는 공론장의 모형은 의사결정에 참여하는 국민의 주권을 바탕으로 하는 입헌 민주주의에 근접한 것이라 할 수 있다.[2] 교회법에서 불변의 교의가 성립할 수 없는 것과 마찬가지로 실정법 역시 한시적 타당성만 가지며, 국민의 여론에 따라 법도 얼마든지 바뀔 수 있다. 또 한 가지 중요한 것은 공론장에서 사회적 합의를 통해 새로운 법과 제도를 도입하더라도 (만장일치에는 도달하지 못한) 합의에서 배

---

2 계몽에 관한 글과 같은 시기에 발표한 「세계시민적 관점에서 본 보편사의 이념」에서 칸트는 "완전히 정의로운 시민적 정치체제"(vollkommen gerechte bürgerliche Verfassung)를 모든 시민의 자유와 평등이 온전히 구현된, 인류가 구현해야 할 이상적 공동체로 상정한다. 그런 점에서 칸트는 민주공화정을 옹호하는 입장이라 할 수 있다.(칸트 1992, 31쪽 이하 참조)

제된 소수의 의견도 존중해야 한다는 것이다. "예전 제도를 고수하려는 사람들을 방해해서도 안 될 것"이라는 말은 그런 뜻으로 이해할 수 있다. 공론장은 모든 시민이 참여하는 동시에 다양한 견해를 향해 열려 있는 자유로운 토론공간이다.

그처럼 공론장이 자유로운 의사소통의 개방성을 확보하기 위해서는 표현의 자유가 전적으로 허용되어야 한다는 것을 칸트는 거듭 강조한다. "신민들이 그들의 견해를 밝히고자 발표하는 저작물을 정부의 감독으로 재단하게 하는 식으로 군주가 개입한다면 군주의 존엄조차 훼손된다. 군주가 자신의 지고한 통찰에 의거하여 그렇게 한다면 '황제가 문법학자보다 우위에 있지는 않다'라는 비난에 직면할 것이다."(35~36쪽) 이렇게 검열의 부당성을 비판하면서 칸트는 프리드리히 대왕이 비단 신앙의 자유만이 아니라 '입법'의 문제에 관해서도 공개적인 표현의 자유를 최대한 보장해 주기를 기대한다.

> 종교적 계몽을 장려하는 국가수장의 사고방식은 한걸음 더 나아가 입법에 관해서도 그의 신민들이 자신의 이성을 공적으로 사용하여 법률 개선에 관한 견해와 현행 법률에 대한 기탄없는 비판을 세상에 공표하도록 허용하더라도 위험하지 않다는 것을 깨닫고 있다.(37쪽, 강조는 원문)

여기서도 칸트는 종교의 문제와 입법의 문제를 연결하는 논법을 취하고 있다. 이처럼 계몽의 과제를 주로 신앙 문제와 결부시키는 이유를 칸트는 "종교상의 미성년 상태야말로 모든 미성년 상태 중에서도 가장 해롭고 불명예스러운 것이기 때문이다"(37쪽)라고 밝히고 있다. 이미 언급한 대로 칸트는 종교의 핵심을 도덕과 양심의 문제로 본다. 예컨대 내가 모르는 분야의 지식은 남에게 빌려 올 수밖에 없다 하더라도 자신의 양심이 달린 문제까지 타인의 권위와 명령에 따른다면 인간의 존엄을 스스로 내팽개치는 처사일 것이다. 그래서 종교상의 미성년 상태가 가장 해롭고 불명예스러운 것이다. 그렇게 보면 칸트가 신앙의 자유와 사상표현의 자유를 등치시키는 논법을 쓰는 것은 사상표현의 자유 또한 신앙의 자유 못지않게 인간의 존엄한 권리라고 보기 때문이다. 그래서 종교적 계몽, 즉 신앙의 자유를 장려하는 군주라면 의당 사상표현의 자유도 존중해야 한다고 완곡하게 호소하고 있는 것이다. 칸트의 동시대인으로 기성 교리와 무관하게 성경을 인본주의적 관점에서 해석하여 큰 파문을 일으킨 계몽 신학자 카를 프리드리히 바르트가 사상표현의 자유를 '군주의 권리보다 신성한 권리'라고 천명한 것도 그런 이유에서다.

> 스스로 생각하고 판단할 권리는 하느님이 부여한 권리이다. 하느님이 그 권리를 행사할 능력과 의지를 주셨기 때문이다. 하느님은 모든 인간에게 그런 능력을 주셨기에 스스로 생각하고 판단할 권리는 인간의 보편적 권리이다. 이 권리는 군주의 권리보다 더 신성하며, 따라서 이것은 인간의 보편적 권리이므로 군주의 특수한 권리보다 상위의 것이다.(94쪽)

사상표현의 자유는 하느님이 모든 인간에게 부여한 보편적 권리이므로 군주의 통치권보다 더 신성한 권리라는 것이다. 바르트가 취하는 논리는 프로이센 당국이 하필 종교 문제에 민감하게 대응한 이유를 설명해 준다. 바르트가 그랬듯이 성경을 자유롭게 해석할 수 있다면 군주의 권리도 자유롭게 해석하고 비판하는 것이 당연한 권리이기 때문이다. 그래서 통치자에 대한 비판을 차단하기 위한 예방조치로 무엇보다 종교 문제를 단속해야 하는 것이다. 실제로 1786년 프리드리히 대왕이 서거하자 왕위를 계승한 프리드리히 빌헬름 2세는 부왕의 관용정책을 철회하고 다시 검열을 강화했다. 특히 새로 문화부 장관에 취임한 뵐너는 계몽사상이 신앙을 파괴한다고 공격했고, 계몽사상을 전파하는 《베를린 월간 학보》의 발행인을 '불신앙의 사도'라고 비난했다. 결국 1788년 7월 프로이센 당국은 '종교칙령'Religionsedikt을 제정하여 신앙의 자유는 허용하되 성경에 대한 '자의적' 해석을 ─ 다시 말해 정통 교리에서 벗어나는 계몽적 해석을 ─ 금지하였다. 이에 반발하여 100여 명의 성직자가 항의 성명을 발표하자 프로이센 당국은 1788년 12월 '검열칙령'을 반포하여 전방위적 검열을 더욱 강화했다. 그 여파로 《베를린 월간 학보》는 1792년부터 프로이센 영내에서 출간이 금지되어 발행처를 예나로 옮겨야 했다. 계몽 신학자 바르트는 종교칙령에 항의하여 성직을 사퇴했고, 종교칙령을 풍자하는 드라마를 발표했다가 당국에 체포되어 6개월 동안 구금 조사를 받은 후 1년 징역형에 처해져 복역 중에 사망했다. 칸트 자신도 『순전히 이성의 한계 안에서 고찰한 종교』Religion innerhalb der Grenzen der bloßen Vernunft, 1793/94가 성경과 기독교의 근본교의를 침해한다는 이유로 검열의 압박에 시달렸으며, 이후 종교 문제에 관해서는 어떤 글도 발표하지 못하도록 금지처분을 받았다.(Kant 1975, 2쪽 이하) 프리드리히 빌헬름 2세의 어명으로 전달된 이 판결문에 대해 칸트는 『학부들의 논쟁』 서문에서 일종의 자기변론 형식으로 입장을 밝히고 있다. 여기서 칸트는 '청년의 교사로서의 의무'를 위반했다는 지적에 대해 자신이 청년들을 가르치는 대학 강단에서는 종교 문제를 다루지 않았다고 해명한다.(같은 책, 4쪽 이하) 또한 '국민의 교사'로서 '국왕의 뜻'을 거슬렀다는 지적에 대해서는 문제의 저서가 '일반 독자층'Publikum은 도저히 이해할 수 없고 대학의 학자들 사이에서만 토론 가능한 내용을 담고 있다고 해명한다. 칸트의 이러한 해명은 그의 저서가 일반 독자층이 참여하는 공론장에서 논의될 수 없는 것이므로 검열칙령을 위반한 것은 아니라는 자기변호의 성격을 띠지만, 다른 한편 이로써 자신이 옹호한 '이성의 공적 사용'이 사실상 무력화되었음을 시인한 것이라고 할 수 있다.

이처럼 칸트 자신이 직접 겪은 필화 사건에서 보듯이 이성의 공적 사용이 작동하기 위한 불가결의 전제조건인 표현의 자유가 봉쇄될 때 이성의 공적 사용과 사적 사용의 구별은 실효적 의미를 상실할 수밖에 없다. 그리고 그런 상황에서도 기존의 법질서에 순응하는 이성의 사적 사용을 옹호할 경우 푸코가 지적하듯이, 기존의 권력관계를 강화하고 정당화한다는 비판을 면하기 어렵다.(이진우 1993, 62쪽) 칸트 당대에 이 문제를 신랄하게 지적한 것은 하만이다. 칸트의 「계몽이란 무엇인가 하는 질문에 대한 답변」이 발표된 직후 하만은 칸트의 제자 크라우스 교수에게 보낸 편지(1784년 12월 18일)에서 칸트의 계몽 개념을 크게 두 가지 관점에서 비판한다.(58~67쪽 참조) 첫째, 대중이 스스로 사고할 능력을 터득하지 못한 미성년 상태에 머물러 있는 것은 '자기 자신의 잘못' 때문이 아니라 미성년들의 후견인 역할을 자임하는 군주나 철학자의 독단적 '월권' 때문이라는 것이다. 둘째, 이성의 공적 사용과 사적 사용을 구별하는 것은 결국 지배의 논리를 정당화하고 복종을 강요하는 결과에 이른다는 것이다.

우선 첫째 지적은 칸트의 논지와 상충되지 않는 것으로 보인다. 이미 살펴본 대로 칸트 역시 스스로 자신의 이성을 사용할 용기를 접고 후견인에게 모든 판단을 의탁하는 권위 추종적 태도에서 벗어나는 것이 계몽의 최우선 과제임을 역설하기 때문이다. 그렇지만 하만은 칸트가 군주의 권력 자체를 문제 삼지 않고 철학자로서 군주의 스승 역할을 자임하는 듯한 태도에 대하여 "사슴 잡는 덫과 칼로 무장한 후견인들의 후견인이 되겠다고 자처하는 무책임한"(64쪽) 태도라고 신랄하게 비판한다. 칸트가 계몽 군주의 관용을 신뢰하는 것과 달리 하만은 그런 신뢰가 결국 권력의 논리에 흡수된다고 보는 것이다.

둘째 지적사항에는 복합적인 동기가 작용한다. 하만은 칸트가 구별한 이성의 공적 사용과 사적 사용을 '식사 후의 후식'과 '일용할 양식'에 비유한다. 그리고 이성의 사적 사용은 엄격히 제한되어도 무방하지만 이성의 공적 사용은 자유롭게 보장되어야 한다는 칸트의 주장을 가리켜 "우리는 후식을 먹기 위해 일용할 양식을 포기해야 하는 꼴"(67쪽)이라고 비판한다. 이미 살펴본 대로 칸트가 말한 이성의 사적 사용이란 국가의 시민으로서 맡은 직책이나 직업상의 직무가 요구하는 의무를 엄격히 준수해야 한다는 것을 가리킨다. 그런 의미에서의 이성의 사적 사용을 하만이 '일용할 양식'에 견준 것은 누구나 나날이 겪는 생활세계에서 부닥치는 문제에 대해 자유롭게 생각하는 것이 다중의 공론장에서 논의되는 사안보다 오히려 더 절실한 실존적 과제임을 강조하는 것이라 할 수 있다. '후식을 먹기 위해 일용할 양식을 포기해야' 한다는 말은 개개인의 나날의 삶이 자유롭지 못할진대 그런 개인들의 집합체로 구성된 공중에게서 자유를 구하는 것은 무망한 노릇이라는 것이다. 이처럼 하만이 구체적 생활세계의 실존적 우선성을 부각한 것은 칸트의 논의에서 부차적으로 밀려난 중요한 문제를 제대로 짚은 것이라 할 수 있다.

그런데 하만이 이성의 공적 사용을 불신하는 데는 '공중'Publikum 자체에 대한 근본적인 불신이 깔려 있다. 『소크라테스 회상록』Sokratische Denkwürdigkeiten, 1759 서두에서 하만은 이 책의 독자들을 가리켜 '공중'

262

Publikum 또는 '아무것도 아닌 존재'Niemand라고 지칭함으로써 '공중'을 실체가 없고 뭐라 명명할 수 없는 익명의 집단으로 간주한다.(하만 2012, 103쪽) 여기서 '아무것도 아닌 존재'라는 말은 하만이 호메로스의 『오디세이아』에서 차용한 것이다. 오디세우스는 외눈박이 식인 괴물 퀴클롭스 족속의 일원인 폴리페모스에게 자신을 '아무것도 아닌 존재'라고 소개한 뒤, 폴리페모스에게 달콤한 독주를 먹여서 취중에 곯아떨어지게 한 다음, 나무창으로 괴물의 눈을 찔러 자신과 일행을 추격하지 못하게 따돌리고 도망친다.(호메로스 1996, 제9장 참조) 하만이 바로 이 대목을 차용한 것은 '공중'이 실체를 파악할 수 없는 집단임을 강조한 것이다. 나아가, 하만이 엄밀한 논리체계를 허물어뜨리는 언어유희에 능통하다는 점을 감안하면[3] 오디세우스가 식인 괴물을 제압했던 '이성의 간지'List der Vernunft가 과연 '공중'에게도 통할 수 있을까, 다시 말해 칸트가 강조하듯, 공중이 스스로를 계몽하는 것이 과연 가능할까 하는 근본적인 회의를 표명한 것이라 할 수 있다. 영국 여행 이후 기독교 신앙에 몰입했던 하만의 종교적 배경을 일단 논외로 하면, 하만이 이처럼 공중을 불신하는 것은 아직 계몽되지 않은 공중의 집단의지가 과연 어떤 모습으로 표출될지 섣불리 예측하기 어렵다는 뜻으로 이해할 수 있다. 그런 의미에서 하만은 공중을 그리스 신화에 나오는 변신의 귀재 프로테우스에 견

---

3 친구 린트너(Lindner)에게 보낸 편지에서 하만은 자신의 글쓰기 방식을 이렇게 말한다. "문외한 또는 불신자는 나의 글쓰기 방식을 난센스라고 단언할 것입니다. 나는 여러 개의 혀로 내 생각을 표현하니까요. 소피스트의 언어, 말장난의 언어, 크레타인의 언어, 아랍인의 언어, 백인의 언어, 흑인의 언어, 크레올인의 언어로 말하고, 비평의 언어, 신화의 언어, 그림 수수께끼, 원리적 개념을 뒤섞어서 지껄이니까요."(Sparling 2011, 252쪽에서 재인용)

주기도 한다.(같은 책, 100쪽) 실제로 우리는 근현대 역사에서 집단대중이 전제 권력과 집단적 폭력의 도구로 동원된 사례들을 익히 알고 있다. 그러나 바로 그렇기 때문에 집단대중의 계몽은 건강한 사회공동체의 실현을 위해 무엇보다 긴요한 과제가 된다. 하만은 진정한 계몽을 위해서는 후견인들이 그들 스스로의 잘못으로 떠맡은 후견인의 지위를 포기해야 하며, 미성년 취급당하는 사람들이 후견인들에 과감히 맞서야 한다고 강조한다. 그러나 각성한 대중의 집단의지 없이 후견인들이 후견인의 지위를 순순히 내려놓을 리 없고 후견인들에 맞서 싸우는 것도 불가능하다. 그런 점에서 집단대중에 대한 하만의 근본적 불신은 공동체적 사고를 결여한 맹점이라 할 수 있다.

칸트가 프로이센 당국의 검열 압박에 못 이겨 이성의 공적 사용을 철회하는 태도를 보였던 것은 칸트 개인의 한계이기 이전에 권력의 압박에 맞서 집단의지를 모을 만큼 공론장이 형성되지 못한 시대적 한계로 보아야 할 것이다. 칸트가 '모든 문제를 이성적으로 따져라! 그러나 복종하라!'라는 계몽 군주의 요구를 불가피한 제약으로 수용하는 것도 계몽이 시대를 초월한 과제가 아니라 구체적 역사 과정에서 수행되어야 할 점진적 과제라고 보기 때문일 것이다.

> 하지만 스스로 계몽된 군주로서 미망을 두려워하지 않고 공공의 안녕을 지키기 위해 잘 훈련된 수많은 병력을 보유하고 있는 군주만이 어떤 공화국도 감히 하지 못한 다음과 같은 말을 할 수 있다. 그대들이 원하는 대로 무엇에 관해서든 이성적으로 따져라! 그러나 복종하라! (……) 자연이 이런 딱딱한 껍질 속에서 소중하게 보호하는 싹을, 즉 자유로운 사고로 나아가는 성향과 소명의식을 계발하면 그런 의식이 역으로 국민의 성

격에 영향을 끼치고 (이를 통해 국민이 점차 자유롭게 행동할 수 있는 능력을 갖게 되고) 마침내 정부의 통치원칙에도 영향을 끼쳐서 정부는 기계보다 우월한 존재인 인간을 그의 품위에 맞게 다루는 것이 합당하다고 여기게 될 것이다.(37~38쪽, 강조는 원문)

여기서 보듯이 칸트는 '공공의 안녕'을 지킬 수 있는 강력한 국가의 법치체제가 국민들의 '자유로운 사고로 나아가는 성향과 소명의식'의 싹을 보호하고 국민들의 성숙한 의식이 다시 통치원칙에 영향을 끼쳐서 정부가 국민을 '기계'처럼 다루지 않고 인간적 존엄을 존중해 주기를 기대한다. 국가와 시민사회의 관계를 유기적인 상호작용의 선순환 관계로 보려는 이러한 생각은 19세기 이래 근대국가가 대체로 시민사회 위에 군림하는 억압적 성격을 띠는 양상에 비추어볼 때 소박한 이상주의적 성격을 드러내는 것이 사실이다. 그렇긴 하지만 국가가 국민을 '기계'처럼 취급하여 일방적으로 명령하고 강요하는 반계몽적 국가주의에 대한 비판적 문제의식이 바탕에 깔려 있는 점도 유념할 필요가 있다. 국가가 억압적일수록 국민들이 '무엇에 관해서든 이성적으로 따질' 수 있는 자유가 그만큼 더 절실히 요청되는 것이다. 다른 한편 국민의 성숙한 의식이 정부의 통치에 영향을 끼치기를 바라는 기대 이면에는 국민 대중이 권력투쟁의 도구로 이용되어서는 안 되며, 급진적 혁명이 계몽의 정신과 상충한다는 생각이 깔려 있다.

여기서 특별히 유념할 사항이 있다. 즉 한때는 후견인들에 의해 굴레에 얽매였던 공중이 나중에는 스스로 전혀 계몽할 능력이 없는 일부 후견인들의 사주를 받아 그 후견인들 자신이 굴레에 얽매이도록 강제한다는 것이다. 편견을 심는 것은 그만큼 해로운 일이다. 편견은 결국 편견을 퍼뜨린 장본인이라 할 후견인들 또는 그들의 선임자들 자신에게 복수를 가하기 때문이다. 그 때문에 공중은 아주 더디게 계몽에 도달할 수 있다. 혁명을 통해 어쩌면 개인적 전횡이나 탐욕적인 억압 또는 권력욕에 의한 억압을 무너뜨릴 수는 있겠지만 사고방식의 진정한 개혁은 결코 이루어질 수 없으며, 오히려 새로운 편견이 낡은 편견과 마찬가지로 아무런 생각도 없는 다수 대중을 이리저리 끌고 가는 그릇된 길잡이가 될 것이다.(30~31쪽, 강조는 인용자)

두 번째 문장의 진술은 무조건 복종을 강요당해 온 대중이 후견인들(즉 권력자들) 사이의 권력투쟁에 동원되어 특정 세력을 제압하고 복종시키는 도구로 이용당하는 사태를 가리킨다. 그런 방식으로 집단대중을 권력투쟁의 도구로 이용하는 후견인들은 그들 자신의 후견인 지위를 대중의 힘에 의존할 뿐 아니라 대중이 스스로 생각하고 판단할 여지를 차단한다는 이중적 의미에서 '계몽할 능력'을 결여한 자들이다. 그런 후견인들은 대중이 스스로 계몽할 능력이 없으므로 무조건 명령에 복종해야 한다는 편견에 사로잡혀 있으며, 따라서 그들이 축출한 '선임자들'과 동일한 논리에 갇혀 있기 때문에 언젠가는 그들의 '후임자들'에 의해 똑같은 방식으로 축출될 운명에 처하게 된다. 편견은 편견을 퍼뜨린 후견인들에게 자멸의 부메랑으로 돌아오는 것이다. 후견인들이 이러한 권력투쟁의 악순환을 반복하면서 갖가지 지배수단으로 대중을 동원하려 들기 때문에 대중은 아주 더디게 계몽에 도달할 수밖에 없다. 이처럼 대중이 계몽되지 않은 상태에서 이루어지는 혁명은 '아무 생각도 없는 다수 대중을 이리저리 끌고 가는' 도구로 삼기 때문에 '사고방식의 진정한 개혁'을 통해 대중의 의식이 성숙해 가는 진정한 계몽과는 거리가 멀다.

이처럼 칸트는 위정자들이 대중을 동원하는 방식에 단호히 비판적일 뿐 아니라 나아가서 국가가 국민 대중을 계몽하려는 발상 자체에 대해서도 비판적이다. 칸트의 정치철학이 비교적 분명한 윤곽을 드러내는 후기 저작의 하나인 「다시 제기된 문제: 인류는 더 나은 상태를 향해 계속 진보하고 있는가?」1798에서 칸트는 국민 계몽이 국가에 의해 임명된 공무원들의 몫이 아니라 '자유로운 법률 이론가, 즉 철학자들'의 몫임을 강조하고 있다.

> 국민 계몽이란 국민이 속하는 국가에 대한 국민의 의무와 권리를 공개적으로 국민들에게 가르치는 것이다. 이때 문제되는 것은 자연적 권리와 공통적인 인간오성으로부터 유래하는 권리뿐이므로, 국민 가운데서 그러한 권리를 알려주고 설명해 주는 사람들은 당연히 국가에 의해 공식으로 임명된 공무원들이 아니라 자유로운 법률 이론가들, 즉 철학자들이다. 이들은 자신들에게 허용된 자유 때문에 항상 지배하려고만 하는 국가에 저항할 수도 있다. 그래서 이들은 계몽가라는 이름으로 불리지만, 국가를 위태롭게 하는 사람들이라고 비난을 듣기도 한다.(칸트 1992, 127쪽)

여기서도 칸트는 이성의 공적 사용과 사적 사용을 구별하는 생각을 유지하고 있음을 알 수 있다. 국가의 명령을 집행하는 공무원은 국민들에게 명령을 준수할 의무만 가르치기 때문에 그들의 역할은 이성의 사적 사용에 국한된다. 반면 국민들에게 그들의 '권리를 알려주고 설명해 주는' 것은 국가가 요구하는 의무의 정당성 여부까지도 '공개적으로' 토론할 수 있는 이성의 공적 사용에 해당된다. 그래서 칸트는 국민의 의무와 권리에 대한 "공개적 토론의 금지는 국민이 더 나은 상태로 나아가는 진보를 방해하는 것"(같은 곳)이라고 말한다.

IV. 맺음말

지금까지 살펴본 칸트의 계몽 개념은 역사적 맥락에서 보면 푸코가 말하듯 르네상스 이래 종교와 법과 학문 분야에서 기존의 독단적 권위에 의해 진리로 공인된 것을 거부하는 '탈예속'Entunterwerfung의 비판적 사유의 연장선에서 이해할 수 있다.(Foucault 1992, 15쪽) 특히 계몽의 세기라 일컬어지는 18세기 당대의 계몽사상에서 흔히 고루한 편견의 타파나 지식의 보급을 계몽의 과제로 설정한 것과 달리 칸트는 타인의 인도에 의존하지 않고 스스로 생각할 용기를 가지라고 촉구함으로써 '계몽에 관한 계몽'을 수행했다고 할 수 있다. 이처럼 칸트의 계몽 개념은 스스로 생각하고 판단하는 자율의 원리를 근간으로 삼기 때문에 '위로부터의 계몽'은 원칙적으로 계몽의 정신에 위배된다. 심지어 문외한이 전문가의 권위에 무조건 의존하고 따르는 것도 자신의 생각을 타인의 권위에 예속시키는 것이기에 스스로 자기 삶의 주인이 되기를 포기하고 '미성년 상태'를 온존시키는 것이다. 지식이나 권력에 의해 타인의 권위에 예속된 '미성년 상태'를 감내하는 것은 후견인들이 길들이고 부리는 '온순한 가축'으로 살아가는 것이며 또한 권력자들이 관리하고 조종하는 '기계의 부품'으로 살아가는 것이다. 따라서 그런 미성년 상태로부터 벗어나는 계몽적 자각은 곧 인간의 존엄을 회복하는 것이기 때문에 "인간의 마음속에서 일어나는 가장 중요한 혁명"(칸트 2014, 277쪽)이다.

스스로 생각한다는 것은 단지 자신의 주관만 앞세우는 자의적 생각과는 구별되어야 한다. 언제나 스스로 생각하되 자신의 생각이 이성의 보편타당한 원칙에 부합하는가를 부단히 되묻는 비판적 자기성찰이 수반되어야 한다. 또한 지식의 축적과 확장이 단지 '후견인'의 요구에 봉사하거나 스스로 '후견인'의 지위를 유지하고 강화하기 위한 것은 아닌지, 그리하여 지식을 매개로 한 지배와 예속 관계를 공고히 하기 위한 것은 아닌지 끊임없이 비판적으로 성찰할 것이 요구된다. 그런 의미에서 진정한 계몽은 "성찰적 계몽"reflexive Aufklärung(Hutter 2009, 72쪽)을 지향한다.

칸트의 계몽사상에서 이성의 공적 사용 개념은 현대 민주주의의 기본원리와 직결된다. 이성의 공적 사용은 소수 학자들 사이의 토론이 아니라 사회 구성원 모두가 참여하여 자유롭게 의견을 개진할 수 있는 공론의 장을 형성하여 참여 민주주의의 근간을 이룬다. 그러한 공론장에서 국민의 의사가 모여 입법의 기초가 되며, 따라서 모든 입법은 공적 이성의 검증을 통해 비로소 정당성을 확보하게 된다. 그러면서도 공론장에서 이루어지는 의견 수렴과 합의 과정은 단일한 견해나 신념을 만장일치로 관철하려는 목표를 추구하지는 않으며, 소수 의견도 존중해야 한다. 그런 의미에서 이성의 공적 사용은 전체주의를 배격하며 다양성의 공존을 지향하는 다원적 민주주의 원리에 부합한다. 사회 구성원 누구나가 공중의 일원으로 자신의 견해를 밝히고 다른 구성원들과 토론하는 과정은 기본적으로 상호주관적 성격을 띤다.(정성관 2011, 140쪽) 그런 점에서 이성의 공적 사용은 근대의 주체 중심 철학과 주객 이원론의 배타성을 극복하기 위해 상호주관성에 입각하여 의사소통 이론을 구축하려는 위르겐 하버마스Jürgen Habermas의 후기 철학과 상통하는 것으로 평가된다.(Fleischacker 2013, 143쪽 이하) 또한 칸트의 공적 이성 개념은 특정한 지식이나 이념내용의 타당성과 정당성을 논하기보다는 정당성의 보편타당한 근거를 찾아가는 과정 자체를 중시한다. 그런 점에서 이성의 공적 사용은 의사결정의 정당성의 원천을 미리 결정된 의사의 결집이 아니라 의사를 형성하는 토의 과정 자체의 결과로 보는 '토의 민주주의' deliberative democracy의 원리와 상통한다.(나종석 2007, 37쪽)[4]

칸트의 계몽 개념에서 이성의 공적 사용과 사적 사용의 구별이 도구적 이성에 대한 비판을 함축한다는 것도 거듭 강조할 필요가 있다. 이미 살펴본 대로 이성의 사적 사용은 공적인 직책이나 소속단체의 직능이 요구하는 의무를 준수해야 함을 의미한다. 그럴 경우 개개인은 '기계적 장치의 일부'로서 '수동적 역할'만 수행하며, 따라서 이성의 사적 사용은 도구적 이성을 가리킨다. 이와 달리 이성의 공적 사용은 그런 요구와 의무가 과연 보편타당한 이성의 원리에 합당한가를 따지고 비판할 수 있기 때문에 도구적 이성에 대한 비판의 성격을 띤다. 풍부한 지식을 쌓은 사람이 오히려 지식의 활용 면에서는 계몽되지 않은 경우가 허다하다는 지적은 지식을 부와 권력의 수단으로 삼는 것을 당연시하는 시류에 경종을 울리는 고언이라 하겠다.

---

4 하버마스 역시 '토의 민주주의' 원리를 의사소통이론의 중요한 준거로 삼는다. 하버마스는 『공론장의 구조변동』 신판(1990) 서문에서 베르나르 매냉(Bernard Manin)의 토의 민주주의 논의를 적극적으로 원용하고 있다. "정당성의 원천은 개인들의 선결된 의지가 아니라 그것의 형성 과정, 즉 토의 자체이다. (……) 정당한 의사결정은 모든 사람의 의지를 표현하는 것이 아니라, 모든 사람의 토의로부터 귀결된 의지이다. 결과에 정당성을 부여하는 것은 이미 형성된 의지의 총합이라기보다는 모든 사람의 의지를 형성하는 과정이다."(하버마스 2001, 43쪽)

원제 및 출전

[제1부] 계몽이란 무엇인가?

뫼젠: 시민들의 계몽을 위해 무엇을 할 것인가?

> 원제: Was ist zu tun zur Aufklärung der Mitbürger?
> 발표: 1783년 12월 17일 베를린 수요회 모임에서 발표
> 출간: *Monatshefte der Comenius-Gesellschaft* 5(1896), S. 73~76.

멘델스존: 계몽이란 무엇인가 하는 문제에 대하여

> 원제: Über die Frage: was heißt aufklären?
> 출간: *Berlinische Monatsschrift IV*, 1784년 9월, S. 193~200.
> 재수록: *Was ist Aufklärung?*, hrsg. von Ehrhard Bahr, Stuttgart 1974, S. 3~8.

칸트: 계몽이란 무엇인가 하는 문제에 대한 답변

> 원제: Beantwortung der Frage: Was ist Aufklärung?
> 출간: *Berlinische Monatsschrift IV*, 1784년 12월, S. 481~494.
> 재수록: *Was ist Aufklärung?*, hrsg. von Ehrhard Bahr, Stuttgart 1974, S. 8~17.

빌란트: 계몽에 관한 여섯 가지 질문

원제: Sechs Fragen zur Aufklärung

출간: *Der Teutsche Merkur*, Bd. 66, 1789년 4월, S. 97~105.

재수록: *Was ist Aufklärung?*, hrsg. von Ehrhard Bahr, Stuttgart 1974, S. 22~28.

바르트: 계몽의 다양한 개념

원제: Verschiedene Begriffe von Aufklärung

출전: Bahrdt: *Über Aufklärung und die Beförderungsmittel derselben*, Leipzig 1789.(이 책에서 부분 발췌)

재수록: *Die Aufklärung*, hrsg. von Gerhard Funke, Stuttgart 1963, S. 94~100.

하만: 크리스티안 야코프 크라우스에게 보낸 편지(1784년 12월 18일)

원제: Brief an Christian Jacob Kraus vom 18. Dezember 1784

출전: Johann Georg Hamann: *Briefwechsel*, hrsg. von Arthur Henkel, Bd. 5, Frankfurt a. M. 1965, S. 289~292.

재수록: *Was ist Aufklärung?*, hrsg. von Ehrhard Bahr, Stuttgart 1974, S. 17~22.

[2부] 사상과 언론의 자유

클라인: 사상과 출판의 자유에 대하여: 군주와 위정자와 문필가들을 위하여

원제: Über Denk- und Druckfreiheit: Für Fürsten, Minister und Schriftsteller

출간: *Berlinische Monatsschrift III*, 1784, S. 312~330.

재수록: *Was ist Aufklärung?*, hrsg. von Norbert Hinske, Darmstadt 1981, S. 389~407.

바르트: 언론의 자유와 그 한계: 통치자와 검열자와 작가를 위한 고려사항

원제: Über Pressefreiheit und deren Grenzen: Zur Beherzigung für

Regenten, Censoren und Schriftsteller

출간: 위의 제목으로 1787년 Züllichau에서 단행본으로 출간

모저: 언론

원제: Publizität

출간: *Neues Patriotisches Archiv für Deutschland*, 1792, Heft 1, S. 519~527.

재수록: *Die Aufklärung*, hrsg. von Gerhard Funke, Stuttgart 1963, S. 104~108.

팔: 새로 도입된 언론 자유 제한조치에 대하여

원제: Über eine neuerlich empfholene Einschränkung der Pressefreiheit

출간: *Der Weltbürger*, Zürich 1792, Bd. 3, Heft 9, S. 625~632.

재수록: *Aufklärung und Gedankenfreiheit*, hrsg. von Zwi Batscha, Frankfurt a. M. 1977, S. 269~274.

피히테: 유럽 군주들에게 사상의 자유를 회복할 것을 촉구함

원제: Zurückforderung der Denkfreiheit von den Fürsten Europas, die sie bisher unterdrückten. Eine Rede

출간: 1793년 단치히에서 익명의 소책자로 출간

재수록: *Aufklärung und Gedankenfreiheit*, hrsg. von Zwi Batscha, Frankfurt a. M. 1977, S. 305~334.

[3부] 계몽의 정치학

림: 계몽은 인간 이성의 요청이다

원제: Über Aufklärung, ob sie dem Staate—der Religion—oder überhaupt gefährlich sei oder sein könnte? Ein Wort zur Beherzigung für Regenten, Staatsmänner und Priester. Ein Fragment, Berlin 1788.(이 소책자에서 7쪽 이하 발췌)

발췌 번역문 제목: Aufklärung ist ein Bedürfnis des menschlichen

Verstandes

재수록: *Was ist Aufklärung?*, hrsg. von Ehrhard Bahr, Stuttgart 1974,
S. 28~36.

모저: 진정한 정치적 계몽과 거짓된 정치적 계몽

원제: Wahre und falsche politische Aufklärung

출간: *Neues Patriotisches Archiv für Deutschalnd*, 1792, Bd. 1, S. 527~536.

재수록: *Aufklärung und Gedankenfreiheit*, hrsg. von Zwi Batscha,
Frankfurt a. M. 1977, S. 109~113.

티프트룽크: 계몽이 혁명에 끼치는 영향에 대하여

원제: Über den Einfluß der Aufklärung auf Revolutionen

출간: *Pharaos für Äonen*, 1794, Heft 1 (Jan), S. 3~12, Heft 2 (Feb),
S. 83~94.

재수록: *Aufklärung und Gedankenfreiheit*, hrsg. von Zwi Batscha,
Frankfurt a. M. 1977, S. 195~205.

에르하르트: 민중의 혁명권에 대하여

원제: Über das Recht des Volks zu einer Revolution

출간: *Über das Recht des Volks zu einer Revolution und andere Schriften*,
Jena/Leipzig 1795, S. 179~194.

재수록: *Was ist Aufklärung?*, hrsg. von Ehrhard Bahr, Stuttgart 1974,
S. 44~52.

베르크: 계몽은 혁명을 야기하는가?

원제: Bewirkt die Aufklärung Revolutionen?

출간: *Deutsche Monatsschrift*, 1795, S. 268~279.

재수록: *Aufklärung und Gedankenfreiheit*, hrsg. von Zwi Batscha,
Frankfurt a. M. 1977, S. 206~214.

참고문헌

나종석(2007), 「칸트에서의 공적 이성과 토의 정치」, 『칸트 연구』 19, 23~54쪽.

이진우(1993), 「현대의 철학적 에토스: 칸트의 계몽주의에 대한 푸코의 탈현대적 해석」, 『철학연구』 51, 51~71쪽.

정성관(2011), 「칸트 정치철학의 현대적 단초들」, 『칸트 연구』 27, 129~148쪽.

칸트, 임마누엘(1992), 『칸트의 역사철학』, 이한구 편역, 서광사.

＿＿＿＿(2014), 『실용적 관점에서의 인간학』, 백종현 옮김, 아카넷.

하만, 요한 게오르크(2012), 『하만 사상 선집』, 김대권 옮김, 인터북스.

하버마스, 위르겐(2001), 『공론장의 구조변동』, 한승완 옮김, 나남.

호메로스(1996), 『오뒷세이아』, 천병희 옮김, 단국대출판부.

Bahr, Erhard (Hg.)(1974), *Was ist Aufklärung? Thesen und Definitionen*, Stuttgart.

Bahrdt, Carl Friedrich(1996), On Freedom of the Press: For Consideration by Rulers, Censors and Writers, in: James Schmidt(1996), pp. 97~113.

Birtsch, Günter(1987), Die Berliner Mittwochsgesellschaft, in: T. H. E. Bödeker u. a.(Hg.): *Über den Prozeß der Aufklärung in Deutschland im 18. Jahrhundert*, Göttingen, S. 94~112.

Deligiorgi, Katerina(2005), *Kant and the Culture of Enlightenment*, New York.

Fleischacker, Samuel(2013), *What is Enlightenment?*, London/New York.

Foucault, Michel(1992), *Was ist Kritik?*, Berlin.

_____(1990), Was ist Aufklärung?, in: Eva Erdmann u. a. (Hg.), *Ethos der Moderne*, Frankfurt a. M., S. 35~54.

Hamann, Johann Georg(1974), Brief an Christian Jacob Kraus, in: Bahr(1974), S. 18~22.

Hinske, Norbert/Albrecht, Michael (Hg.)(1981), *Was ist Aufklärung? Beiträge aus der Berlinischen Monatsschrift*, Darmstadt.

Hutter, Axel(2009), Kant und das Projekt einer Metaphysik der Aufklärung, in: Heiner Klemme (Hg.), *Kant und die Zukunft der europäischen Aufklärung*, Berlin/New York, S. 68~81.

Kant, Immanuel(1974), Beantwortung der Frage: Was ist Aufklärung?, in: *Bahr*(1974), S. 9~17.

_____(1975), *Der Streit der Fakultäten*, Hamburg.

_____(1977), Was heißt: sich im Denken orientieren?, in: Kant: *Werke in zwölf Bänden*, Frankfurt a. M., Bd. V, S. 267~82.

Laursen, Christian(1996), The Subversive Kant. The Vocabulary of "Public" and "Publicity", in: James Schmidt(1996), pp. 253~69.

Möhsen, Johann Karl(1996), What Is to Be Done toward the Enlightenment of the Citizenry?, in: James Schmidt(1996), pp. 49~52.

Schmidt, James(ed.)(1996), *What Is Enlightenment? Eighteenth-Century Answers and Twentieth-Century Questions*, Los Angeles/London.

Sparling, Robert Alan(2011), *Johann Georg Hamann and the Enlightenment Project*, Toronto.